古代歷史文化研究輯刊

十七編

王明蓀 主編

第32冊

道易惟器
——宋以來宮調理論變遷及與音樂實踐關係研究（上）

李宏鋒 著

國家圖書館出版品預行編目資料

道易惟器——宋以來宮調理論變遷及與音樂實踐關係研究
（上）／李宏鋒 著－初版－新北市：花木蘭文化出版社，
2017〔民106〕
序 10+ 目 4+158 面；19×26 公分
（古代歷史文化研究輯刊 十七編：第 32 冊）
ISBN 978-986-404-972-1（精裝）
1. 宮廷樂舞 2. 音樂史 3. 宋代
618　　　　　　　　　　　　　　　　106001498

ISBN-978-986-404-972-1

9 789864 049721

古代歷史文化研究輯刊
十七編　第三二冊　　　　　ISBN：978-986-404-972-1

道易惟器
——宋以來宮調理論變遷及與音樂實踐關係研究（上）

作　　者　李宏鋒
主　　編　王明蓀
總 編 輯　杜潔祥
副總編輯　楊嘉樂
編　　輯　許郁翎、王筑　美術編輯　陳逸婷
出　　版　花木蘭文化出版社
社　　長　高小娟
聯絡地址　235 新北市中和區中安街七二號十三樓
　　　　　電話：02-2923-1455／傳眞：02-2923-1452
網　　址　http://www.huamulan.tw 信箱 hml 810518@gmail.com
印　　刷　普羅文化出版廣告事業
初　　版　2017 年 3 月
全書字數　293402 字
定　　價　十七編 34 冊（精裝）台幣 68,000 元

道易惟器
——宋以來宮調理論變遷及與音樂實踐關係研究（上）

李宏鋒　著

作者簡介

李宏鋒（1977～），男，漢族，唐山豐南人，文學博士，中國藝術研究院音樂研究所副研究員，碩士研究生導師，《中國音樂學》副主編，中國音樂學院北京民族音樂研究與傳播基地兼職研究員。著有《禮崩樂盛——以春秋戰國爲中心的禮樂關係研究》、《六朝音樂文化研究》（合）、《中國古代物質文化史·樂器卷》（合）、《藝術中國·音樂卷》（合）等，發表學術論文四十餘篇；獨立主持完成國家社會科學基金藝術學青年項目「宋以來宮調理論變遷及其與音樂實踐的關係」，參與國家藝術科學「十五」規劃項目「六朝音樂文化研究」、教育部重大項目「音樂類非物質文化遺產保護的理論與實踐研究」等。

提　要

　　本著以中國古代音樂歷史發展爲背景，立足傳統戲曲、詞曲、笙管樂等實踐，以專題形式梳理唐宋以來以俗樂調理論爲代表的宮調系統變遷，探討各時期的宮調應用特點、歷史淵源及其與音樂實踐的互動關係。初步研究表明，唐俗樂調理論是建構於管色之上的宮調系統，「敦煌樂譜」宮調邏輯是二十八調的具體應用，唐宋間俗樂二十八調理論一脈相承。這一宮調系統的歷史淵源，可追溯至先秦「陰陽旋宮」思維；「管色實踐、陰陽旋宮」是制約宋以來宮調理論變遷的主線之一。元雜劇宮調是特定時期音樂體裁對唐宋俗樂二十八調體系的擷取，期間外來文化對傳統音樂形態的影響不容忽視。明代流行的「正宮調工尺調名體系」，是唐宋俗樂宮調向工尺七調轉化的第一階段；同時，肇始自唐的俗樂宮調理論在明代實踐中依然應用。清代以來各地戲曲與器樂不斷豐富，工尺調名出現「正宮調系統」到「小工調系統」再到「乙字調系統」的演化歷程，並進一步訛變出多種新型宮調體系，它們是唐宋以來宮調歷史變遷的必然結果。本研究重視古代音樂作品在探討宮調理論問題中的價值，對《瑟譜·詩新譜》、《魏氏樂譜》等代表性古譜，均據作者對歷史調名的認知予以重新解譯。總體而言，本著屬於傳統樂律學基礎理論研究，對深入認知中國古代音樂藝術風格，推進樂律學和音樂形態學建設有一定參考價值。

序

漫談音樂學理論與實踐的密切聯繫

一

又一次給李宏鋒博士的專著作序，別有一番喜悅注上心頭。

上一次給他寫序，是他在博士論文的基礎上，經過進一步加工完成的《禮崩樂盛——以春秋戰國爲中心的禮樂關係研究》一書正式出版（北京：文化藝術出版社，2009年，以下簡稱《禮崩樂盛》），他盛情邀我寫序。

從2001年起，李宏鋒先考上中國藝術研究院研究生部攻讀碩士學位；畢業後，又考上藝術研究院研究生院繼續攻讀博士學位，而我都有幸擔任其導師，相互愉快論學、交流凡六年。

2007年秋，宏鋒博士畢業後，進入中國藝術研究院工作，先在國家非物質文化遺產保護中心，後調入院音樂研究所。我們又成爲學術研究同事，仍經常愉快地論學交流，探討各種感興趣的問題。

宏鋒治學勤奮努力，嚴謹樸實，對探求眞理和智慧、對積纍和擴充各方面知識、對從事學術研究，始終主動熱情，符合孔夫子所說的「知之者不如好之者，好之者不如樂之者」。他如饑似渴的探索鑽研精神，也使我深受鼓舞，深感振奮激勵。

我認爲他的博士論文，的確是一篇很好的論文，所討論的問題和所提出的新看法，饒有趣味，具有創新意義，所以很高興爲他的第一部專著寫序。

眾所周知，相傳西周初年，周公在夏、商古禮的基礎上，發展創新建構龐大苛嚴的貴族禮樂制度，使之成爲「一個囊括了國家政治、經濟、軍事、

文化一切典章制度以及個人的倫理道德修養、行為準則規範的龐大概念」，從而奠定了中國古代禮儀制度的基礎，有學者指出：以後各朝代雖在一些具體制度上有所演變，但「基本沒有超出周禮的框架」。〔註1〕但在歷史發生劇變的春秋戰國時期，宮廷禮樂遭遇空前嚴重挑戰和猛烈衝擊，被認為發生了整體性的坍塌崩潰，孔子為之發出了憤怒的「禮崩樂壞」的斥責。文史學界也長期接受認同孔子所作出的「禮崩樂壞」的歷史判斷。

　　然而，「橫看成嶺側成峰，遠近高低各不同」，正如西方學者所指出：一切歷史都是當代史，一切歷史也是思想史。不同時代的人，因為思想認知不同，觀察位置不同，換一個不同的、更佳的視角，或運用不同的方法或工具，歷史便有可能呈現不同面貌，展現過去未知或被忽略的某種真相。宏鋒的博士學位論文，結合文獻和考古實物材料綜合考察，努力從具體的可靠的歷史事實出發，通過深入分析春秋戰國時代「禮」與「樂」之間的真實關係，認為兩者既密切關聯，又存在明顯的深刻的差異，從而構成充滿內在張力的一對矛盾統一格局。

　　宏鋒指出：當時以及後來推崇禮樂文化的儒家學者，談論禮樂關係時，一方面既把兩者緊密聯繫為一個整體，指出它們相互聯繫，難分難捨，正所謂「禮、樂、刑、政，其極一也」（《禮記·樂記》），是「禮樂相須以為用，禮非樂不行，樂非禮不舉」（宋鄭樵《通志·樂略·樂府總序》）；另一方面，往往古人又不自覺地同時展示、披陳禮樂二者，其性質、功能、作用等等存在明顯差異，諸如《禮記·樂記》中，便屢有「仁近於樂，義近於禮」、「禮主外，樂主內」、「樂者為同，禮者為異」等表述，表明兩者不應簡單混同。所以，「禮」與「樂」之間，並非同步變化。「禮崩」的同時，並非「樂壞」，樂舞藝術甚至與引發「禮崩」的力量裏應外合，獲得某種解放和發展的重要機遇。

　　孔子之所以驚呼「禮崩樂壞」，痛斥季氏等「八佾舞於庭，是可忍，孰不可忍」，其出發點，乃是竭力維護西周宮廷禮樂等級制度，痛心疾首於各國不斷擴展權力，架空王室，不斷僭越、攀比、超越等級限定，反感各國競相享用更高級別乃至天子所壟斷的禮樂。孔子一生極力推崇西周「郁郁乎文哉」，畢生致力「克己復禮」，以周公和周禮為其夢想的目標，希望能挽歷史狂瀾於既倒，繼續傳承光大往日周禮的輝煌。雖然，「八佾」舞及貴重宏大的金石之

〔註1〕 參見吳小如《中國文化史綱要》，北京：北京大學出版社，2001年，第31頁。

樂僭用於各諸侯陪臣庭堂，的確是一種「禮崩」，然而，其所「崩壞」的，卻只是西周以來建構的等級制度即舊「禮」，即原有等級制度。而那些原為天子等高層統治者專用的「樂」（如「八佾」舞和鍾磬之樂），並不因被僭用被搬演，而發生實質性的「毀壞」，反而緣此獲得更多的實踐、表演機會，不正藉此可以更廣泛傳播並興盛一時？

進一步考察，所謂「禮崩」之「崩潰」、「毀壞」，其方向只是原較低下層級的貴族，和新興社會力量，竭力向更高層級甚至最高的天子攀比看齊，不顧一切地僭越各種等級限制。「禮崩」不是放棄貴族及統治階級的所有禮樂特權，轉向低層民間、向百姓等「下人」看齊，不是跨越「刑不上大夫，禮不下庶人」的鴻溝，更不是營建一個無等級制度的全社會平等的「無差別世界」！

實際的「樂壞」，一方面只是「壞」了禮樂等級的嚴格規定，只是僭用、攀比更高等級的禮樂，另一方面則逐漸突破原有禮樂的陳舊內涵外延規定，伴隨著競相「大其鍾鼓」，而大量運用流行俗樂和民間音樂，從而，統治者端冕而聽仍難免瞌睡的「舊樂」被邊緣化，而聆聽者「不知倦」的「新樂」、「女樂」等則大為盛行，形成春秋戰國樂舞百花競放的新高潮，以充分滿足各國新興勢力日益膨脹的享樂需求。

換言之，「禮崩樂壞」真相，是各國統治集團和新興力量努力追求的更加宏麗壯觀的禮樂大廈雨後春筍般崛起，更加多姿多彩，就是「禮崩但樂不壞」或「禮崩樂盛」。正是這種所謂「禮崩」但樂盛的歷史新潮流衝擊下，才會有湖北隨縣戰國曾侯乙墓那樣宏偉壯觀的地下音樂宮殿和金石樂舞出現，由此展示我國春秋戰國時期音樂文化所達到的巔峰成就，才會被譽為世界音樂史上的奇跡。

歷史上的有識之士，很早就指出「盡信書，不如無書」。明代大思想家李贄，更明確揭示三代以後「中間千百餘年，而獨無是非者」，不是人們不講是非，而是「咸以孔子之是非為是非，故未嘗有是非耳」（《藏書‧世紀列傳總目前論》）。因此，對孔子的觀點言論，對他所指責的「禮崩樂壞」，宏鋒的研究，努力結合歷史實際，從真實史實出發，才能克服孔子極力維護舊有禮樂制度的偏見和局限，顛覆了「禮崩樂壞」的陳舊觀點，提出了頗有新意的看法。所以《禮崩樂盛》體現了宏鋒大膽探索、獨立思考，堅持實事求是的學術勇氣，也體現了從實際出發、理論研究結合實踐的良好學風。為《禮

崩樂盛》寫序，一方面慶祝他的學位論文即研究成果得以順利發表，另一方面，也為他的思想學術健康成長、并能夠不斷深化研究，而感到欣慰並致以祝賀。

老實說，他的論文從選題到完成，也有不少人一時難以接受，提出各種質疑詰難，這也很正常。幸運的是隨時間推移，其論文中大膽提出的領異標新觀點，也初步經受住考驗，並獲得越來越多的學者（包括開始反對或懷疑的學者）的理解、贊同和引用，越來越顯現其內涵的學術理論價值。作為其導師和寫序者的我，也感到非常愉快。

二

如果說，宏鋒前一部專著《禮崩樂盛》，從學位論文選題到完成，我作為導師，也有參與和一定貢獻；那麼，現在呈現在各位方家面前的他這部新的專著《道易惟器──宋以來宮調理論變遷及與音樂實踐關係研究》（以下簡稱《道易惟器》），則純屬他以一己之力獨立完成的課題。

有興趣的讀者不妨將兩部著作進行簡單比較。關於《禮崩樂盛》的研究，因為上古音樂作品本身難以尋覓，其研究更多具有文化學、制度學、歷史學等研究性質，而《道易惟器》則突出音樂學、樂律學（尤其樂學）的研究，許多問題與音樂作品音樂本身密切相關，可以說更為專門，也更深入。

《禮崩樂盛》的研究，時段集中於春秋戰國時期，當然也會上溯遠古，下及秦漢，可以說比較集中；而新的《道易惟器》，則由宋迄明清，更擴展至前秦，以及當今仍存的傳統音樂。不難看出，時段更寬廣，內容也更豐富，需要原有知識結構準備、課題時段側重，以及研究方法等方面，作很大的補充、拓展和創造性的學習掌握。

前一專著的研究，創新難度，在於改變視角，突破原有思維、立場等影響觀察的局限，也需要重新認識各種文獻和考古材料，但畢竟所涉及的材料範圍有限，相對集中在春秋戰國，而且多屬眾所熟知的已有材料。《道易惟器》不僅時段更長（從宋以來千餘年），相關材料不少但凌亂分散，而且前人整理研究相對少得多，缺少依憑藉鑒，很多材料需要自己去搜尋、挖掘、發現和梳理，有的地方甚至需「開啓鴻蒙」。也就是說，需要更多更長的板凳工夫，需要絮棄、下更多苦工夫死工夫。

再說得功利些，《禮崩樂盛》自有其學術文化價值，但所探討的屬於相對

熱門話題，比較容易引人注目，也容易被人理解，因而讀者面也較廣；《道易惟器》屬於專深課題，對學科的基礎性建設有重要作用，也有其重要的學術價值，但畢竟受眾面窄，可能引發的社會關注度小，一些專業問題知音難覓，只有少數專家關注理解。說白了，屬於吃力，但不容易討好的課題。

宏鋒仍毅然選擇這一課題，不因為只是一個國家社科基金青年藝術課題而看輕，仍然以十分飽滿的熱情，精專深切的投入，克服一個個難題，取得了令人高興的初步成果。我以為，宏鋒這種求真務實的精神，不避艱險、不求顯赫、不圖名利的治學風範，在比較浮躁的當下，彌足珍貴，尤為難得。

大家知道，我國傳統樂律學研究的核心問題，黃翔鵬先生曾總結為「律、調、譜、器」幾大方面。其中傳統樂學的主要對象，則有「宮調理論」、「記譜法與讀譜法」、「樂器法及其應用場合」等三部份（也有學者認為還可補充「曲」，即「律、調、譜、器、曲」等主要方面）。這部專著所討論的是其中的「調」，即「宮調」，可謂傳統樂律學研究的核心之核心，「宮調」其實包括「宮」和「調」兩部份，「宮」即「調高」（Key），「調」則多指「調式」（Mode），兩者合稱「宮調」。

宮調不僅涉及音樂作品表演的音域、音區、色彩、形象等問題，還與相關表演和伴奏密切有關。例如樂器的演奏，不同調高會導致指法手法的改變，影響演奏和表現實踐。而且，宮調的研究對中國古代音樂史研究中的古曲鑒定、古譜解讀、音樂分析、記譜法等等的研究，非常重要；對民族傳統音樂的風格、技法知識和音調特點等研究，也至關重要。

我國古代音樂文獻中涉及宮調問題的材料非常豐富，歷來也受到音樂創作、表演和理論研究者重視。黃翔鵬先生曾指出，樂律學本是一種邏輯關係極為嚴密、牽一髮而動全身的學科，所要求的系統性遠遠超過一般藝術理論學科。但在目前「分散研究而並無集中規劃的狀態下，卻從未經過全面的梳理」，而且，在基礎理論問題上也「缺乏共同的探討，對某些有理有據的分歧又多取互不交鋒的態度」，因而「既少互相吸收，又無判斷標準」，更沒有「經歷近代科學洗禮的詳盡闡述」。所以，他認為在現階段，樂律學還是一門有待建立科學體系的學科。〔註2〕

〔註2〕 黃翔鵬：《對「中國樂律學史」學科建設問題的一個初步構想》，原載《音樂學術信息》1989年第3期，後收入黃翔鵬《中國人的音樂和音樂學》（音樂文集），濟南：山東文藝出版社，1997年；又見《黃翔鵬文存》（上卷），濟南：山東文藝出版社，2007年，第420頁。

若僅從宮調研究的總體看，目前有關宋以來宮調系統的發展、變遷情況，相關規律，甚至有關理論的概念、樂學內涵及其與音樂實踐的關係問題，與律學等其它學科的關係問題等等，不僅存在上述樂律學研究普遍存在的不足，還尤其缺少足夠的專門研究，更缺少較全面、深入、系統的傳統宮調問題的梳理和歸納。

研究樂律學，包括研究樂學研究宮調問題，還有一個最重要前提，就是研究者必須密切結合實踐，立足實踐，才能讀懂古代文獻，廓清傳統樂學理論的含混失誤，掌握歷史真相。黃翔鵬先生曾指出：中國的音樂學者在樂律問題上對世界音樂文化史的貢獻，「恐怕從古迄今是沒有其它民族可以比肩的了」。〔註3〕他還說，一部總的古代音樂史中：

> 從先秦歷數下來，師曠、伶州鳩、京房、蔡邕、荀勖，甚至包
> 括當過皇帝的蕭衍、當過賤工的萬寶常、當過王子的朱載堉……都
> 是在樂律問題上真正立足於實踐的「炎黃學派」。〔註4〕

宏鋒的《道易惟器》，涉及諸多音樂史宮調研究中的難題、熱點。例如有關唐宋俗樂二十八調的基本結構和音樂實踐基礎、俗樂二十八調與張炎八十四調旋宮結構的歷史淵源、俗樂二十八調在宋元音樂實踐中的應用與轉化、宋元以來他種音樂文化對中原傳統宮調結構的影響、明代工尺譜唱名與調名體系的應用特點、清代工尺譜唱名調名體系的豐富完善與實踐應用等問題。他意識到傳統音樂中的「調」以及整個宮調理論，涉及特定樂種的樂器、樂曲、樂譜、演奏法等，說明研究宮調理論與音樂實踐緊密聯繫，所以研究歷史上不同時代、不同樂種的宮調理論形態，不能脫離特定時期音樂實踐活動單純從數理角度或倚靠純邏輯思辨來解決。於是宏鋒努力運用理論探討與音樂實踐相結合的研究方法，在綜合考察文獻、文物及傳統音樂遺存等材料的

〔註3〕黃翔鵬：《中國人的思路、風格和氣派——一個古代音樂史研究者在藝術與科學之間看到的中華炎黃文化之民族特點》，原載中華炎黃文化研究會《炎黃文化與民族精神》（論文集），北京：中國人民大學出版社，1993年；後收入黃翔鵬《中國人的音樂和音樂學》（音樂文集），濟南：山東文藝出版社，1997年；又見《黃翔鵬文存》（上卷），濟南：山東文藝出版社，2007年，第414頁。

〔註4〕黃翔鵬：《中國人的思路、風格和氣派——一個古代音樂史研究者在藝術與科學之間看到的中華炎黃文化之民族特點》，原載中華炎黃文化研究會《炎黃文化與民族精神》（論文集），北京：中國人民大學出版社，1993年；後收入黃翔鵬《中國人的音樂和音樂學》（音樂文集），濟南：山東文藝出版社，1997年；又見《黃翔鵬文存》（上卷），濟南：山東文藝出版社，2007年，第412頁。

基礎上，從認眞梳理各時代音樂實踐中宮調體系的「名實關係」入手，立足唐宋以來俗樂及當前詞曲音樂、戲曲音樂、傳統笙管樂等音樂實踐，進一步考察唐宋以來俗樂和各代宮調理論演化及與音樂實踐的互動關係。

儘管，《道易惟器》還有待不斷深化，不斷拓展，但宏鋒已經取得的初步成果，表明他在宮調理論變遷與實踐關係的研究，如何加強全面性、系統性、科學性方面，以及在傳統樂律學研究科學體系如何建立、近代科學方法如何運用等方面，均作出了認眞的有價值的探索，標誌傳統宮調實踐和理論的研究，向黃先生所指明的前進方向，邁出了堅實的重要一步。這是我很高興爲他再次寫序的原因。

三

藉此機會，還想稍微談談音樂學研究中，理論研究與音樂實踐結合的問題。

歷史唯物主義認爲，人類的歷史，離不開物質生產和人口再生產這「兩種生產」。人類的歷史是從生產實踐開始，人類的思想、認識，也是從這裡開始的。因而人的實踐，是人的思想、認識的來源和泉源。當然，人類的生產實踐，是人類最基本的實踐，但人的社會實踐並不局限與生產實踐一種形式，人類社會的政治生活、階級鬥爭、科學實驗、藝術活動等等，也是人類重要的實踐活動。

只有通過實踐，通過能動地改造客觀世界的實踐活動，人們才能從客觀世界取得認識，才能溝通主體和客體，才能使客觀的東西反映到人的主觀中來。因此，客觀世界是認識的來源，通過實踐改造客觀世界，才是認識的來源。所以，反映人類思想和認識的知識和理論積累，都來自實踐。無論何種知識都不能離開實踐，人類文化藝術知識的來源和源泉，也離不開實踐。

儘管，人的知識，並非全都來自直接經驗，也有很多來自間接經驗，但歸根歸根結底，人的眞知，仍不能離開實踐，不能離開直接經驗。正如吳江先生所說：「在我爲間接經驗者，在人則爲直接經驗，是從直接的實踐得來的。同時，我們在學習別人的經驗的時候，必須用自己的直接實踐經驗去審查它們、驗證它們，這樣間接經驗才能眞正變成自己的東西。」〔註5〕

〔註5〕吳江：《思想力的源泉》第十一講「馬克思主義的認識論是實踐論」，載《吳江文稿》（上卷），北京：中央編譯出版社，2009年，第474、475頁。

　　中國古代也很早就提出認識和實踐的關係，也就是「知」和「行」的關係。比如，先秦老子主張「聖人不行而知」、孔子認為有人「生而知之」、孟子斷言「不慮而知」，但東漢王充便反對這類「生知」之說，提出「知物由學」、「學貴能用」。清代的顏元說「知無體，以物為體」，還說「手格其物而後知至」，他更以「知樂」為例，說要知樂，必須親身擊、吹、口歌，光讀樂譜、講思辨是不行的。

　　音樂是一門特殊的藝術，也許可以說最接近「非物質」文化遺產的概念，但音樂同樣來源於實踐，以實踐為源泉，有關音樂的知識（包括成系統的以概念體系表述的理論），也離不開實踐，源於實踐。因此，音樂學的研究和其它任何的科學研究、學術研究、理論研究一樣，不能脫離實踐。音樂的理論成果既來源於實踐，也必須接受實踐的檢驗，並以能否切合實踐為標準，以能否為實踐服務（包括說明實踐、總結實踐、指引實踐、服務實踐、推進實踐）為目的。理論固然有其自身的價值和積纍，也有其獨立的品格，但歸根到底，理論不能脫離實踐，實踐還是檢驗理論是否為真理的標準，「實踐高於（理論的）認識」、「實踐第一」等話語，仍是重要的指導思想。

　　明代藝術和科學的巨星朱載堉，不僅在樂律學方面有很多開創性成果，他對樂律理論與實踐的關係也有非常清醒的認識，並以身作則，以其偉大研究成果展現了理論與實踐結合的具體成功範例。黃翔鵬先生指出，朱載堉不迷信古人書面理論，鄙視「數理派」的樂律家「殫其術而不能合」，朱載堉從音樂實踐的審查中得出結論：旋宮古法的真正繼承者與真正的「知音」在民間，歷來的經典注疏之學，空言「未真之數」，反而不如實踐中的「近似之音」準確，而後者「此乃二千年間言律學者之所未覺」。所以，黃先生盛讚朱載堉「是律學史上少有的，把理論與實踐放對了位置的偉大學者之一」。〔註 6〕正因為朱載堉從實際出發，能密切聯繫實踐，以實踐為標準，才會借用三分損益法「蓋是古人簡易之法」、「算術不精」的由頭，大膽放棄會導致「黃鍾往而不返」的三分損益計算方法；他果敢地另闢蹊徑，在確定純八度的前提下，啟用他的「新法密率「計算方法，再依次得出十二平均律（馮文慈先生稱為」

〔註 6〕黃翔鵬：《律學史上的偉大成就及其思想啟示——紀念朱載堉〈律學新說〉成書四百週年》，原載《音樂研究》1984 年第 4 期，收入黃翔鵬《溯流探源——中國傳統音樂研究》（音樂文集），北京：人民音樂出版社，1993 年；又見《黃翔鵬文存》（上卷），濟南：山東文藝出版社，2007 年，第 389 頁。

等比律」，戴念祖先生稱爲「等律」）各律。朱載堉的偉大創新精神，來源於傳統實踐，也以實現理論與實踐的符合結合爲標準爲目標。

朱載堉的理論表述和研究實踐，爲我們如何提升樂律學的研究水平指明了方向，更爲音樂學研究如何結合實踐，如何回到實踐服務於實踐，提供了光輝榜樣，是我們應該效法的模範。

李宏鋒博士《道易惟器》這部專著所進行的多方面研究和諸多具體成果，讀者自會仔細瞭解辨識，無需我囉嗦指出。我想表明的是，即便這是一部好的、有相當學術價值的專著，也只是永不停歇的學術發展進程中又一次拋磚引玉。希望通過它的出版，能引來對樂律學問題的更多關注，激發啓迪更多學人來參與，只要大家共同攜手合作，必將進一步促進中國傳統樂律學的研究，促進樂律學科的科學化進程，也必將進一步促進中國音樂史以及中國傳統音樂文化藝術的研究。

當然，這部專著中的許多觀點，仍有待廣大讀者質疑證僞，有待修正改善，甚至可以商榷批判。我以爲，作爲青年學人的宏鋒，他多年踏實努力所體現的那種精神，也正是無數代有成就學人所秉持的「自由之精神，獨立之思想」，這才是最值得看重和鼓勵的，也是我們大家應共同傳承和發揚光大的思想火種。

秦　序

2016 年 8 月 28 日

完成於北京天通苑寓所

目次

緒 論

一、相關概念界說

「宮調理論」是我國歷代樂論的核心內容之一，也是中國古代音樂史研究的重要對象。據《中國音樂詞典》釋文，「宮調」即「調高和調式的綜合關係」，原義包括「宮」和「調」兩個方面。「宮」的含義相當於「調高」（Key），即調式音階中宮音的絕對高度，確定了宮音位置，音階中的其它音位也隨之確定；「調」的含義可作「調式」（Mode）理解，即調式音階的主音，某音作為調式主音而構成一列音時，即稱為某調。〔註1〕

從中國音樂的歷史演變來看，各時代「宮」、「調」含義不盡相同；尤其魏、晉以後，各類不同宮調系統常有概念混用、名實異同的情況。例如，清商三調中的平調、楚調、側調，俗樂二十八調、工尺七調中的「調」，南宋七宮十二調、金元六宮十一調、元北曲十二宮調、南曲十三宮調以及九宮大成中的「宮」與「調」等，二者或指示宮音高度，或指代主音位置，或表示調式類別，或代表特定音列，甚至與具體音階形態無涉而專指某種特定音樂風格，不一而足。然而，誠如《中國音樂詞典》所言，儘管各代「宮」、「調」含義有變，「但宮調一詞，始終在十二律體系中包含著調高和調式兩個意義」〔註2〕，這一點是應予充分注意的。

在上述「宮調」釋義的基礎上，黃翔鵬先生又從更高層面對「宮調」內涵予以解說，認為「宮調」就是「音、律、聲、調之間的邏輯關係」。「音樂

〔註1〕 參見中國藝術研究院音樂研究所《中國音樂詞典》編輯部編《中國音樂詞典》「宮調」條，北京：人民音樂出版社，1984年，第121頁。

〔註2〕 參見中國藝術研究院音樂研究所《中國音樂詞典》編輯部編《中國音樂詞典》「宮調」條，北京：人民音樂出版社，1984年，第121頁。

實踐中所用一定音階（音）的各個音級（聲），各相應於一定的律高標準（律），構成一定的調音體系；某一調音體系中的音階，又都具體地體現爲以某『聲』爲主的一定調式（調）。審查其間的諸種邏輯聯繫，包含律高、調高、調式間各種可變因素在內的、綜合關係的研究，即是宮調理論。」〔註3〕這種立足歷代樂律學理論發展，從宏觀層面對「宮調」內涵的關照，爲後人進一步研討相關問題提供了寶貴指導。

縱觀整部中國古代音樂史，傳統意義上的「宮調系統」，一般不外乎以下四類內容，即：「一、律——聲系統的宮調。二、琴律系統的琴調。三、工尺譜系統，或以弦序、孔序爲標誌的燕樂和民間音樂的宮調。四、詞曲和南北曲系統的宮調。其中，以律——聲系統的宮調在理論上比較嚴密完備，而且源遠流長，爲歷代典籍所採用。」〔註4〕唐代以來，伴隨胡俗樂融合而形成的「新俗樂」在宮廷達於繁盛，同時又散佈於民間各類音樂生活之中，俗樂作爲中國古代音樂文化的主流地位不斷鞏固。尤其宋元之後的劇曲時代，以戲曲音樂爲核心的俗樂發展，構成近古時代中國音樂蔚爲壯觀的景象。在這類音樂實踐中，與音樂形態息息相關的俗字曲譜（工尺譜）及其宮調理論，成爲構建中國音樂風格史的重要理論基礎。有鑒於此，本課題涉及的「宋以來宮調理論」，將重點關注以唐宋俗樂二十八調〔註5〕、明清工尺七調以及詞曲和南北曲系統宮調爲核心的宮調理論演化，同時兼及「律——聲系統宮調（雅

〔註3〕 黃翔鵬：《宮調淺說》，《中國大百科全書·音樂卷》「宮調」條釋文，見《黃翔鵬文存》（上冊），濟南：山東文藝出版社，2007年，第78頁。

〔註4〕 中國藝術研究院音樂研究所《中國音樂詞典》編輯部編：《中國音樂詞典》「宮調」條，北京：人民音樂出版社，1984年，第121頁。

〔註5〕 學界對於唐、宋兩代流行的宮調理論體系，有「俗樂二十八調」和「燕樂二十八調」等稱謂。日本學者岸邊成雄早在在《燕樂名義考》一文指出，《玉海》卷一〇五所存唐末徐景安《樂書》中設立有「雅俗二部」一章，表明「從唐代中葉至末葉，音樂被分爲雅俗二類。俗樂只被稱爲『俗樂』，別無其它相當的名稱。『法曲』一名或與『俗樂』涵義接近，但『燕樂』之名是絕不存在的」。（參見岸邊成雄《燕樂名義考》，載岸邊成雄《唐俗樂調研究》，王小盾、秦序譯，北京：中國藝術研究院音樂研究所油印本，1987年，第28頁。）此外，徐景安《樂書》之「雅俗二部第五」明確記載：「俗樂調有七宮、七商、七角、七羽，合二十八調」，因此不應該把唐代的「俗樂調」稱爲「燕樂調」。本文遵循岸邊成雄先生的考證結論，稱唐代俗樂宮調系統爲「俗樂二十八調」。同時，鑒於宋代宮廷燕樂（俗樂或教坊樂總稱）、文人音樂、民間俗樂等所用宮調與唐代俗樂調系統的統一性和繼承性，本文依然沿用唐代確立的「俗樂宮調」或「俗樂二十八調」名稱，指稱兩宋時代廣泛流行的這一宮調理論體系。

樂宮調）」等問題，通過探討相關宮調體系的調高、音列（音階）、唱名、調名等樂學形態特徵及其相互關係，以及特定時代宮調問題的律制基礎、文化交融和歷史遺存等內容，較系統地梳理宋代以來俗樂宮調理論的時代特徵和歷史演變，闡明中華傳統樂學在音樂歷史長河中一以貫之的深遠影響，爲宮調理論諸問題的深化研究提供參考。

二、研究現狀與研究意義

　　有宋以來的宮調理論情況，古代史籍中有較零散記載，如陳暘、柳永、周邦彥、沈括、張炎、王灼等的論著，以及《律呂正義》、《九宮大成南北詞宮譜》、《碎金詞譜》等大型音樂資料集。明清時代以朱載堉爲代表的一批學者，在各自著作中對宋以來宮調問題或陳述己見，或記載當時相關情況，如朱載堉（1536～1611 年）的《律呂精義》、王驥德（1540～1623 年）的《曲律》、方以智（1611～1671 年）的《通雅》、毛奇齡（1623～1716 年）的《竟山樂錄》、方中通（1634～1698 年）的《數度衍》、秦蕙田（1702～1764 年）的《五禮通考》、方成培（1713～1808？年）的《香研居詞麈》、凌廷堪（1755～1809 年）的《燕樂考原》、戴長庚（1776～1833 年）的《律話》、徐養原（1758～1825 年）的《管色考》、陳澧（1810～1882 年）的《聲律通考》、陳懋齡的《古今樂律工尺圖》、載武的《樂律明眞解義》、《樂律明眞明算》、《樂律擬答》等，爲我們探討歷代宮調應用的時代特點和變遷提供了參考。〔註6〕

　　近現代以來，王光祈、楊蔭瀏、〔日〕林謙三、〔日〕岸邊成雄、黃翔鵬、趙宋光、陳應時、鄭榮達等老一輩音樂學家，以及一大批中青年音樂理論家，對唐宋以來的宮調理論問題均有深入研討，並結合相關音樂實踐加以論述，爲探求傳統宮調理論和古代音樂的歷史面貌做出了重要貢獻，取得了令人矚目的成果。〔註7〕例如，王光祈先生早在《中國音樂史》中，就提示出「五音七調」、「蘇祇婆三十五調」、「燕樂二十八調」、「南宋七宮十二調」、「元曲崑曲六宮十一調」等問題。〔註8〕楊蔭瀏先生的《中國音樂史綱》系統梳理歷代樂律文獻，對各時期宮調理論予以系統解讀；〔註9〕其後的《中國古代音樂史

〔註 6〕　以上史籍版本，參見文末所附之「參考文獻」。
〔註 7〕　諸多學者的相關成果，可參見本文附錄之「參考文獻」，這裡只擇若干重點篇章述評。
〔註 8〕　王光祈：《中國音樂史》，桂林：廣西師範大學出版社，2005 年。
〔註 9〕　楊蔭瀏：《中國音樂史綱》，上海：萬葉書店，1952 年。

稿》又結合民間音樂普遍存在的「重四宮」現象，對唐俗樂二十八調提出新見解；據存見南北曲資料梳理元曲及明清戲曲音樂宮調，以鮮活的音樂例證考證有關宮調的理論與實踐，給後人以重要啓迪。〔註10〕日本學者林謙三先生的《隋唐燕樂調研究》、《敦煌琵琶譜的解讀研究》和《明樂八調研究》等著作〔註11〕，系統論述了隋唐俗樂宮調、敦煌琵琶譜和《魏氏樂譜》等的宮調問題；林氏甚至在研究「明樂八調」的基礎上，提出有「把關於唐樂調在近代中國之轉變真相一併闡明之心願」〔註12〕，可見前人對唐宋以來俗樂宮調理論變遷問題的重視。岸邊成雄先生的《唐俗樂調研究》（含《唐俗樂二十八調之成立年代》、《燕樂名義考》兩文）和《唐代音樂史的研究》等著作，對唐俗樂二十八調理論的歷史演變進行了系統研究。〔註13〕趙宋光先生在20世紀60年代，即著有《論五度相生調式體系》一書，指出「五度相生」原則在我國傳統音樂調式結構中的意義；在《燕樂二十八調的來龍去脈》一文中，他又從歷史文化背景、律學結構邏輯、樂器音位基礎、樂學體系規範等方面，對音樂史上的二十八調問題予以系統梳理，爲深入認知傳統音樂的律調結構提供借鑒。〔註14〕陳應時先生的諸多論文，如《一種體系，兩個系統──論中國傳統音樂理論中的「宮調」》、《唐宋燕樂角調考釋》、《燕樂二十八調爲何止「七宮」》、《燕樂「四宮」的來龍去脈》、《「變」和「閏」是「清角」和「清羽」嗎？》、《敦煌樂譜新解》以及《敦煌樂譜解譯辯證》等論著，〔註15〕對唐宋以來的宮調和樂律理論進行了廣泛探討，尤其在「燕樂音階」、二十八調

〔註10〕 楊蔭瀏：《中國古代音樂史稿》（上、下冊），北京：人民音樂出版社，1981年。

〔註11〕 〔日〕林謙三：《隋唐燕樂調研究》，郭沫若譯，上海：商務印書館，1936年；《敦煌琵琶譜的解讀研究》，潘懷素譯，上海：上海音樂出版社，1957年；《明樂八調研究》，張虔譯，上海：上海音樂出版社，1957年。

〔註12〕 〔日〕林謙三：《明樂八調研究》，張虔譯，上海：上海音樂出版社，1957年，第31頁。

〔註13〕 〔日〕岸邊成雄的《唐俗樂調研究》（含《燕樂名義考》、《唐俗樂二十八調之成立年代》兩文），王小盾、秦序譯，北京：中國藝術研究院音樂研究所油印本，1987年；《唐代音樂史的研究》（上、下冊），梁在平、黃志炯譯，臺北：中華書局，1973年。

〔註14〕 趙宋光：《論五度相生調式體系》，上海：上海文化出版社，1964年；《燕樂二十八調的來龍去脈》，北京：中國音樂研究所，1963年，油印本。

〔註15〕 以上論文，參見陳應時音樂學文集《中國樂律學探微》，上海：上海音樂學院出版社，2004年；《敦煌樂譜解譯辯證》，上海：上海音樂學院出版社，2005年。

結構和敦煌樂譜解譯等問題上，澄清了學界長期以來的某些誤解，爲傳統宮調理論研究的深化奠定了基礎。鄭榮達先生的《工尺七調別論》、《明清宮調之研究》、《唐代俗樂律調體系的形成》、《西安鼓樂調的猜想》等論文，〔註16〕集中研討近古尤其明清時期的樂律、宮調、記譜等問題，對深入認知唐宋以來宮調理論的傳承與變遷以及中國傳統樂律體系特性，都有積極而重要的參考價值。

　　黃翔鵬先生以畢生精力致力於傳統樂律學學科建設，對歷代宮調理論及其與實踐的關係等問題，進行了一系列卓有成效的研究。他的《不同樂種的工尺譜調首辨別問題》、《中國傳統樂學基本理論的若干簡要提示》、《宮調淺說》、《釋「楚商」》、《「八音之樂」索隱》、《「琴律」研究》、《對「中國樂律學史」學科建設問題的一個初步設想》、《試從北轍覓南轅——絃管樂調歷史之謎的猜測》、《「悟性」與人類對音調的辨識能力》、《中國傳統音調的數理邏輯》等諸多文論，〔註17〕思考傳統樂律理論乃至中國音樂形態的特質和內在規律，爲傳統音樂理論的系統化發展鋪平了道路。難能可貴的是，黃先生還明確提出「繫古今、辨名實、重實踐」〔註18〕的治學理念，強調立足傳統音樂實踐解決古代音樂中的名實矛盾。這些學術成果和研究理念、研究方法，爲後人站在更高平臺深入探索傳統音樂理論指明了方向。黃翔鵬先生在其遺作《樂問》中，還以問答的形式臚列了傳統音樂形態和音樂史研究中的一百個問題。這些閃爍著智慧之光的洞見，爲本課題研究提供了重要啓示。現將其中與本課題相關的若干問題列舉如下，以備參考：

　　　　五十三、尉遲「銀字」，孰勝王麻？弦、笙、中管，孰應八四？

　　　　五十四、《雜錄》運次，孰能解之？

　　　　五十九、南唐《霓裳》，何失傳？五代樂調，何穿鑿而不明？

　　　　六十三、《遼史》「四旦」，何以識之？

　　　　六十六、宋、金循跡，「大晟」何調？何歷代紛亂而「小工」

　　一統？

〔註16〕鄭榮達：《工尺七調別論》，《黃鐘》2003 年第 3 期；《明清宮調之研究》，《中國音樂》2007 年第 4 期；《唐代俗樂律調體系的形成》，《文化藝術研究》2009 年第 6 期；《西安鼓樂調的猜想》，《中國音樂學》2004 年第 1 期。

〔註17〕以上論文，參見中國藝術研究院音樂研究所編《黃翔鵬文存》（上、下），濟南：山東文藝出版社，2007 年。

〔註18〕黃翔鵬：《樂問》（音樂文集），北京：中央音樂學院學報社，2000 年，第 3 頁。

七十一、黝勾用上，何分上下？

七十二、首調工尺，敦使行之？

七十三、琵琶調弦法的改變與品位之設有何關係？這種改變是在宋元之間發生的嗎？它對琵琶藝術實踐的影響如何？《琵琶行》中「大珠小珠落玉盤」的效果和元代楊元孚「彈出天鵝避海青」的絞弦卷法，與定弦法及品位的設置有無可能性的關係？宋代已經開始在四相之外漸增品柱，但十一至十三品琵琶是何時出現的？曲項琵琶的藝術進入高峰是元明間的事嗎？絃索樂器……

七十六、子母調。從釧傳的南宮諸調子中有反調及後世的反調、背調看來，怎樣認識正、反、背諸調關係及其成因？

七十七、正調、反調、背調。

八十三、曲笛作為定調樂器完全代替了絃索樂器的地位之時，應該是明代中葉嘉靖年間的事吧？從勻孔管樂器的律學原理上講，三十五調朝元是建築在七宮返回黃鐘基礎上的七平均律嗎？我們應該怎樣看待泰國的七平均律，印度尼西亞佳美蘭的五平均律問題？中國的潮州音樂是七平均律嗎？

八十四、中國傳統音樂中有作為音階特性音級而存在的「中立音」嗎？由此而存在 24 平均律，直至「中立調式」嗎？

八十八、《魏氏樂譜》問題。

八十九、隋唐講二十八調。宋元漸講八十四調，但實用者反而少於「二十八」了。為什麼至明清又更少？

九十二、怎樣看待近世中國傳統音樂中「偏音」「二變」，以及某些變音的「模糊性」或「遊移性」？

九十三、花音、苦音問題。

九十五、總結實踐中可見的古老傳統樂種「調」的確切涵義是什麼，其律、調、譜、器之關係如何互相聯繫、互相制約。

九十六、總結中國傳統樂調的樂學規律，從三宮二十一變到十二均八十四運直至其間五、七聲的關係問題，我們應該怎樣看待中國有調音樂的過去、現在與將來？〔註19〕

〔註19〕黃翔鵬：《樂問》（音樂文集），北京：中央音樂學院學報社，2000 年，第 76 ～100 頁。

　　從目前音樂學界的研究情況看，人們對宋以來宮調系統的演化規律、變遷情況以及各時期宮調理論內涵及其與音樂實踐的互動關係等問題，尚缺乏全面、深入、系統的梳理和論證，在某些古代音樂形態問題上甚至存在較大分歧。這些分歧的存在及疑難的困擾，固然有典籍失載、史料匱乏等原因，但更與研究者的治學思路及研究方法密切相關。筆者認爲，局限於典籍對宮調問題的片斷記載，囿於數理邏輯的演繹推斷，缺乏對歷史理論與音樂實踐互動關係的把握，缺乏對當前傳統音樂相關實踐情況的關照，是制約樂律學研究向縱深發展的瓶頸之一。這些認知局限與傳統宮調理論研究中諸多懸而未決的問題，使以往傳統樂律學領域的某些相關探討，獲得了重新審視與解讀的可能。

三、研究內容與研究重點

　　黃翔鵬先生曾將傳統樂學研究，歸納爲「宮調理論」、「記譜法與讀譜法」、「樂器法及其應用場合」三部份。〔註 20〕本課題將在中國古代音樂歷史背景下，立足詞曲、戲曲、傳統笙管樂等俗樂品類的音樂實踐，以專題研討的形式梳理唐宋以來以俗樂調理論爲代表的宮調系統，探討各時期宮調的應用特點、歷史淵源及其與音樂實踐（兼及記譜法、讀譜法和樂器法）的互動關係，爲深入認知中國古代音樂演變歷程，推進傳統樂律學和音樂形態學建設盡綿薄之力。基於上述考慮，本課題的研究內容與研究重點，可擇要列舉如下。

1、唐宋俗樂二十八調的基本結構與實踐基礎

　　肇始自隋唐的俗樂二十八調，是中古時代音樂理論發展的重要成果，也是宋以來宮調理論變遷的起點。關於唐俗樂二十八調，歷來存在「七宮說」與「四宮說」的分歧，對其各調的音列結構、調式特徵及實踐應用等問題也存在較多爭議。楊蔭瀏先生基於當前諸多傳統樂種「重四宮」的實踐，曾提出「四宮七調」說。但我們知道，傳統音樂（如戲曲）中的小工調、二黃、反二黃、西皮等調名，主要指特定樂器的演奏方法（如定弦法、按指法等），並不特指音樂所用的調式類型，也不能準確說明所奏音樂的絕對調高——這些傳統調名暗示的調門高度是相對的。〔註 21〕那麼，應該如何正確理解楊先

〔註 20〕參見中國藝術研究院音樂研究所《中國音樂詞典》編輯部編《中國音樂詞典》「樂律學」條，北京：人民音樂出版社，1984 年，第 483 頁。

〔註 21〕參閱黎英海《漢族調式及其和聲》，上海：上海文藝出版社，1959 年，第 8 頁。

生的這些觀點,更為準確地說明俗樂二十八調的基本特徵?

筆者認為,俗樂二十八調諸調名在唐宋音樂實踐中應用普遍,其部份遺存和基本樂學理念,對宋代之後的音樂實踐影響深遠。我們或可從唐宋時代「應律樂器」的實踐基礎、使用譜字、演奏指法、二器並用等方面,進一步探討這一宮調體系的基本結構。此外,「敦煌樂譜」及其它唐樂古譜作為唐代音樂的重要遺存,對深入瞭解唐宋音樂形態,尤其是俗樂二十八調的音高組織(如調式、調高、調性等)特徵,提供了難能可貴的資料。應充分重視中外學者在唐樂研究領域取得的相對穩定的結論,借鑒敦煌樂譜及其它唐樂古譜的譯解成果,立足音樂實踐,「以唐治唐」,從音樂理論和實踐關係角度深化唐宋俗樂二十八調研究。

2、俗樂二十八調與張炎八十四調旋宮結構的歷史淵源

中國古代樂律實踐中,處處可見令人驚異的創造精神和智慧之光。例如,古人在實踐中常常運用兩件(或更多)定調不一的同種樂器或不同種樂器,以豐富音列或實現不同調高的轉換,甚至實現十二律旋宮。這種可稱之為「陰陽旋宮」的宮調結構理念,構成了俗樂二十八調和張炎八十四調的理論基礎。雖然這種旋宮結構在古代文獻記載中似有似無、若隱若現,但它歷史悠久並至今仍有遺存,確實是實踐中簡單有效、靈活方便的旋宮手段。本文將結合文獻記載和至今仍存的傳統音樂實踐,通過對舞陽賈湖骨笛、商代陶塤以及兩周金石樂器(尤其是曾侯乙墓同出的編磬、雙篪、雙排簫乃至整套曾侯乙編鍾)音律結構的探討,梳理這一旋宮思維發展演變的若干軌跡,揭示其不同表現方式對唐宋以來宮調理論的深遠影響。

3、俗樂二十八調在宋元音樂實踐中的應用與轉化

俗樂二十八調調名在唐代開始廣泛應用,唐末至宋代逐漸形成系統化、理論化總結;另一方面,二十八調在宋元音樂中的應用,卻呈日益削減之勢。入宋以來,俗樂二十八調逐漸脫落了「高宮」之外的三個高調,以及七個「角調」音列,計九種音列(高大石角同屬高調和角調),張炎《詞源》卷上「宮調應指譜」和《事林廣記》的記載即「七宮十二調」。宋末元初時代,又有燕南芝庵《唱論》記載的「六宮十一調」,甚至只剩下陶宗儀《南村輟耕錄》記載的九種調名,即「五宮四調」(正宮、中呂宮、南呂宮、仙呂宮、黃鍾宮、大石調、雙調、商調、越調,明人統稱「九宮」)。這種宮調變遷趨勢,誠如

黃翔鵬先生所言：「隋唐講二十八調。宋元漸講八十四調，但實用者反而少於『二十八』了。」〔註22〕

　　應該如何理解宋元宮調理論變遷中，「理論逐漸精緻完善，但現實應用卻殘缺不全」的現象？宋元時代音樂中俗樂調名的應用及其內涵是怎樣的情況？針對這些問題，本文擬以姜白石《白石道人歌曲》和熊朋來《瑟譜·詩新譜》爲例，辨析宋元詞曲音樂創作中俗樂調名的應用，考察唐俗樂調理論在宋元時代的留存與演變。自元代傳承至今的元代雜劇作品，每個劇目的每一折（齣）都有具體的俗樂調名規定，對於這些文學劇本中殘存的二十八調調名的含義與功能，本文將依託宋以來宮調歷史演化的大背景，結合文獻記載、清代北曲樂譜和傳統音樂遺存，進一步探討元雜劇宮調的實踐基礎和樂學內涵。

　　俗樂二十八調體系的基本結構原則有二，即「宮均系統」和「各調煞聲」。那麼，在宋元音樂實踐逐漸脫落二十八調名的背景下，這兩大結構原則有怎樣的蛻變與轉化？在宋元音樂實踐中有怎樣的反映？王光祈所言「保存『均』之區別，減少聲之區別」〔註23〕的宮調「進化」歷程，反映出唐宋以來傳統音樂怎樣的發展規律？對認知當前傳統音樂的諸多宮調現象有何啓發？本文將結合《事林廣記》卷八之「宮調結聲正訛」和張炎《詞源》「結聲正訛」的記載，考察當時俗樂各調煞聲遵循的基本規範，以及俗樂二十八調煞聲傳統的蛻變情況；結合張炎《詞源》、陳元靚《事林廣記》、〔朝鮮〕成俔《樂學軌範》等樂器圖示、管色指法、音位等資料，論述二十八調「七均」傳統的留存與轉化，辨明唐宋與明清兩大時段間宮調體系變遷的相關情況。

4、宋元以來他種音樂文化對中原傳統宮調結構的影響

　　中國音樂歷史發展中，中原與周邊的音樂文化交流綿延不絕，一部中國音樂史某種意義上甚至就是一部音樂文化交流史。漢魏南北朝和隋唐時代，西域、中亞音樂文化與中原的交流自不必言；即便宋元時代，以伊斯蘭文化爲載體的阿拉伯、印度音樂對中原傳統音樂的影響亦應充分重視。王光祈先生早年便敏銳指出，中國近代琵琶的音律形制是阿拉伯樂制改革持續影響的結果。〔註24〕那麼，應該如何評估宋元以來各民族文化交融中，外來音樂對

〔註22〕黃翔鵬：《樂問》（音樂文集），北京：中央音樂學院學報社，2000年，第97頁。
〔註23〕王光祈：《中國音樂史》，桂林：廣西師範大學出版社，2005年，第114頁。
〔註24〕王光祈：《中國音樂史》，桂林：廣西師範大學出版社，2005年，第69～76頁。

中原音樂形態的影響？這種影響有哪些見於記載，哪些依然存留於傳統音樂實踐？這些外來音樂要素如何豐富、補充並改變著傳統音樂的宮調關係？

　　本著認為，應對宋元以來伊斯蘭文化對中國音樂的影響予以適當關注。這一時期，東流的伊斯蘭文化除向印度、南洋傳播外，還經中亞內陸與海路到達我國新疆、西藏、內蒙古、沿海城市乃至中原各地。穆斯林群體與中國本土居民深度融合，帶來語言、文字、藝術、信仰、習俗等許多新的文化因素，伊斯蘭音樂在此過程中對我國傳統音樂形態產生了較大影響。本文將結合學界對「變體燕樂音階」的研究成果，進一步探討其音階形態、音級遊移、地域分佈特徵及其與伊斯蘭音樂的互動關係，分析伊斯蘭音樂文化要素影響中國古代音階、音律的可能性，深入認知宋元以來宮調理論的形態特徵與變遷原因。

　　中外音樂文化交流的影響，在某些樂器的形制、音律方面也留有痕跡。例如，宋代以來琵琶柱制音位由簡到繁的變遷、四分之三音品位的出現，管色樂器由九孔到八孔的改變，「勾」字逐漸廢棄而帶來的「以上代勾」變化，乃至延祐年間（1314～1320年）元代宮廷對興隆笙（阿拉伯管風琴[註25]）的改造等，均難排除阿拉伯獨特音律對中國音樂的影響，從而在基本音階結構、音律特徵等方面為傳統宮調系統注入新的因素。那麼，經阿拉伯音樂家法拉比（Abū Nasr al-Fārābī，870～950年）規範化之後的烏德中指音位，與中原傳統琵琶柱位的改變有何可能聯繫？宋元以來俗樂實踐獨尊下徵音階，乙、凡不分上、下，以致「中立徵調式」音階盛行等，伊斯蘭音樂在其中發揮了多大作用？其對中原傳統宮調理論的影響如何估量？是全盤接受，還是有限受容？這些都是考察宋以來宮調理論變遷時不應忽視的問題。

5、明代工尺譜唱名與調名體系的應用特點

　　宋元以來，由於宮廷燕樂逐漸散落民間，大規模宮廷樂舞表演日益衰敗，取而代之的是民間豐富多樣的市井音樂表演，唐宋俗樂二十八調各調逐漸失去原來標記「煞聲」（調式音列）的含義，只剩下二十八調整體框架中的「七均」傳統得以延續。二十八調體系中「均主」、「煞聲」含義的失落，使工尺七調自然成為標識調高的替代品，也就是不再以特定音樂風格命名各調（如沙陁調、越調、般涉調等），而是直接體現管色應指字法的樂學實

[註25] 相關論述，參見〔日〕岸邊成雄《伊斯蘭音樂》，郎櫻譯，上海：上海文藝出版社，1983年，第92頁。

質，以管樂器上的具體音位標記調高，由此催生出明清時代工尺調名系統的確立。

對於明代工尺譜唱名與調名體系的應用特點，本文將以音樂圖譜、歷史文獻和當下傳統音樂遺存爲基礎，從音樂實踐角度展開探討。通過對相關樂器音位及雅樂與俗樂曲譜的分析，說明以「合」爲調首配黃鍾的固定工尺唱名體系在明代的延續和施用情況，探討以「尺」爲調首的工尺唱名系統的深厚歷史淵源及其在明代俗樂實踐中的貫穿，進而闡述明代俗樂實踐中所用工尺譜的唱名與調名系統特徵，揭示特定時代的宮調理論與主流樂器機制和音樂實踐需要間的互動關係。

入明以來，工尺調名體系已在音樂實踐中確立並廣爲應用，但源自二十八調的一些俗樂調名卻並未完全退出歷史舞臺，依然在一些音樂作品的演出實踐中出現，自明末流傳至今的《魏氏樂譜》即採用了唐宋俗樂調名的標注方法。黃翔鵬先生曾指出：「恐怕北宋間『角調』的失傳，繼而幾種『商調』失傳，到南宋又接著失傳了一些『羽調』，這種現象都不是自然狀態下的一種『淘汰』。因爲不可想像人民在音樂生活中竟會約好了專門選擇某種調式不去唱、奏，而真實的情況是由於理解的歪曲，迫使某些樂調喪失原有的調名。其中應有許多貨真價實的東西仍然存在於人民的音樂實踐之中，雖然也會有所失傳，但卻仍有流傳的。」〔註 26〕那麼，這些「貨真價實」的東西如何存活於傳統音樂實踐之中？本文將結合對《魏氏樂譜》所載樂曲和宮調的分析，說明「明樂八調」的特定含義和實際功用，全面認知唐宋俗樂二十八調變遷及其對後世宮調實踐的影響。

此外，明清時期一些音樂文物所承載的宮調理論信息也值得關注，筆者將以中國歷史博物館（今中國國家博物館）收藏的傳世清代「笛色譜字調定位尺」爲例，結合傳統音樂工尺調名體系的應用特點，以及明清相關宮調理論的演變情況，探討該「笛色譜字調定位尺」的設計原理、使用方法和樂學內涵，透過具體的宮調理論物化形態，進一步揭示工尺調名體系變遷及其與音樂實踐的互動關係。

〔註 26〕黃翔鵬：《唐燕樂四宮問題的實踐意義——楊蔭瀏〈中國古代音樂史稿〉學習札記》，原載《中央音樂學院學報》1982 年第 2 期；收入黃翔鵬《溯流探源——中國傳統音樂研究》（音樂文集），北京：人民音樂出版社，1993 年；又見中國藝術研究院音樂研究所編《黃翔鵬文存》（上冊），濟南：山東文藝出版社，2007 年，第 347 頁。

6、清代工尺譜唱名調名體系的豐富完善與實踐應用

黃翔鵬先生指出，元明清的戲曲與曲藝音樂實踐中，四相琵琶漸被棄之不用，樂調的「品弦法」漸漸被曲笛用正宮調、小工調兩種簡易的命名法來代稱笛色樂譜調名。這實際是隨著演員嗓音的清濁，流動爲首調唱名法，亦即以笛上七調含糊湊合十二律的簡易辦法。〔註27〕那麼，「正宮調工尺調名系統」與「小工調工尺調名系統」是如何確立的？對應的主流工尺唱名系統，如何實現了由固定調到首調的演變？其與明清以來的音樂實踐存在怎樣的關係？本文將重點關注此時期作爲俗樂主流形式的戲曲音樂，從其創腔體制、家樂戲班變遷、傳承方式等方面，探討工尺譜在明清戲曲音樂發展中的作用，以及與之相關的首調唱名法的確立時代與原因。

清代是工尺七調調名完善發展的重要時期，不同樂種所採用的形態各異的調名，使傳統宮調理論體系進一步豐富。針對傳統音樂中常見的同一調名指代不同管色指法，或相同管色指法被冠以不同工尺調名的現象，本文將以清代以來工尺調名體系的歷史演變爲基礎，結合文獻記載和若干傳統樂種的工尺調名應用，梳理工尺七調體系從「正宮調系統」到「小工調系統」再到「乙字調系統」的演化歷程及其衍生出的多類型調名的訛變情況，嘗試將傳統樂種工尺調名所蘊含的不同階段、不同性質的宮調特徵這些「音樂文化堆積層」區別開來，立足當下、追溯歷史，以「文化層累構成」視角關照傳統宮調理論的歷史變遷，使其在構建中國音樂形態（風格）史的過程中發揮更大作用。

四、基本思路方法與研究難點

漢語中的「調」是多音字，有「曲調、調整、定調、調高」等諸多含義。在包括中國在內的中亞、東亞、東南亞等東方傳統音樂中，「調」的含義又常與「曲調型」密不可分，如印度的拉格、中亞的木卡姆等，又與演奏（唱）的定調、調高及樂器的定弦法、按指法、組合法等「調整」因素相關，有時也會牽扯到調式種類、音階結構等諸多問題。因此，傳統音樂中有關「調」的理論（宮調理論），必然涉及特定樂種的樂器、樂曲、樂譜、演奏法等因素。

〔註27〕黃翔鵬：《試從北轍覓南轅──絃管樂調歷史之謎的猜測》，原載黃翔鵬《中國人的音樂和音樂學》（音樂文集），濟南：山東文藝出版社，1997年；又見中國藝術研究院音樂研究所編《黃翔鵬文存》（上冊），濟南：山東文藝出版社，2007年，第481頁。

這些情況充分說明，傳統音樂的宮調理論與音樂實踐是緊密聯繫在一起的，研究歷史上不同時代、不同樂種的宮調理論形態，不能脫離特定時期的音樂實踐活動，不能單純從數理角度依靠純邏輯思辨予以解決。

楊蔭瀏先生晚年在《三律考》一文中論及歷代音律問題時精闢指出：客觀音響世界是矛盾統一體，音樂實踐中並不存在純而又純的三分損益律和純律，甚至人爲的平均律實踐中也不存在絕對平均的比率，音樂實踐中對律制的應用是多種律制的矛盾統一。〔註28〕律制問題如此，樂學領域的宮調問題亦如此。歷代典籍對宮調問題的理論化描述，究竟能夠在多大程度、多大範圍上反映當時諸樂種的宮調實踐情況？音樂實踐中對不同宮調的選擇與應用，是否也是多種俗樂宮調體系的矛盾統一？傳統音樂的歷史形態和現實遺存啓發我們，探討傳統宮調理論問題必須立足與之相關的音樂實踐，結合具體樂器、樂種、樂曲、樂譜等實際表現予以展開，只有如此才能正確認識理論記載與音樂實踐之間的對立統一關係，探尋樂律發展史中各時代主流音樂品類的宮調運用情況。

基於以上對宮調理論與音樂實踐關係的考慮，本課題的基本研究思路是：立足歷史與當前的傳統音樂實踐，以實踐與歷史理論互證的方法，從音樂實踐層面對宮調理論問題予以重新審視，探求俗樂調名和工尺七調等不同宮調體系特點及相互間的名實關係。這裡所說的音樂實踐，既包括歷代典籍記載的音樂實踐情況，也包括對當前某些傳統音樂的田野考察，還包括各時期部份出土音樂文物的測音數據等，具體情況如下：歷代典籍中有關宮調理論與實踐應用情況的記載；已出版的民歌、戲曲、器樂曲等「民族民間音樂集成」中的相關資料，包括各樂種的宮調理論及曲譜整理等；已出版的《中國音樂文物大系》提供的與歷史宮調應用相關的音樂文物，以及部份出土音樂文物的測音數據等；筆者田野考察獲得的相關信息和第一手音響資料等。

本課題的研究內容和研究思路，決定了本研究採取的理論探討與音樂實

〔註28〕黃翔鵬《楊蔭瀏先生和中國的民族音樂學》一文對楊老學術思想的總結，原載《音樂學習與研究》1985年第3期；收入黃翔鵬《傳統是一條河流》（音樂文集），北京：人民音樂出版社，1990年；又見中國藝術研究院音樂研究所編《黃翔鵬文存》（上冊），濟南：山東文藝出版社，2007年，第131頁。另可參閱楊蔭瀏《三律考》，見《楊蔭瀏音樂論文選》，上海：上海文藝出版社，1986年。

踐相結合的研究方法。即在綜合考察文獻、文物和傳統音樂遺存等材料的基礎上，以各時代音樂實踐中宮調體系的「名實關係」爲切入點，立足唐宋以來的俗樂包括詞曲音樂、戲曲音樂、傳統笙管樂等傳統音樂實踐，較系統地梳理宋、元、明、清各代的宮調理論演化及其與音樂實踐的互動關係，反思樂律學研究中的某些問題，希望能在一定程度上釐清宮調理論歷史演化的眞實面貌，深化傳統樂律理論和中國古代音樂形態研究。

　　縱觀唐宋以來的音樂發展歷程，由於史籍失載、正統禮樂思想制約及歷代文人對宮調的歪曲等諸多因素影響，某些時期宮調理論的名實關係不僅語焉不詳、且已發生相當程度的錯亂，造成理論與實踐之間的諸多矛盾，以致前輩學者對宮調理論與樂種實踐的諸種關係，仁者見仁，智者見智。這一方面爲後人開展相關研究提供了契機，同時也說明本研究將涉及某些難於一時定論的「難題」，如唐宋俗樂二十八調傳承關係、俗字譜與工尺譜宮調系統及其唱名法變遷、俗樂調系統的歷史承繼與蛻變、工尺調名系統的歷史衍變關係等。加之本課題涵蓋時間跨度之大、所涉宮調理論問題之繁，研究工作的難度可想而知。

　　傳統樂律學號稱「絕學」，前輩大師成果頗豐。如何在充分學習、理解前人成果的基礎上，在一定範圍內有所根據地提出己見，是本課題研究需要正視的難點之一。此外，本研究還有賴於大量調查資料以及對傳統音樂的實踐積累和感性體認，這也是筆者在研究中需要下大力氣解決的問題。誠如黃翔鵬先生所說：「不知道知識難、學問難而見識更難，對傳統藝術的理解，在見識之上還更有一個出自精神狀態的內心體驗要算最難。」〔註 29〕以上難點與筆者自身學養的不足，需要在課題研究中逐步彌補，邊學習、邊思考、邊探索、邊研究，力爭面對浩如煙海、博大精深的傳統宮調理論，通過對傳統音樂實踐中宮調形態及其與歷史理論聯繫的關注，提出自己的一隅之見。如同諸多前輩學者的研究一樣，本課題研究所能提供的只是對若干宮調問題的初步思考，許多結論只是傳統音樂理論深化過程中的階段性認知，是邁向科學眞理之境的點滴積累，不僅需要接受後人的不斷批判，更需要傳統音樂實踐的證實或證僞。

〔註29〕黃翔鵬：《「中國傳統音樂的采風與心得」專欄前言》，原載《中國音樂》1990
　　　年第 3 期；收入黃翔鵬《中國人的音樂和音樂學》（音樂文集），濟南：山東
　　　文藝出版社，1997 年；又見中國藝術研究院音樂研究所編《黃翔鵬文存》（上
　　　冊），濟南：山東文藝出版社，2007 年，第 441 頁。

第一章　唐宋俗樂宮調理論的實踐基礎與基本特徵

　　隋唐是中國古代音樂輝煌發展的重要時期之一。承接兩晉南北朝各民族音樂文化大融合、大交流的遺緒，隋唐王朝統治者以更爲開闊的胸襟，不斷吸納各兄弟民族和世界各地各國樂舞，創造出以宮廷樂舞特別是宮廷俗樂（燕樂）爲中心的音樂文化的又一高峰。隋代和初唐時期，多部伎的繁盛和坐、立二部伎表演體制的確立，反映出中原樂舞在吸收各國各民族樂舞成分基礎上的新創造，以及從初唐到盛唐雅、胡、俗樂舞不斷融合的發展趨勢。至玄宗朝時代，胡、俗樂舞進一步融合。天寶十三載（754 年），唐玄宗「更改太常寺供奉曲名」、「詔道調法曲與胡部新聲合作」（《新唐書‧禮樂志》）事件，「完全打破了胡、俗樂之間的最後藩籬，使胡樂在宮廷獲得與俗樂同等的地位，並與俗樂一起合奏。玄宗喜愛的道調法曲和胡部新聲，由此也合而爲一，成爲中唐燕樂中最有影響力的代表性新俗樂」〔註1〕。

　　新俗樂在隋唐時代不斷壯大，客觀上要求參與其中的各國、各民族樂舞，擁有相對統一的音樂表演原則，宮調理論就是其重要內容之一。伴隨宮廷俗樂的不斷深度融合，以俗樂二十八調系統爲核心的宮調理論不斷成熟，成爲指導唐代音樂實踐的重要技術規範。這一宮調形態不僅在唐代應用普遍，入宋以來又獲得進一步系統化發展，逐漸形成一套邏輯結構嚴謹的宮調理論體系，是中古時代音樂理論發展的重要成就，並對宋代以來宮調理論演變和音樂實踐影響深遠。某種意義上講，肇始自隋唐、歷經兩宋完善發展的

〔註1〕　秦序：《中國音樂通史簡明教程》，長春：吉林音像出版社，第45頁。

俗樂二十八調，完全可視爲宋以來宮調理論變遷的邏輯起點。探索「宋以來宮調理論變遷及與音樂實踐關係」，應該從唐宋俗樂二十八調的基本結構特徵和實踐基礎談起。

鑒於目前學界對「俗樂二十八調」諸問題尚存在不少分歧，本章擬結合唐宋時代的樂律實踐基礎和以「敦煌樂譜」爲代表的唐樂作品等材料，論證二十八調宮調體系的基本結構特徵，深入認知俗樂二十八調在宋以來宮調理論變遷中「邏輯原點」式的引領意義。

第一節　唐宋俗樂二十八調的管色實踐基礎

中國古代樂律研究中，歷來有「弦律」和「管律」兩種傳統。弦律易於調諧，但張力難以控制；管律調音不便，但有一定之高。二者相輔相成、互爲補充，這就是晉人楊泉《物理論》所說的「以弦定律，以管定音」〔註2〕。理論上講，兩種定律方式在某種樂調體系的建立過程中，都有其不可替代的作用。但對於隋唐時代規模宏大的樂舞實踐而言，具有固定音高的吹管樂器，自然成爲樂隊定音、定調的基準（恰如當今西洋管絃樂隊以雙簧管爲準定律）；與之相應的樂律宮調體系，也必然選擇靈活、輕便的管色應律樂器，作爲自身理論闡發的基本物質依託。正因如此，雙簧類吹奏樂器篳篥被唐宋人冠以「頭管」美譽，在樂隊定音調律、旋宮轉調中發揮著宮調標準器的重要作用。以隋唐宮廷俗樂（燕樂）實踐爲基礎的俗樂二十八調體系，採用篳篥等管色作爲建構樂律理論的應律樂器，似乎是無可置疑的事實。

另一方面，《隋書·音樂志》有鄭譯與蘇祇婆論樂，「譯遂因其所撚琵琶，弦柱相飲爲均，推演其聲，更立七均，合成十二，以應十二律；律有七音，音立一調，故成七調十二律，合八十四調，旋轉相交，盡皆合應」〔註3〕的記載；《遼史·樂志》又有「四旦二十八調，不用黍律，以琵琶弦協之」〔註4〕的記述。清人凌廷堪不明唐樂琵琶之制，進一步論證「琵琶四絃，故燕

〔註2〕 黃翔鵬《樂問》第三十八「楊泉論管，梁武從之」條曰：「晉代楊泉是一個傑出的思想家，他在《物理論》中就京房對管律與弦律兩者關係的理解做出了科學概括，提出『以弦定律，以管定音』的明確表述。這一表述的直接影響，應該就是梁武帝《鍾律緯》『用笛以寫通聲』的方法之產生。」北京：中央音樂學院學報社，2000年，第56～57頁。

〔註3〕 《隋書·音樂志中》卷十四，北京：中華書局，1973年，第346頁。

〔註4〕 《遼史·樂志》卷五十四，北京：中華書局，1974年，第891頁。

樂四均矣。第一弦聲最濁，故以爲宮聲，所謂大不逾宮也，分爲七調，……
第二弦聲次濁，故以爲商聲，分爲七調，……第三弦聲次清，故以爲角聲，分
爲七調，……第四絃聲最清，故以爲羽聲，所謂細不過羽也，分爲七調……」
〔註 5〕，使唐宋二十八調繫於琵琶弦律、爲「四宮（均）七調」之說廣爲流
播。然而，被淩廷堪《燕樂考原》及其後繼者陳澧《聲律通考》視爲二十八
調應律樂器的「唐制的四柱琵琶之遺品於今猶存，而日本的雅樂更用著與
之同型的琵琶演奏著唐代傳來的樂曲，知道了這些理論和事實，可知淩氏
的一弦具七調說，陳氏的一弦一均七調說，均是與唐代琵琶之制不相容的
紙上空論而已」〔註 6〕，對此日本學者林謙三在《隋唐燕樂調研究》中已詳盡
駁辯。

　　近年來，我國學者對唐宋樂調的器樂實踐基礎，及其與二十八調結構的
內在關係作進一步探究，得出許多值得重視的結論。例如，陳應時先生的
《燕樂二十八調爲何止「七宮」》一文，較早對二十八調以琵琶定律的觀點
提出質疑，指出近世的「工尺譜七調，正好合於燕樂二十八調的『七宮』」。
〔註 7〕呂建強先生的《「燕樂二十八調」是四宮還是七宮》通過份析「四宮
說」和「七宮說」，認爲「燕樂『應律定調』樂器，似屬管樂器爲主，如篳
篥、簫、笛等」。〔註 8〕洛地先生的《〈唐二十八調擬解〉提要》一文，明確提
出「二十八調在竹」、「以七『孔聲』『運』四種調式七運其調二十八調『如車
輪轉』而自如」。〔註 9〕徐榮坤先生指出：「『笛色七調』上『輪』四調（式）
爲二十八調，和今天民間所稱的『五調朝元』、『七宮還原』的調式、調域轉
換之法，實爲完全相同的一回事」。〔註 10〕鄭榮達先生認爲：「俗樂二十八

〔註 5〕〔清〕淩廷堪：《燕樂考原・後論・燕樂二十八調說上第一》卷六，絲埜堂藏
　　　　版，載《續修四庫全書・經部・樂類》（第 115 冊），上海：上海古籍出版社，
　　　　2002 年，第 415～416 頁。
〔註 6〕參見〔日〕林謙三《隋唐燕樂調研究》，郭沫若譯，上海：商務印書館，1955
　　　　年，第 119 頁。
〔註 7〕陳應時：《燕樂二十八調爲何止「七宮」》，《交響》1986 年第 3 期，第 12 頁。
〔註 8〕呂建強：《「燕樂二十八調」是四宮還是七宮》，《中央音樂學院學報》1993 年
　　　　第 4 期，第 51 頁。
〔註 9〕洛地：《〈唐二十八調擬解〉提要》，見洛地《詞樂曲唱》附錄，北京：人民音
　　　　樂出版社，1995 年，第 344、349 頁。
〔註 10〕徐榮坤：《唐燕樂五音輪二十八調猶今民間之「五調朝元」、「七宮還原」也
　　　　——關於唐燕樂二十八調問題的若干新解》，《中國音樂學》1996 年第 1 期，
　　　　第 48 頁。

調，調與調之間結構體系的產生，是和管色字譜的產生與應用有著密切關聯，可以說是相輔相成的。……這個體系的形成以及調數的限定，是與用管色指法僅用七個工尺字作為譜字的固定唱名記敘法的應用直接相關聯的。」〔註11〕秦序、李宏鋒通過對中國古代音樂中長期存在並發揮影響的「陰陽旋宮」思維的梳理和唐宋雙管旋宮方式的論證，亦得出「從唐代一管吹七均（翻七調，即『七宮』）的實踐看，當時在管樂器上實踐二十八調，應不存在任何技術問題。唐代二十八調的應律樂器，很可能是管樂器而非琵琶」的論斷。〔註12〕

以上諸家對唐宋二十八調應律樂器機制的論說，若擱置某些細節分歧暫且不談，所有結論都指向「管色」在構建二十八調理論體系中的核心作用，使這一長期困惑學人的問題有了較為明晰的解決思路。事實上，唐宋以來的諸多音樂文獻，已明確向我們昭示出「俗樂二十八調以管色實踐為基礎」這一宮調系統的基本特徵，從而證明以上諸家論說確為歷史事實，而非僅出於邏輯演繹的「合理推斷」。今據中外古代音樂文獻和傳統音樂遺存，從管色樂器定律特性、使用譜字、演奏指法、二器並用等方面，就俗樂二十八調的應律樂器機制與管色實踐基礎等問題略作申論，為後文進一步探討該宮調體系的繼替演化奠定基礎。

一、管色有「一定之音」使其成為宮調應律樂器首選

所謂「應律樂器」，即能夠調準並固定某種律高，且整體音列較少受外界環境和演奏技法影響，從而具備定律、定調資格的樂器，一般多為吹管樂器或擊奏類定音樂器。管色樂器靈活輕便且「律有一定之高」的獨特品質，使其成為樂隊定音和宮調理論演繹的首選。北宋陳暘《樂書》說：「篳篥，一名悲篥，一名笳管，羌胡、龜茲之樂也。以竹為管，以葦為首，狀類胡笳而九竅。……從世樂家者流，以其旋宮轉器以應律管，因譜其音，為眾器之首。至今鼓吹教坊用之，以為頭管。」〔註13〕管色樂器篳篥在唐宋被尊為「眾器

〔註11〕鄭榮達：《唐代俗樂律調體系的形成》，《文化藝術研究》2009年第6期，第43、47頁。

〔註12〕秦序、李宏鋒：《中國古代樂律實踐中的智慧閃光──「陰陽旋宮法」實踐與理論初探》，《音樂研究》2012年第4期。

〔註13〕〔宋〕陳暘：《樂書》卷第一百三十「樂圖論‧胡部‧篳篥」條，清光緒丙子春（1876年）刊本。

之首」，成爲樂隊調音、定調的標準器，正是其音律較之絃樂器「有一定之高」，能與律管之音相應的特性使然。又由於管色可以較自如地「旋宮轉器」（翻調），在單件樂器上呈現不同樂調的用音規範，因此也被用作闡釋宮調理論的基礎樂器。關於這一點，唐人樂論中有明確說明。陳暘《樂書》卷一四八引唐人李沖之語曰：

> 管有一定之聲，弦多舒緩之變。故捨旋宮琵琶，製旋宮雙管。
> 法雖存於簡易，道實究於精微矣。〔註14〕

　　理論上講，絃樂器與吹管樂器都可作爲說明旋宮轉調理論的樂器。但由於「管有一定之聲，弦多舒緩之變」，對於極重音樂實踐、不尚空論的唐人而言，最終還是捨棄了「旋宮琵琶」，製作「旋宮雙管」作爲宮調體系的應律之器。這種方式雖然簡易，但恰恰體現出我國傳統樂律實踐中馭繁於簡的「實用理性」原則，實際是在看似簡單易行的操作中，蘊含了嚴謹、精深的宮調原理。

　　李沖所說的以「旋宮雙管」實踐唐人樂調理論，可在陳暘的論述中窺見一般。其具體方法，即《樂書》卷一百四十八「雙管、黃鍾管、大呂管」條接下來所說的「大呂管通五均」、「黃鍾管通七均」——雙管中的黃鍾管吹七均（翻七調），大呂管吹奏五均（翻五調），合計共十二均，實現十二律八十四調「旋相爲宮」。從唐宋管色樂器一管吹七均（翻七調，即「七宮」）的實踐操作來看，當時在管色樂器上實踐七均二十八調，不存在任何技術問題。唐俗樂二十八調以管色旋宮實踐作爲理論構建的基本依據，從唐代李沖之論中可得到明確反映。〔註15〕

　　反觀盛唐時代的琵琶樂調，十二均音列在定律過程中，均以律管所發之音爲基礎，進而運用「轉軸撥弦」方式實現各調高調諧。武則天敕撰的《樂書要錄》是唐代音樂理論的重要文獻，集中反映著唐人的樂律學說和實踐方法。據林謙三先生考證，該書第八卷有關琵琶十二均調律方式的論述，仍保存在藤原師長（1138～1192 年）編撰的《三五要錄》之《調子品》中。以琵琶「黃鍾均」和「林鍾均」調律爲例，具體方法如下：

〔註14〕　參見〔宋〕陳暘《樂書》卷一百四十八「雙管、黃鍾管、大呂管」條，清光緒丙子春（1876 年）刊本。

〔註15〕　相關論述，可參見本書第二章第三節。又見秦序、李宏鋒《中國古代樂律實踐中的智慧閃光——「陰陽旋宮法」實踐與理論初探》，《音樂研究》2012 年第 4 期，第 13 頁。

十一月，黃鍾均。

黃鍾爲宮，太簇爲商，姑洗爲角，蕤賓爲變徵，林鍾爲徵，南呂爲羽，應鍾爲變宮。

右吹太簇律管，緩子弦應之。自餘三弦，依平調調之。調訖，然後急大絃（急一律），打中指第三應之，聲即黃鍾均也。

散聲：大絃黃鍾，宮；第二姑洗，角；第三南呂，羽；子弦太簇，商。

右中指大絃、子弦，無名指第二、第三弦，小指大絃，並是均外之聲，非其黃鍾所管，故廢而不用。

六月，林鍾均。

林鍾，南呂，應鍾，大呂，太簇，姑洗，蕤賓。

右黃鍾調緩大絃（緩一律），應頭指第三聲，當應鍾；餘三弦依舊不改。林鍾均，今時平調是也。

散聲：應鍾，角；姑洗，羽；南呂，商；太簇，徵。〔註16〕

　　唐代琵琶十二均定律係以黃鍾均爲基礎，先據太簇律管定準子弦商聲，進而依據諸弦合律之法調諧其它三弦音高，即大絃黃鍾（宮）、第二姑洗（角）、第三南呂（羽），確定黃鍾均音列。轉至林鍾均時，只需在黃鍾均基礎上，將大絃降低半音爲應鍾，與「頭指三聲」相應，即得到平調定弦。餘下各均調弦，均按五度相生關係進行，最後從仲呂均回到黃鍾均，實現十二律旋相爲宮。這大概就是《隋書·音樂志》所說的鄭譯「遂因其所撚琵琶，弦柱相飲爲均，推演其聲，更立七均，合成十二，以應十二律」〔註17〕的琵琶定調之法吧。

　　《樂書要錄》所載琵琶的十二均定調之法，可能是爲說明旋宮理論而設，實踐中不一定全部採用。但誠如林謙三先生所言：「然而唐代有數十種的琵琶定弦法，乃是事實。」〔註18〕唐文宗開成三年（838年）入唐的遣唐使判官藤原貞敏（807～867年），曾在揚州隨琵琶博士廉承武學習《琵琶諸調子品》並帶回日本，其重要內容就是琵琶二十八調及其調弦。從現存《琵琶諸調子

〔註16〕《三五要錄》記載的《樂書要錄》卷八內容，轉引〔日〕自林謙三《東亞樂器考》，錢稻孫譯，北京：人民音樂出版社，1962年，第264～265頁。

〔註17〕《隋書·音樂志中》卷十四，北京：中華書局，1973年，第346頁。

〔註18〕〔日〕林謙三：《東亞樂器考》，錢稻孫譯，北京：人民音樂出版社，1962年，第267～268頁。

品》的相關記載可知，當時用於琵琶的二十八調，幾乎每調都有各自獨立的
調弦方法。林謙三曾整理《琵琶諸調子品》之二十八調各調定弦如下表（表1
－1）：〔註19〕

表1－1：《琵琶諸調子品》之二十八調定弦表

調　　名	品種	定　弦				用　途	備　考	三五要錄該當調
		I	II	III	IV			
1　壹越調	平調	#F	H	e	a	南呂宮		平　調
2　壹越上調		E	E	h	#f			
3　沙陀調	平調	#F	H	e	a	南呂宮		平　調
4　雙　調		A	d	e	a	沙陀調	合笛壹越調 六＝乙、夕＝一⊥	雙　調
5　平　調	平調	#F	H	e	a	盤涉調	合笛盤涉調 中＝乙	平　調
6　大食調	平調	#F	H	e	a	盤涉調	以笛盤涉調合	平　調
7　乞食調	平調	#F	H	e	a		大食調之同音	平　調
8　小食調	平調	#F	H	e	a		與大食調同	平　調
9　道　調		[E	E	H	E]			啄木調
10　黃鍾調		E	H	e	a	平調	干＝一夕	黃鍾調
11　大黃鍾調		E	#F	#c	e	南呂羽 高平調		
12　水　調		[D	A		]			
13　萬涉調	平調	#F	H	e	a	南呂羽 高平調	干＝乙	平　調
14　風香調		A [H	c d	e #f	a h]	黃鍾調 盤涉調		風香調
15　返風香調		A [G	H A	e d	a g]	水調 雙調		返風香調
16　仙女調		E	H	d	a			
17　林鍾調		G A	c d	d e	a b	中呂調 平調		

〔註19〕參見〔日〕林謙三《東亞樂器考》中整理的「《琵琶諸調子品》所載二十八調
　　　　及其定弦法表」，錢稻孫譯，北京：人民音樂出版社，1962年，第270頁。

調　名	品種	定　弦				用　途	備　考	三五要錄該當調
		I	II	III	IV			
18 清　調		A	d	d	a	中呂調	六＝乙夕	清　調
19 殺孔調		[E	E	e	#f]			
20 雄　調		E	e	#f	#c			
21 仙鶴調		E	H	e	h	大食調？	コ夕平調音	
22 高仙調		E	H	e	#f	盤涉調		
23 鳳凰調		H	A	d	a			
24 鴛鴦調		E	e	#f	h			
25 南品調		A	c	e	e			
26 玉神調		G [A	H #c	e	g a]			
27 碧玉調		H	A	d	a	壹越調		
28 啄木調		A [G	A G	e d	a g]			啄木調

　　縱觀上表所列，雖然《琵琶諸調子品》中的二十八調名稱，與中國典籍記載並不完全相合，但唐代俗樂琵琶存在多種定弦法，則是不爭的事實。若以琵琶爲基礎實現七均二十八調轉換，不僅開始需要以律管定始發均之某弦音高，餘下各均調高亦需重新調弦，才能完滿呈現二十八調或八十四調。與管色相比，其優勢在於能直觀呈現各均音列音位，弊端則是缺乏固定律高基礎，音高極易改變，因此才會有李沖「管有一定之聲，弦多舒緩之變。故捨旋宮琵琶，製旋宮雙管」之論。從音樂表演實踐要求而言，以定弦音高如此繁複變換的琵琶作爲二十八調的基礎定律樂器，顯然不如管色定律簡便易行。隋唐時代二十八調的應律樂器非管色莫屬，琵琶可能只在必要時作爲各樂調的「推演之器」，輔助管色進一步說明俗樂各調的用音特徵。

二、俗樂二十八調用音與管色譜字一致

　　唐宋俗樂二十八調用音和管色音孔音位，二者間存在一一對應關係。據北宋沈括（1031～1095 年）《夢溪筆談・補筆談》卷一「樂律」531 條所錄，二十八調七均用音情況如下：〔註20〕

〔註20〕以下引文，據楊蔭瀏先生校改本，參見《中國古代音樂史稿》（上冊），北京：人民音樂出版社，1981 年，第 433 頁。其中個別音仍有錯漏，隨文標注。

今燕樂二十八調，用聲各別。

正宮、大石調、般涉調皆用九聲：高五、高凡、高工、尺、高一、高四、勾、六、合；大石角同此，加下四，共十聲。

中呂宮、雙調、中呂調皆用九聲：緊五、下凡、高工、尺、上、下一、高四、六、合；雙角同此，加高一，共十聲。

高宮、高大石、高般涉皆用九聲：下五、下凡、[下]工〔註21〕、尺、上、下一、下四、六、合；高大石角同此，加高四，共十聲。

道調宮、小石調、正平調皆用九聲：高五、高凡、高工、尺、上、高一、高四、六、合；小石角加勾字，共十聲。

南呂宮、歇指調、南呂調皆用七聲：下五、高凡、高工、尺、高一、高四、勾；歇指角加下工，共八聲。

仙呂宮、林鍾商、仙呂調皆用九聲：緊五、下凡、[下]工〔註22〕、尺、上、下一、高四、六、合；林鍾角加高工，共十聲。

黃鍾宮、越調、黃鍾羽皆用九聲：高五、下凡、高工、尺、上、高一、高四、六、合；越角加高凡，共十聲。

沈括所記燕樂二十八調各調譜字，與南宋張炎《詞源》所列八十四調用音吻合（各調音列與二十八調調名，詳後文表 2–7），可知二十八調音階結構與用音，在兩宋間基本保持一致，未有根本變化。楊蔭瀏先生綜合分析唐宋文獻記載後進一步指出：「從唐代直到宋末，燕樂二十八調中任一相同的調名，都代表著相同的宮調的內容，並沒有因時代的改變而改變；前面所列的《北宋燕樂二十八調的音階、音域和結音》（筆者按，即據沈括《補筆談》所列譜例），對於瞭解唐、宋兩代燕樂曲調的宮調關係，可同樣地適用。」〔註23〕

縱觀《夢溪筆談·補筆談》記述的二十八調用音，不出「五、凡、工、尺、上、一、四、六、勾、合」範圍，僅個別譜字與本律有相差半音的高、

〔註21〕應爲「下工」，係高宮「徵」音位。據張炎《詞源》所列八十四調表校改，參見楊蔭瀏《中國古代音樂史稿》（上冊），北京：人民音樂出版社，1981 年，第 439 頁。

〔註22〕應爲「下工」，係仙呂宮「宮」音位。據張炎《詞源》所列八十四調表校改，參見楊蔭瀏《中國古代音樂史稿》（上冊），北京：人民音樂出版社，1981 年，第 439 頁。

〔註23〕楊蔭瀏：《中國古代音樂史稿》（上冊），北京：人民音樂出版社，1981 年，第437、440 頁。

下、緊之別。《遼史・樂志》記載「大樂調」所用「四旦二十八調」之後，又有對「大樂聲」的記載，其文曰：「各調之中，度曲協音，其聲凡十，曰：五、凡、工、尺、上、一、四、六、勾、合。」〔註24〕《夢溪筆談》與《遼史・樂志》記載的這十個譜字，正是唐宋管色樂器篳篥的九個按孔和筒音所發之音。陳暘《樂書》卷第一百三十「樂圖論・胡部・篳篥」條末注文曰：

> 今教坊所用，上七空後二空，以「五、凡、工、尺、上、一、
> 四、六、勾、合」十字譜其聲。〔註25〕

篳篥的十孔（含筒音）音位與繼承唐樂的遼大樂度曲之音不僅完全一致，音序排列也完全相同，充分證明管色樂器與樂調理論的密切關係。日本現今傳統音樂所用篳篥，較好保留了唐宋篳篥的九孔形制和用音傳統，林謙三《隋唐燕樂調研究》記載有這種篳篥的形制、各孔音位及其與宋代樂律字譜的對應關係，如下圖（圖1－1）所示：

圖1－1：日本篳篥形制、音位譜字及其與宋代字譜的對應關係〔註26〕

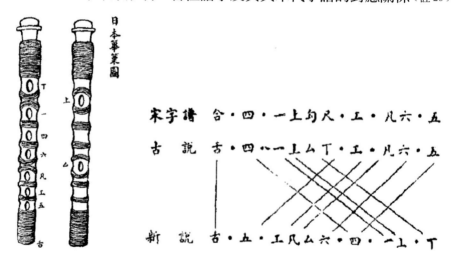

對於篳篥各孔所標日本譜字與日本古律和宋代字譜的對應關係，林謙三進一步解釋說：

〔註24〕 《遼史・樂志》卷五十四，北京：中華書局，1974年，第891頁。
〔註25〕 〔宋〕陳暘：《樂書》卷第一百三十「樂圖論・胡部・篳篥」條，清光緒丙子春（1876年）刊本。
〔註26〕 圖片參見〔日〕林謙三《隋唐燕樂調研究》，郭沫若譯，上海：商務印書館，1955年，第91頁。

　　關於日本篳篥的字譜，有今古二說。《教訓抄》（狛近眞撰，天福元年宋理宗紹定六年）云：「穴名四、一、乚、丁、工、凡、五、六（五、六二字蓋顚倒），乃古說，今世不用之。四、一、乚、丁、五、工、凡、六、舌皆塞音，勾裏下穴名。當世用之。」據我所考察，所謂「古說」殆與宋代字譜相一致，後來改變了。舌是合，厶是勾，丁是尺。在轉變時，舌、厶止於舊位未變。〔註27〕

　　唐宋教坊所用其它管色樂器，雖然形制與開孔數目和篳篥有異，但同樣以篳篥所用的十個俗字，作爲標記音高的基本符號。例如，《樂書》卷第一百四十七「教坊簫，十七管唱簫，和簫」條記載說：「《景祐樂記》：『教坊所用之簫凡十七管，以篳篥十字記其聲。』」〔註28〕問題一目了然，無論唐宮廷燕樂、遼代大樂還是宋代教坊樂，其用於宮調理論演繹的基本譜字，就是管色樂器所用工尺俗字譜，而非如「敦煌琵琶譜」那樣記載四絃四柱二十音位的琵琶譜字。二十八調理論與管色演奏共用俗譜字的相通性、一致性表明，唐宋俗樂二十八調體系的應律樂器爲管色而非琵琶。

三、管色應律指法爲二十八調呈現提供技術保障

　　唐宋二十八調所用十個譜字高下有別，涵蓋了全部十二律呂。各工尺俗字與十二律呂的對應關係，沈括《夢溪筆談》之《補筆談》卷一「樂律」532條亦有記載，其文曰：

　　　　今燕樂只以合字配黃鍾，下四字配大呂，高四字配太簇，下一字配夾鍾，高一字配姑洗，上字配中呂，勾字配蕤賓，尺字配林鍾，下工字配夷則，高工字配南呂，下凡字配無射，高凡字配應鍾，六字配黃鍾清，下五字配大呂清，高五字配太簇清，緊五字配夾鍾清。〔註29〕

　　上述十六個音位中的「正位」工尺譜字，可在管色樂器直接吹奏獲得。十譜字在九孔篳篥上的音位排列可參見圖1-1；對於六孔或其它孔數的管色樂器

〔註27〕　〔日〕林謙三：《隋唐燕樂調研究》，郭沫若譯，上海：商務印書館，1955年，第92頁。

〔註28〕　〔宋〕陳暘：《樂書》卷第一百四十七「樂圖論・俗部・八音・竹之屬」「教坊簫，十七管唱簫，和簫」條，清光緒丙子春（1876年）刊本。

〔註29〕　中央民族學院藝術系文藝理論組：《〈夢溪筆談〉音樂部份注釋》，北京：人民音樂出版社，1979年，第64頁。

而言，個別正位譜字可通過叉口指法的靈活運用實現。宋末元初人陳元靚所編《事林廣記》中的「管色指法」圖，臚列了官笛、羌笛、夏笛、小孤笛、鷓鴣、扈聖、七星、橫簫、豎簫九種吹管樂器，並給出這些樂器通用的按音指法和對應譜字，呈現出工尺正位譜字在管色上的演奏方式，如下圖（圖1－2）所示：

圖1－2：《事林廣記》中的管色指法圖〔註30〕

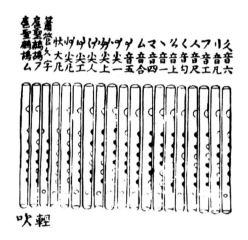

雜有半音變化的下四、下一、下工、下凡、下五、緊五等譜字，管色樂器可在正位譜字吹奏法基礎上，通過靈活運用叉口、半孔指法並輔以吹口氣息角度、力度調整，得到俗樂二十八調所需的各個音位。此如《樂學軌範》卷六「雅部樂器圖說」在記載「管」的形制與音位指法後所注：「凡吹竹之類，按孔則黑之，舉孔則白之，間有無用之孔。若用聲高之律則力吹之，如篳篥、大平簫，用舌之器則堅含舌口而力吹之，聲下之律則緩吹之。」〔註31〕

〔註30〕《新編群書類要事林廣記》卷八「音樂舉要門」，戊集，日本元祿十二年（1699年）翻刻元泰定二年刻本，載〔日〕長澤規矩也編《和刻本類書集成》第一輯，上海：上海古籍出版社，1990年影印本，第305頁。

〔註31〕〔朝鮮〕成俔等：《樂學軌範》卷一「五音律呂二十八調圖說」，英祖十九年（1763年）版，韓國音樂學資料叢書本，韓國：國立國樂院編印，第153頁。

北宋陳暘《樂書》卷一二二「大箎、小箎」條，記載了太常箎的孔位以及採用半孔和叉口技術演奏十二律的指法，爲我們瞭解當時吹管樂器在宮調理論建構中的基礎意義，提供了重要參照：

> 太常箎無尺寸，第依編架黃鍾爲合聲，然兼七竅而用之，未純乎雅樂也。

> （原注）節外一穴爲太簇，半竅爲大呂；次上一穴爲姑洗，半竅爲夾鍾；又次上一穴爲蕤賓，半竅爲仲呂；又次上一穴爲林鍾；又次上一穴爲南呂，半竅爲夷則；七竅全開爲應鍾，半竅爲無射。黃鍾、大呂、太簇、夾鍾，哨次各有清聲。〔註32〕

成書於朝鮮成宗王朝時期的《樂學軌範》（弘治六年，1493 年），在卷一「十二律配俗呼」一節，介紹了十二律與俗字譜相配的情況，並對各律相應的大笒指孔位置有詳細說明，以證俗樂二十八調用音的管色實踐基礎：

> 黃鍾全聲（即濁聲也，他律仿此）爲合字，俗作厶。半聲（即清聲也，又子聲也，他律仿此）爲六字，俗作夕。大笒第一、第四孔舉止，餘孔皆按之而低吹，則出黃鍾全聲，即八調之下五也。盡舉六孔而力吹，則出黃鍾半聲，即八調之宮也。

> 大呂、太簇全聲爲四字，俗作マ。大呂半聲爲五字，太簇半聲爲高五字，並俗作少。大笒第一孔半竅，餘孔皆按之而低吹，則出大呂全聲，力吹則出大呂半聲。第一孔舉之，餘孔皆按之而平吹，則出太簇全聲，即邀調之下五也。第二、第三、第四孔按之，餘孔皆舉之而力吹，則出太簇半聲，即邀調之宮也。

> 夾鍾、姑洗全聲爲一字，俗作丶。夾鍾半聲爲尖五字，俗作少（自姑洗至應鍾半聲則無俗呼）。大笒第六孔半竅，餘孔皆按之而低吹，則出夾鍾全聲，平吹則出夾鍾半聲。第二第、三孔按之，餘孔皆舉之而力吹，則出夾鍾清中清也。第六孔舉之，餘孔皆按之而低吹，則出姑洗全聲，即一指之下五也；平吹則出姑洗半聲，即一指之宮也。第一、第二孔按之，餘孔皆舉之而力吹，則出姑洗清中清也，即一指之上五也。

> 仲呂爲上字，俗作乑。蕤賓爲勾字，俗作厶。大笒第五孔舉

〔註32〕〔宋〕陳暘：《樂書》卷一百二十二「樂圖論・雅部・八音・竹之屬下」「大箎、小箎」條，清光緒丙子春（1876 年）刊本。

之，餘孔皆按之而低吹，則出仲呂全聲，即二指之下五也；平吹則出仲呂半聲，即二指之宮也。第三、第六孔舉之，餘孔皆按之而力吹，則出仲呂清中清也，即二指之上五也。第五、第六孔舉之，餘孔皆按之而低吹，則出蕤賓全聲，平聲則出蕤賓半聲（清中清則仲呂同）。

林鍾爲尺字，俗作人，大笒第一、第二、第三孔按之，餘孔皆舉之而低吹，則出林鍾全聲，即三指之下五也；平吹則出林鍾半聲，即三指之宮也。第一、第三孔按之，餘孔皆舉之而力吹，則出林鍾清中清也，即三指之上五也。

夷則、南呂爲工字，俗作ㄱ，大笒第一、第二孔按之，餘孔皆舉之而低吹，則出夷則全聲，平吹則出夷則半聲也。第三、第四孔舉之，餘孔皆按之而低吹，則出南呂全聲，即橫指之下五也；平吹則出南呂半聲，即橫指之宮也。第三孔按之，餘孔皆舉之而力吹，則出南呂清中清也，即三指之上六也。

無射、應鍾爲凡字，俗作ㄍ，大笒第一孔按之，餘孔皆舉之而低吹，則出無射全聲，平吹則出無射半聲。第一、第五、第六孔按之，餘孔皆舉之而低吹，則出應鍾全聲，即羽調之下五也；平吹則出應鍾半聲，即羽調之宮也。

（雅樂則音節徐緩，管、籥、塤、簾之半竅弱、半竅強，半竅依法吹之。俗樂則音節疾速，緩急無常，大笒、篳篥難用半竅，故以低吹、平吹、力吹爲清濁之聲而用之。）〔註33〕

以上所載大笒上的十二律奏法，可與《樂學軌範》卷一「五音律呂二十八調圖說」中的大笒七調指法圖相對照。值得注意的是，《樂學軌範》作者在這段文字末尾，還特別強調了不同樂種和吹奏樂器實踐十二律的不同方式，即管、籥、塤、簾等樂器在演奏音節徐緩的雅樂時，採用半竅指法；大笒、篳篥在演奏音節疾速的俗樂時，由於半竅指法難於操作，因此採用通過控制口風的低吹、平吹、力吹方式，實踐音律的高低半音控制。《樂學軌範》這一立足實踐的管色用音總結，確爲知音達樂之論，值得重視。

〔註33〕〔朝鮮〕成俔等：《樂學軌範》卷一「五音律呂二十八調圖說」，英祖十九年（1763年）版，韓國音樂學資料叢書本，韓國：國立國樂院編印，第57～59頁。括號內文字，爲《樂學軌範》原文夾註。

　　管色樂器可奏出十二律呂中的任意一律，理論上可實現十二律呂自由旋宮。然而就吹管樂器而言，最易演奏且發音穩定的，仍是採用常規指法和口風奏出的各孔位基本音高，即合、四、一、上、尺、工、凡七個「正位」譜字。尤其筒音「合」，在樂器定音、定調中擁有舉足輕重的作用。以筒音「合」字爲基準，採用「逆旋」的「爲調式」命名方式，讓「合」分別作爲宮、商、角、清角、徵、羽、閏（變宮）各音，可構成七種不同調高的正聲音階，形成類似當今傳統音樂中「七宮還原」式的宮調轉換。設筒音「合」字爲黃鍾，以之爲基準構建的七種正聲音階如下：

　　黃鍾爲宮、黃鍾爲商、黃鍾爲角、黃鍾爲清角、黃鍾爲徵、黃鍾爲羽、黃鍾爲閏（變宮）

　　它們分別對應俗樂二十八調的如下七均音列，即：

　　正黃鍾宮均、黃鍾宮均、仙呂宮均、南呂宮均、道宮均、中呂宮均、高宮均

　　可見，以管色筒音爲基準的「逆旋」七均音列，恰爲二十八調理論建構提供了現實基礎。以此七均音列爲宮調展現平臺，根據不同音樂風格需要，在每均中擇取四種不同煞聲（結音）的音列（調），便最終形成「七宮四調」結構的唐宋俗樂二十八調系統。這種情況，合於陳應時先生對「燕樂二十八調爲何止七宮」之問的解答：「因爲笛、簫一類的六孔樂器，每孔一聲加筒音爲基本的七聲，一聲立一調，故就止於『七宮』。」〔註34〕明確唐宋俗樂二十八調以管色樂器爲實踐基礎，二十八調的「七宮四調」特徵也就不辯自明了。

　　俗樂二十八調以管色爲基礎的七均構成原則，在《樂學軌範》中有明確說明。《樂學軌範》卷一「十二律配俗呼」一節的結尾注文，說明了大笒所奏十二律呂在音樂實踐中的運用情況：「雅樂則音節徐緩，管、簫、塤、箎之半竅弱、半竅強，半竅依法吹之。俗樂則音節疾速，緩急無常，大笒、篳篥難用半竅，故以低吹、平吹、力吹爲清濁之聲而用之。」〔註35〕正是由於管色樂器半竅取音的局限，使其自然選擇演奏最爲便捷的七個調高，作爲俗樂宮調轉換的基礎。《樂學軌範》卷一「樂調總義」曰：

〔註34〕陳應時：《燕樂二十八調爲何止「七宮」》，《交響》1986 年第 3 期，第 12 頁。
〔註35〕〔朝鮮〕成俔等：《樂學軌範》卷一「五音律呂二十八調圖說」，英祖十九年（1763 年）版，韓國音樂學資料叢書本，韓國：國立國樂院編印，第 59 頁。

按《律書》：十二律各自爲宮，又各有五調，故凡六十調。今雅樂亦並用十二律之宮，而俗樂則只用七調：

並夾鍾、姑洗兩聲爲宮，即一指也；

並仲呂、蕤賓兩聲爲宮，即二指也；

林鍾一聲爲宮，即三指也；

並夷則、南呂兩聲爲宮，即四指也，而俗稱橫指；

並無射、應鍾兩聲爲宮，即五指也，而俗稱羽調；

又取清黃鍾一聲爲宮，即六指也，而俗稱八調；

並清大呂、清太簇兩聲爲宮，即七指也，而俗稱邀調。

雅樂聲低，以黃鍾爲初聲；俗樂聲高，以夾鍾爲初聲。至八調、邀調，則又用黃鍾、大呂、太簇清聲。〔註36〕

《樂學軌範》卷一「五音律呂二十八調圖說」，在記載二十八調調名之後說：

按，黃鍾爲合字，大呂、太簇爲四字，夾鍾、姑洗爲一字，仲呂爲上字，蕤賓爲勾字，林鍾爲尺字，夷則、南呂爲工字，無射、應鍾爲凡字，合八字。然上字、勾字於大笒、篳篥同出一孔，故實用七字，各有四調，合二十八調也。太簇、姑洗、蕤賓、南呂、應鍾五律，則各稱中管，併入於七律。〔註37〕

以上所言「俗樂只用七調（調高）」以及「實用七字，各有四調，合二十八調」，正是以大笒音孔律高爲基礎，通過對十二律呂的適當歸併，形成七種不同調高音列，使七均旋宮與管色樂器的音孔結構相契合，成爲俗樂二十八調七均結構的實踐基礎。其中蘊含的音律邏輯結構可概括如下：

十二律呂歸并→管色七孔音位→筒音基礎輪轉→俗樂二十八調

二十八調七均所用管色指法，《樂學軌範》卷七有更爲詳細的記載。儘管其所列只是大笒（中笒、小笒）的音孔結構與七調（均）指法，七調名稱與唐宋二十八調亦有不同，但仍可爲我們瞭解六孔管色樂器實踐二十八調七均轉換提供直觀參考（圖1-3）：〔註38〕

〔註36〕〔朝鮮〕成俔等：《樂學軌範》卷一「五音律呂二十八調圖說」，英祖十九年（1763年）版，韓國音樂學資料叢書本，韓國：國立國樂院編印，第56頁。

〔註37〕〔朝鮮〕成俔等：《樂學軌範》卷一「五音律呂二十八調圖說」，英祖十九年（1763年）版，韓國音樂學資料叢書本，韓國：國立國樂院編印，第49頁。

〔註38〕〔朝鮮〕成俔等：《樂學軌範》卷一「五音律呂二十八調圖說」，英祖十九年

圖 1－3：《樂學軌範》記載的大笒七調指法圖〔註39〕

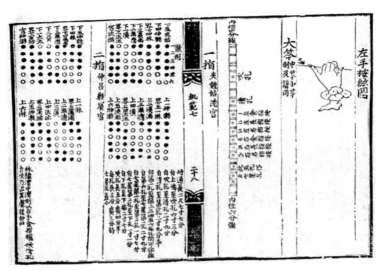

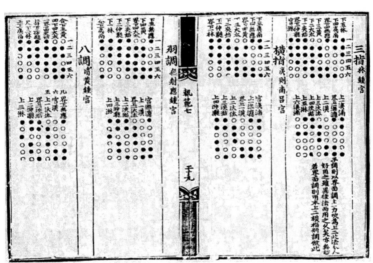

（1763 年）版，韓國音樂學資料叢書本，韓國：國立國樂院編印，第 199～
201 頁。

〔註39〕　〔朝鮮〕成俔等：《樂學軌範》卷一「五音律呂二十八調圖説」，英祖十九年
（1763 年）版，韓國音樂學資料叢書本，韓國：國立國樂院編印，第 199～
201 頁。

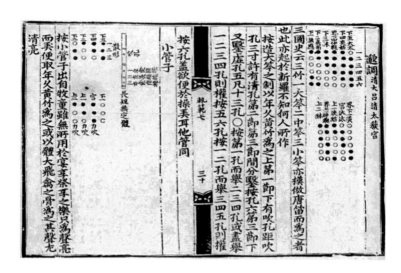

《事林廣記》卷九載有管色樂器實踐二十八調的各調音列，可與《樂學軌範》記載的大笒七調指法相互參照。需注意的是，《樂學軌範》中的七調指法係按「之調式」、「右旋」排列，而《事林廣記》的各調音列係按「爲調式」、「左旋」排列。現將《事林廣記》中以黃鍾、大呂、太簇、夾鍾四律爲煞聲的調式音列列舉如下（圖1-4），以備查考：

圖1-4：《事林廣記》記載的黃鍾、大呂、太簇、夾鍾四律煞聲音列〔註40〕

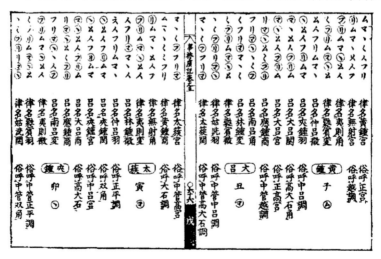

〔註40〕〔元〕陳元靚：《新編群書類要事林廣記》卷八「音樂舉要門」，戊集，日本元祿十二年（1699年）翻刻元泰定二年刻本，載〔日〕長澤規矩也編《和刻本類書集成》第一輯，上海：上海古籍出版社，1990年影印本，第307頁。其中，右頁最後一行的「俗呼中管高大石調」，應爲「俗呼中管高大石角」。

　　綜上所述，無論唐宋時代管色具有「一定之音」的應律樂器特質，還是俗樂二十八調用音與管色譜字相一致，以及管色應律指法對宮調實踐的技術支撐等方面，均充分說明俗樂二十八調體系是以管色爲基礎的宮調理論。此外，二十八調與八十四調體系中「正調」、「中管調」的區分，也折射出此宮調系統以管律實踐爲基礎，進而形成「七宮四調」或「十二宮八十四調」結構的歷史事實，是對唐宋俗樂宮調管色應律的直接證明。關於這一點，筆者將在第二章第三節作詳細論述。

第二節　從「敦煌樂譜」及其它唐樂古譜譯解看俗樂二十八調理論的若干問題

　　敦煌莫高窟藏經洞（編號第 17 窟）中保存的「敦煌樂譜」，是古人留給我們的寶貴音樂遺產。伯希和編號 P.3808 的「敦煌樂譜」，存於《長興四年中興殿應聖節講經文》背面。日本學者林謙三認爲，從敦煌樂譜使用的樂調性質判斷，這些樂曲應處於唐末（九世紀後半葉）至五代（十世紀前半葉）整整一個世紀之間。〔註 41〕據饒宗頤等人考察，樂譜的抄寫年代明確在長興四年（933 年）之前。〔註 42〕敦煌樂譜保存的唐末以來的重要音樂信息，對於我們深入瞭解唐宋音樂形態，尤其是俗樂二十八調的音高組織（如調式、調高、調性等）特徵，提供了難能可貴的資料。

　　20 世紀 30 年代以來，中外許多學者投入巨大精力開展「敦煌樂譜」研究，取得了舉世矚目的成果，如林謙三的《敦煌琵琶譜的解讀研究》〔註 43〕、葉棟的《敦煌琵琶曲譜》〔註 44〕、席臻貫的《敦煌古樂——敦煌樂譜新譯》〔註 45〕、陳應時的《敦煌樂譜解譯辯證》〔註 46〕等等。儘管諸家在敦煌樂譜的解譯方面存在不同方案，但經過半個多世紀研究，分歧已主要聚焦在節奏、節拍、演奏法等方面，對敦煌樂譜的琵琶譜性質以及樂曲分組、定弦、

〔註41〕　〔日〕林謙三：《敦煌琵琶譜的解讀研究》，潘懷素譯，上海音樂出版社，1957年，第 34 頁。

〔註42〕　饒宗頤：《敦煌琵琶譜寫卷原本之考察》，《音樂藝術》1990 年第 4 期。

〔註43〕　〔日〕林謙三：《敦煌琵琶譜的解讀研究》，潘懷素譯，上海：上海音樂出版社，1957 年。

〔註44〕　葉棟：《敦煌琵琶曲譜》，上海：上海文藝出版社，1986 年。

〔註45〕　席臻貫：《敦煌古樂——敦煌樂譜新譯》，蘭州：敦煌文藝出版社，1992 年。

〔註46〕　陳應時：《敦煌樂譜解譯辯證》，上海：上海音樂學院出版社，2005 年。

音位等的判斷，基本取得一致意見。這些樂學層面相對穩定的結論，爲我
們深入認識唐樂宮調形態提供了生動直觀的材料。本節即以學界對敦煌樂譜
的解讀爲基礎，同時參照其它唐傳古譜研究成果，立足音樂實踐，「以唐治
唐」，從音樂理論和實踐關係角度探討俗樂二十八調的某些特徵，希望爲深入
認識唐宋音樂宮調理論及其實踐應用提供參考。

一、「七宮」還是「四宮」

　　唐俗樂二十八調的整體宮調結構，是「七宮（均）四調」還是「四宮（均）
七調」，歷來是是人們關注的焦點。若從清代乾嘉學派專論算起，中外學者在
這一問題上已糾纏了二百多年。持「四宮」說者，遠者如清代淩廷堪（1755
～1809 年）的《燕樂考原》、陳澧（1810～1882 年）的《聲律通考》，將「四
宮」與琵琶「四絃」相聯繫，認爲每弦生成一均，可得七調，四絃共計二十
八調；〔註47〕近者如楊蔭瀏先生《中國古代音樂史稿》對「七宮」的質疑，〔註
48〕黃翔鵬先生在楊蔭瀏質疑的基礎上進一步論證，認爲唐樂「四宮」有其實
踐基礎，與宋代「七宮」結構的二十八調存在「斷層」。〔註49〕持「七宮」說
者，或據沈括《夢溪筆談・補筆談》、張炎《詞源・十二律呂》等宋人論述，
認爲唐宋宮調傳統具有一致性；〔註50〕或據唐代琵琶音位、印度樂調理論和
近世工尺七調等情況，論證二十八調結構爲「七宮四調」。〔註51〕前人的這些
思辨成果，代表著學術發展的不同階段，無論正反方觀點，對深入認識唐俗

〔註47〕 〔清〕淩廷堪：《燕樂考原》卷二，哈爾濱師範大學中文系古籍整理研究室編
　　　　《燕樂三書》，哈爾濱：黑龍江人民出版社，1986 年，第 85～86 頁；〔清〕陳
　　　　澧：《聲律通考》卷六「唐宋遼俗樂二十八調考」，《續修四庫全書》（第 116
　　　　冊）影印本，上海：上海古籍出版社，2003 年，第 301～315 頁。

〔註48〕 楊蔭瀏：《中國古代音樂史稿》（上冊），北京：人民音樂出版社，1981 年，第
　　　　263 頁。

〔註49〕 黃翔鵬：《唐燕樂四宮問題的實踐意義——楊蔭瀏〈中國古代音樂史稿〉學習
　　　　札記》，載黃翔鵬《溯流探源——中國傳統音樂研究》（音樂文集），北京：人
　　　　民音樂出版社，1993 年，第 213～220 頁。

〔註50〕 例如，王光祈：《中國音樂史》，桂林：廣西師範大學出版社，2005 年，第 76
　　　　～86 頁。

〔註51〕 例如，〔日〕林謙三：《隋唐燕樂調研究》，上海：商務印書館，1934 年；趙宋
　　　　光：《燕樂二十八調的來龍去脈》，中國藝術研究院音樂研究所，1963 年油印
　　　　本；陳應時：《唐宋燕樂角調考釋》、《燕樂二十八調爲何止「七宮」》等文，
　　　　分別載於《廣州音樂學院學報》1983 年第 1 期，《交響》1986 年第 3 期；趙
　　　　爲民：《唐代二十八調理論體系研究》，北京：商務印書館，2006 年。

樂調結構都有啓發意義。二十八調是唐人對宮調理論的系統總結，其依託基礎是唐代豐富的音樂實踐。筆者即以此爲視角，從唐俗樂調的實踐基礎和歷史傳統兩方面，對二十八調的整體結構略陳己見。

1、從「四宮」之實，證「四宮說」之失

清代學者淩廷堪與陳澧等人的「四宮說」，表面看似乎以唐代琵琶實踐爲基礎探求二十八調含義。然而，誠如林謙三指出：「淩廷堪不明唐琵琶之眞相，爲唐段安節《琵琶錄》之不明瞭的琵琶七運之記載與《遼史》之四旦說所惑。因燕樂有二十八調，遂創爲琵琶『一弦具七調，四絃故二十八調』之謬說。陳澧亦承其說而稍加擴充。」〔註52〕對於此等「特異」之謬說，林氏《隋唐燕樂調研究》第八章已有詳盡駁斥，不贅。這裡重點考辯近年來爲學者倡導的「四宮說」。

近年來「四宮說」中的「四宮」，所指到底何物？楊蔭瀏先生之所以對「七宮說」提出質疑，原因之一是對民間器樂演奏「重四宮」現象的思考。他說：

> 從保存到今天的某些古老樂種看來，西安鼓樂用「上、尺、六、五」四調，福建南樂用「四腔、五腔、五仪四仪、倍思」四調，智化寺管樂用「正、背、皆、月」四調；從相對的音高關係而言，他們所用的四調，可以說，基本上是相同的，而且所謂四調，實際上都是古代所謂四宮。〔註53〕

《中國音樂詞典》對「四宮」間的相互關係，有進一步說明：「(四宮)傳統宮調系統中最普遍使用的一種。包括互成五度關係的四種調高上的七聲音階。俗稱四調。四宮傳統的形成，與篳篥、四絃琵琶、曲笛等民間樂器的旋宮性能有關。」該詞條還列舉「姜白石常用四宮」、「福建南音四宮」、「西安鼓樂四宮」(均合今調 C、D、F、G)、「智化寺京音樂四宮」(合今調 ♭B、C、♭E、F)「曲笛易奏四宮」(合今調 G、A、C、D) 和「四相琵琶四宮」等，對傳統器樂演奏所重之「四宮」作了進一步說明，如下表所示 (表 1－2)：

〔註52〕〔日〕林謙三：《隋唐燕樂調研究》，上海：商務印書館，1934 年，第 116 頁。

〔註53〕楊蔭瀏：《中國古代音樂史稿》(上冊)，北京：人民音樂出版社，1981 年，第 263 頁。

表1-2：曾侯乙鍾頫曾核心音與民族音樂四宮傳統調名比較表〔註54〕

曾侯乙鍾四頫四曾核心音 （各均相對音程關係）		徵	羽	宮	商
姜白石常用四宮	舊音階均名	夾鍾（F）	仲呂（G）	夷則（ᵇB）	無射（C）
	合今調	C	D	F	G
福建南樂四宮	調名（宮）	五空四伬	貝思	四空	五空
	合今調	C	D	F	G
西安鼓樂四宮	調名（宮）	六調	五調	上調	尺調
	合今調	C	D	F	G
智化寺京音樂四宮 （相對關係與唐宋間十七簧笙所奏四宮相同）	調名（宮）	背調	月調	皆止調	正調
	合今調	ᵇB	C	ᵇE	F
曲笛易奏四宮	調名（宮）	正工調	乙字調	尺字調	小工調
	合今調	G	A	C	D
四相琵琶僅奏四宮 1.隋唐只用四相的琵琶（相對音位） 2.「五四」前傳統品位的十品（或十二品）琵琶	華秋蘋《琵琶譜》（1818）調名（宮）	尺調	——	六調	正調
	楊蔭瀏《雅音集》（1923、1928）調名（宮）	正宮調	乙字調	尺字調	正調
	合今調	G	A	C	D

　　從以上論述不難看出，近人「四宮說」中的四宮（調高），首先是樂音五度關係鏈中順次相鄰的四個調高。若據楊蔭瀏先生提出的「重四宮」判定二十八調爲「四宮七調」結構，則其理論體系中的四個調高，必須首先滿足「互成五度關係」這一前提，否則「四宮說」難以成立。那麼，唐代二十八調理論指導下的樂曲宮調，其相互關係到底如何？

　　首先，從敦煌樂譜的相關研究成果看，被劃分爲三組的敦煌琵琶譜，分別使用了三種不同定弦，譯譜結果代表三種不同調高。林謙三的譯譜表明，三組樂曲定弦爲「B-d-g-a」、「A-c-e-a」和「A-#c-e-a」，對應調高分別爲1=G、1=C和1=A；〔註55〕葉棟對琵琶定弦相對音程關係的判斷

〔註54〕以上論述及本表內容，參見中國藝術研究院音樂研究所《中國音樂詞典》編輯部編《中國音樂詞典》，北京：人民音樂出版社，1985年，第367～368頁。

〔註55〕參見〔日〕林謙三《敦煌琵琶譜的解讀研究》，潘懷素譯，上海音樂出版社，

與林謙三相同，僅各組樂曲調高有別，爲：1＝^{b}B、1＝F 和 1＝D；〔註56〕陳應時先生譯解的三組樂曲調高與林謙三相同〔註57〕。敦煌樂譜作爲唐末音樂的直接反映，各曲宮調應可納入二十八調體系。但以上每種譯解方案呈現的三種調高，均無法構成連續五度關係，尤其第二、三組定弦間的小三度調關係，實難納入「重四宮」框架。諸種敦煌樂譜的定弦方案，未對二十八調「四宮說」形成有力支持。

其次，從文獻記載看，唐末段安節《樂府雜錄》是完整記載二十八調的早期文獻之一。若將其中的「羽、角、宮、商」看做四種調高，無論將「角」視爲「正角」還是「閏角」（變宮），同樣不能形成連續的五度鏈條。相比《樂府雜錄》記載，《唐會要》中保存的俗樂調名更早。現將《唐會要·諸樂》記載的「天寶十四調」（歸屬不明的「金風調」除外）調名，按「之調式」系統整理如下，以便進一步瞭解各調間的內在邏輯關係（見表1－3）：〔註58〕

表1－3：《唐會要》「天寶十四調」結構表

律 調	仲 呂	黃 鍾	林 鍾	太 簇	南 呂	……
宮		黃鍾宮	林鍾宮 〔道宮〕	太簇宮 〔沙陁調〕		……
商	中呂商 〔雙調〕	黃鍾商 〔越調〕	林鍾商 〔小食調〕	太簇商 〔大食調〕	南呂商 〔水調〕	……
羽		黃鍾羽 〔黃鍾調〕	林鍾羽 〔平調〕	太簇羽 〔般涉調〕		
角			林鍾角調	太簇角		

注：宮調歸屬不明的「金風調」暫未列入。

上表中各列律高按五度關係排列，各行調名按《唐會要》中的「宮、商、羽、角」順序排列，〔　〕中的調名爲「時號」。顯而易見，含義明確的天寶

1957 年。

〔註56〕參見葉棟《唐樂古譜譯讀》中的譯譜，上海：上海音樂出版社，2001 年。

〔註57〕參見陳應時《敦煌樂譜解譯辯證》中的譯譜，上海：上海音樂學院出版社，2005 年。

〔註58〕參見〔宋〕王溥《唐會要·諸樂》卷三十三，東京：中文出版社，1978 年，第 615～618 頁。

年間的 13 種調名，分佈於互成五度關係的「五宮（均）」之中，並非「四宮說」認定的「四均」。「天寶十四調」是當時太樂署樂曲實際使用的樂調，真實性不容置疑。《唐會要》記載與《樂府雜錄》的理論總結一樣，均未明確體現出二十八調的「四宮」（均）結構特徵。〔註 59〕

2、「七宮」的實踐基礎與歷史傳統

敦煌樂譜和唐代典籍反映出的這一情況，使我們有必要考慮從「七宮（均）」角度認識二十八調。那麼，七均乃至更多均的旋宮轉調，在唐代音樂尤其器樂演奏中，有實踐基礎和技術保障嗎？答案是肯定的。

以當時最流行的樂器——琵琶為例，若僅從四絃四柱琵琶的單一定弦情況看，20 個音位實難奏全十二律呂，在一種定弦法中幾乎不能實現七均旋宮。筆者曾對《樂書要錄》卷八記載的琵琶十二律旋宮時的 11 種定弦音位進行統計，其中仲呂均定弦可奏全 12 律，夷則均定弦可奏出 10 律，其餘 9 種定弦最多演奏 11 律。不僅如此，由於唐樂琵琶定弦中「偏音不作散聲」的慣例，即便奏出 11 律的琵琶，其旋宮可能性也不會超過四均。〔註 60〕然而，值得注意的是，唐代音樂實踐中的琵琶旋宮，並非僅由一種定弦法完成；樂工是依靠多種不同定弦方案的靈活轉換，實現七均乃至十二均旋宮的。這一點，在日本古樂書《三五要錄》保存的《樂書要錄》卷八對琵琶十二律旋宮的理論總結中，可以清晰看到。

據林謙三考證，藤原師長（1138～1192 年）編撰的《三五要錄》，是妙音院流的琵琶譜繼承，卷首載有關於琵琶音律和調弦的重要資料。此書（一）《調子品》詳細記載了琵琶十二均旋宮得八十四調的方法，恰是現已散佚的《樂書要錄》卷八部份內容。《樂書要錄》為唐武后敕撰，是對當時音樂理論的系統總結。其所載「琵琶旋宮法」云：

> 琵琶旋宮法：夫旋宮之法，以相生為次。今於四絃四柱，皆注律呂宮商。其均外之聲，既非均調所搆（拕），不注宮商，唯注律呂

〔註 59〕若將《教坊記》記載的「高般涉調」及其它唐代文獻中的調名匯入，則呈現出的「均」數遠非五種。另，岸邊成雄已指出，唐天寶十三載樂調是按「之調式」體系排列的（參見岸邊成雄《唐俗樂二十八調之成立年代》，秦序譯，載〔日〕岸邊成雄《唐俗樂調研究》，中國藝術研究院音樂研究所，1987 年油印本，第 56 頁），本表即據此原則整理。事實上，若按「為調式」體系梳理《唐會要》調名，將得到「六均」的結果，同樣與「四宮說」不符。

〔註 60〕《樂書要錄》卷八的相關記載，保存於日本古樂書《三五要錄》之中，參見〔日〕自林謙三《東亞樂器考》之「琵琶旋宮十二均表」，錢稻孫譯，北京：人民音樂出版社，1962 年，第 267 頁。

而已。若所至之調，兼以律管驗之，則一無差升，又宮商易曉。七
調之中，每調有曲，隨其所管，是曲皆通。然平調亦有黃鍾之均，
何因不以爲首者，爲黃鍾自有正調，又以大絃爲宮律，既象君，故
從本調。若直欲取解隨便易者，或從平調爲首，起林鍾爲均，但便
旋相爲宮，遞十二律終歸一揆，理亦無妨。〔註61〕

　　這裡闡述了琵琶旋宮時將黃鍾均列爲第一、林鍾均列爲第二的原由，並
指出對於十二律旋相爲宮而言，從黃鍾均或林鍾均出發，其旋宮之理是完全
一致的。接下來，著者便從黃鍾均開始，按五度相生順序，詳細描述了林鍾
均、太簇均、南呂均、姑洗均等的調弦方式與音列。〔註62〕最後，琵琶定弦
輾轉相生十二次至仲呂均，又從仲呂均回到黃鍾均，實現十二律旋宮。從仲
呂均返回黃鍾均，《樂書要錄》記載的方法如下：

　　　黃鍾均：右緩第二弦（緩一律），與無名指大絃同聲，聲當姑洗，
　　餘弦不移，即複本位，歸黃鍾之調。更緩大絃（緩一律），與頭指第
　　三相應，餘弦不移，即是平調，林鍾均也。欲審曉旋宮之意，故重
　　述二調。〔註63〕

　　林謙三還根據《樂書要錄》卷八記載，將琵琶十二均旋宮定弦，整理爲
「琵琶旋宮十二均表」。誠如林氏所言：「這十二均調，除平調外，都像是爲
了說明旋宮理論而造論，未必是實際用過的，然而唐代有數十種的琵琶定弦
法，乃是事實。」〔註64〕從十二均定弦法看，除林鍾均和太簇均定弦法相同
外，其餘每均定弦均不相同，這是唐樂琵琶實踐「七宮（均）」的重要保障。
《樂書要錄》列舉的十二均調，雖然在琵琶演奏中未必全用，且各均使用頻
率也不相同，但這種理論上對琵琶旋宮法的歸納，卻向世人闡明唐代琵琶七
均乃至十二均旋宮的可能性和眞實性。《樂書要錄》記載的琵琶「轉軸調弦」
的旋宮方式，對深入認識唐俗樂調在琵琶上的應用，以及二十八調的理論結
構等問題，有重要啓發。

〔註61〕《三五要錄》所載《樂書要錄》卷八，參見〔日〕自林謙三《東亞樂器考》，
　　　　錢稻孫譯，北京：人民音樂出版社，1962 年，第 264 頁。
〔註62〕《樂書要錄》卷八記載的琵琶十二均旋宮中「黃鍾均」和「林鍾均」的定弦
　　　　法與音列，參見本章第一節引文，不贅。
〔註63〕《三五要錄》所載《樂書要錄》卷八，參見〔日〕自林謙三《東亞樂器考》，
　　　　錢稻孫譯，北京：人民音樂出版社，1962 年，第 267 頁。
〔註64〕〔日〕林謙三：《東亞樂器考》，錢稻孫譯，北京：人民音樂出版社，1962 年，
　　　　第 267～268 頁。

　　敦煌莫高窟初唐第 220 窟，有一幅著名的奏樂圖（圖 1－5、1－6）。右側樂隊組合中的琵琶演奏者，尤爲引人矚目。演奏者彈奏一件花邊音箱型五弦琵琶，在筝、排簫、篳篥、方響、琵琶、橫笛、鼓等的合奏中，她的動作似正在調弦——左手轉動弦軸、右手撥弦彈奏。這種「轉軸撥弦」情景，不禁讓人想起白居易著名長詩《琵琶行》中的描寫。由於整幅圖像描繪的是樂隊演奏進行時場景，筆者大膽推測，這位琵琶樂人的調弦行爲，很可能是在琵琶聲部間歇時，通過更改調弦法「換調」（均）的方式，滿足後面樂曲中新的調式、調性要求。〔註 65〕這幅壁畫的畫工精細，具有強烈的寫實傾向，如琵琶的五弦四柱形制、方響的上下層各八枚形制，都有清晰準確的反映。畫中琵琶「轉軸調弦」應非空穴來風，很可能是當時琵琶「調弦換均」情景的生動再現。這幅畫作從另一側面，展示出唐代琵琶強大的調高轉換能力，以及多均旋宮轉調在琵琶上的具體操作方式。

圖 1－5：
敦煌 220 窟初唐樂隊壁畫

圖 1－6：敦煌 220 窟壁畫中的
琵琶伎樂（細部）〔註 66〕

　　另據藤原貞敏（807～867 年，唐開成三年[838 年]入唐，曾在揚州隨琵琶博

〔註 65〕當然，我們同樣可將畫面解釋爲琵琶演奏中的「跑音」，樂工係正在調弦定音使音準恢復正常。但以佛教壁畫的莊嚴性和神聖性而言，這種樂隊合奏中的琵琶調弦，不能排除其「以移均換調爲目的」的可能。

〔註 66〕圖片參見劉東升、袁荃猷編《中國音樂史圖鑒》（修訂版），北京：人民音樂出版社，2008 年，第 109 頁。

士廉承武學習琵琶）從唐朝傳回的《琵琶諸調子品》記載，用於琵琶的二十八調，
幾乎每調都有各自獨立的調弦方法。〔註67〕儘管「藤原貞敏對於日本奈良時代以
來的琵琶調子譜與調弦法作了大幅度的改革，即把日本傳統的調弦法與從唐朝學
來的多種調弦法加以綜合」〔註68〕，《琵琶諸調子品》中的調名也未與唐二十八
調完全吻合，但唐代琵琶演奏中存在數十種定弦法則是事實。這些種類豐富的定
弦方式，爲琵琶實踐「七宮四調」結構的二十八調，提供了有力技術保障。演奏
者完全可根據不同的調名提示，通過更改琵琶定弦，實現七均乃至十二均旋宮。

　　如本章第一節所論，唐代旋律樂器除琵琶外，尚有篳篥、笛、簫、篍等
管色樂器，箏、瑟等齊特（Zither）類彈撥樂器，以及大笙、小笙等匏類樂器。
對於管色樂器，唐人早已認識到其旋宮的便利和卓越性能。北宋陳暘《樂書》
卷一四八「雙管、黃鍾管、大呂管」條所引唐人李沖之論〔註69〕說明，早在
唐代人們便認識到，絃樂器琵琶和管樂器均可實踐旋宮轉調。但因絃樂器音
高難以固定，故更傾向使用「有一定之聲」的管作應律樂器，以雙管相互配
合方式將旋宮理論付諸實踐。其具體方法，就是陳暘接下來描述的「大呂管
通五均」、「黃鍾管通七均」（《樂書》卷一四八）的實現十二律八十四調「旋
相爲宮」之法（詳第二章第三節）。笙類樂器通過更換「義管」方式拓展調域，
實現在更多均的旋宮，此如陳暘《樂書·義管笙》所言：「聖朝大樂所傳之笙，
並十七簧。舊外設二管，不定置，謂之『義管』。每變均易調，則更用之。」
〔註70〕箏類彈撥樂器上的二十八調旋宮，則是通過「移動琴碼改變定弦」方
式實現的，此恰如《樂府雜錄》所說「箏只有宮、商、角、羽四調，臨時移
柱，應二十八調」〔註71〕。日本古樂書《類箏治要》載有箏的十二均旋宮法，
與《三五要錄》記載的琵琶十二律旋宮相應。〔註72〕

　　綜上所述，唐代器樂的旋宮實踐中，無論琵琶的更改定弦、管色的雙管

〔註67〕　參見本章表1－1，〔日〕林謙三：《東亞樂器考》，錢稻孫譯，北京：人民音樂
　　　　　出版社，1962年，第270頁。
〔註68〕　張前：《藤原貞敏考》，《中國音樂學》1997年第2期，第27頁。
〔註69〕　參見〔宋〕陳暘《樂書》卷一百四十八「雙管、黃鍾管、大呂管」條，清光
　　　　　緒丙子春（1876年）刊本。
〔註70〕　〔宋〕陳暘：《樂書》卷一百五十「義管笙」條，清光緒丙子春（1876年）刊本。
〔註71〕　〔唐〕段安節：《樂府雜錄》，載《中國古典戲曲論著集成》（一），北京：中
　　　　　國戲劇出版社，1959年，第64頁。
〔註72〕　參見〔日〕林謙三《東亞樂器考》，錢稻孫譯，北京：人民音樂出版社，1962
　　　　　年，第178頁。

配合，還是笙的更換義管、箏的臨時移柱，本質都是通過運用兩件（或更多）定調不一的同種樂器豐富音列或實現不同調高的轉換，我們可將這種方法稱為「陰陽旋宮」。陰陽旋宮之法雖然在古代文獻中若隱若現，但其歷史悠久，至今仍有遺存，的確是實踐中一種簡單高效、靈活方便的調高轉換手段。〔註73〕唐代樂工正是繼承這種古老的旋宮方式，在不同樂器合奏中完美呈現二十八調魅力，實踐著七均乃至十二律呂旋相為宮。無論從宮調傳統的悠久歷史，還是唐代音樂的現實需要和技術手段支撐等方面看，「七宮（均）」作為二十八調的基本結構，都有其存在的合理性。

3、「重四宮」在唐樂實踐中依然存在

肯定唐俗樂二十八調為「七宮四調」結構，並不意味著否定「重四宮」在音樂實踐中的存在。單一樂器或一種定弦法提供的有限律高，使旋宮難免受到局限。「許多民間樂器往往不能全部奏出（或準確奏出）十二律體系的所有十二個音。以曲笛為例，最高旋宮技術可翻七調（均），但最易奏出的十個樂音卻限制在四宮範圍以內。」〔註74〕某類樂器總有最適於其演奏的幾個調高，進而表現出所謂「重四宮」特徵。這種現象使器樂的宮（均）轉換更為靈活，既可通過改變定弦、更換義管或樂器的方式實現，也可在同一定弦法或同件樂器上，利用有限音律實現小範圍旋宮。對後者而言，最便捷的形式就是近關係轉調，使音樂表現出二宮、三宮、四宮特徵。「重四宮」實踐與傳統音樂形態中「五正聲」主導密切相關，極大地拓展了五聲性旋律的調域範圍，呈現出「變聲」與「正聲」交錯為用的豐富色彩。

以葉棟譯譜的唐傳五弦琵琶譜為例，其中的《王昭君》、《聖明樂》和《何滿子》三曲，定弦為「E－B－d－#f－a」，均標為「大食調」，但三者採用的調式、調性卻迥異。〔註75〕《王昭君》為 E 徵下徵音階，《聖明樂》為 E 商正聲音階，《何滿子》則為 E 徵清商音階。在同一種定弦法中，宮音位置呈現出 A 宮與 D 宮轉換的特點；七聲音階則因變聲選擇不同，有下徵音階、正聲音階

〔註73〕關於此點，本著第二章有詳細論述。亦可參見秦序、李宏鋒《中國古代樂律實踐中的智慧閃光——「陰陽旋宮法」實踐與理論初探》，《音樂研究》2012年第 4 期。

〔註74〕中國藝術研究院音樂研究所《中國音樂詞典》編輯部編：《中國音樂詞典》，北京：人民音樂出版社，1985 年，第 367 頁。

〔註75〕參見葉棟《唐樂古譜譯讀》之「唐傳五弦琵琶譜譯譜」部份，上海：上海音樂出版社，2001 年，第 228～235 頁。

和清商音階的區別。另,《唐會要》所載「天寶十四調」中使用最頻繁的調高,同樣是構成五度關係的黃鍾均、林鍾均和太簇均,計「三宮(均)」,全部宮調在五均範圍內(宮調歸屬不明的「金風調」除外)。這些情況都說明,「重四宮」在唐代音樂實踐中是真實存在的,是樂曲近關係轉調最靈活便捷的手段之一。

綜上,二十八調為「七宮」還是「四宮」,應從理論體系與實踐操作兩方面探討,不能混為一談。唐代的俗樂二十八調理論,是對當時宮調運用情況的理論概括與提升,其對象所指是整個唐代音樂實踐,並非某類樂器或某種定弦法的宮調情況。作為一個完整嚴密的理論體系,二十八調為「七宮四調」結構;其與「二十八中管調」相互配合,以「陰陽旋宮」方式,共同實踐十二均八十四調旋宮理想,成為唐代音樂文化高度繁榮的理論基石。

另一方面,對於當時器樂演奏而言,「重四宮」是樂工選擇的拓展單一樂器(調弦法)調域的有效手段,在方便樂器旋宮、豐富調性色彩方面具有不可替代的作用。「重四宮」並不是對二十八調「七宮(均)」系統的否定,而是對七均旋宮實踐的豐富和補充。二十八調的「七宮(均)」結構,與實踐中的「重四宮」操作相輔相成、交互為用,共同建構出唐俗樂調理論與實踐的廣闊天地。這也是後經楊蔭瀏先生否定的「燕樂四宮說」〔註76〕的真正價值所在。

二、敦煌樂譜中的「角調」音階及其應用

二十八調中的「角調」歷來為學者關注,在音階形式、調式類型、主音位置以及唐宋角調是否一致等問題上莫衷一是。由於相關記載匱乏,加之角調樂曲在唐代數量最少(相比商調、羽調、宮調而言),至宋代教坊又大數失傳,為後人考索設置了一定的障礙。令人興奮的是,敦煌樂譜第一組中十首樂曲的音律組織,為瞭解角調特徵提供了鮮活例證。本節即以學界敦煌樂譜解譯成果為基礎,分析第一組樂曲的音位、音列、調式等宮調特徵,力求對二十八調中的角調有進一步認識。

1、對敦煌樂譜第一組樂曲宮調的已有認識

關於敦煌樂譜第一組琵琶曲的定弦,林謙三先生早在上世紀 50 年代就提

〔註76〕 參見楊蔭瀏《中國古代音樂史稿》(上冊),北京:人民音樂出版社,1981 年,
第 437、440 頁。

出「B－d－g－a」方案，將四絃音程確定爲「小三度——純四度——大二度」。
〔註77〕1969 年，林謙三在《敦煌琵琶譜的解讀》一文中，又將第一組定弦更
改爲「E－a－d－a」，四絃音程爲「純四度——純四度——純五度」。〔註 78〕
對於林謙三的兩種不同定弦，陳應時先生曾作重新推定，結果和林氏在《敦
煌琵琶譜的解讀研究》中的見解相同，因此認定林謙三在 1955 至 1957 年間
提出的敦煌琵琶譜三組定弦是正確的。〔註 79〕葉棟在早期敦煌樂譜研究中，
曾推定第一組琵琶定弦爲「d－f－g－c¹」。後經應有勤等人撰文《驗證〈敦煌
曲譜〉爲唐琵琶譜》〔註 80〕、陳應時撰文《論敦煌曲譜的琵琶定弦》探討，
葉棟也修正了原有觀點，將第一組定弦調整爲「d－f－ᵇb－c¹」。以上研究表
明，將琵琶四絃音程確定爲「小三度——純四度——大二度」，應是敦煌樂譜
第一組樂曲定弦的最優解。

在明確第一組樂曲琵琶定弦的基礎上，一些學者對這十首樂曲的調式、
調性作出判斷。林謙三認爲第一組定弦只能作爲變調（變徵調或變宮調）理
解，十首樂曲調式應爲「變徵調」或「變宮調」。〔註 81〕葉棟認爲：「成群的
十首分曲的調式調性從其結音來說，相當於 ᵇB 仲呂宮的角調式。」「第一組十
曲，雖以六聲音階爲主，但前五曲具有燕樂音階的特點（有時出現降 si 閏→
羽音），後五曲則爲清樂音階（相當於今之自然大音階）。」〔註 82〕陳應時先
生也主張「第一群 10 曲，從調式上分析，均應歸入角調式」。〔註 83〕將敦煌
樂譜第一組十曲認定爲角調式，是目前大多學者的共識。

敦煌樂譜各曲由於缺少調名標記，給譯解工作帶來很大困難。然而，樂

〔註77〕參見〔日〕林謙三《中國敦煌古代琵琶譜的解讀研究》，《奈良學藝大學紀要》，
1955 年第 5 卷第 1 期。此文後經林氏增訂，由潘懷素先生譯成中文，名爲《敦
煌琵琶譜的解讀研究》，由上海音樂出版社於 1957 年出版。

〔註78〕參見〔日〕林謙三《敦煌琵琶譜的解讀》，收入日本東洋音樂學會編「東洋音
樂選書」之《雅樂——鼓樂譜的解讀》，東京：音樂之友社，1969 年，第 202
～234 頁。該文中譯本由陳應時譯出，見《中國音樂》1983 年第 2 期。

〔註79〕參見陳應時《論敦煌曲譜的琵琶定弦》，《廣州音樂學院學報》1983 年第 2 期。

〔註80〕應有勤、林有仁、孫克仁、夏雲飛：《驗證〈敦煌曲譜〉爲唐琵琶譜》，《音樂
藝術》1983 年第 1 期。

〔註81〕〔日〕林謙三：《敦煌琵琶譜的解讀研究》，潘懷素譯，上海音樂出版社，1957
年，第 58 頁。

〔註82〕葉棟：《敦煌曲譜研究》，載葉棟《唐樂古譜譯讀》，上海：上海音樂出版社，
2001 年，第 3、12 頁。

〔註83〕陳應時：《論敦煌曲譜的琵琶定弦》，《廣州音樂學院學報》1983 年第 2 期，第
32 頁。

譜沒有標記調名，並不意味著樂曲沒有「調」的歸屬。抄寫於五代長興四年（933年）之前的敦煌樂譜，在唐代俗樂繁盛和二十八調理論漸趨完善的背景下，各曲宮調特徵都應在既有理論體系中有著明確定位。從第二組（10～20首）、第三組（21～25首）樂曲同屬正聲音階宮調式情況看，第一組十首樂曲也應有統一的宮調歸屬。仔細分析這十首樂曲音列，若將它們籠統視爲角調式，尚有一些不能解釋的情況。

以葉棟的譯譜爲例，首先，如判定十首樂曲爲D角調式，則♭B爲宮。對於不含♭A音的樂曲而言，可將用音歸入♭E均（參見後文表1-4各曲音位），形成「♭E均——♭B宮——D角調式」模式。由於這些樂曲音階存在五聲、六聲、七聲甚至八聲多種情況，含有♭A音的第一、二、四、五曲，採用的是♭B宮清商音階。♭A並不在♭E均之列，僅用♭E均一種模式，難以概括第一組樂曲的宮調特點。

其次，將「D角調式」解釋爲二十八調中的角調，情況又如何呢？由於D音比♭E均均主低半音，處於♭E宮正聲音階「閏」（變宮）的位置，即「閏角」，可視爲二十八調中的「閏角調」。但這種歸納不能解釋上述四曲中的♭A音，必須引入新的♭A均，才能涵蓋這些帶有清商音階風格的樂曲。這樣的話，樂曲「煞聲」（結音、結束音）D便處於♭A均變徵位，不可避免地出現「變徵調」。由於二十八調體系無變徵調，將十首樂曲的D角調式作♭E均或♭A均角調解，理由也是欠充分的。

2、敦煌樂譜第一組樂曲宮調特徵分析

鑒於此，我們有必要重新考慮敦煌樂譜第一組十首樂曲的調式特徵，以便像第二組、第三組樂曲有統一的宮調歸屬一樣，使之取得在二十八調體系中的統一地位。筆者推斷，第一組十首樂曲的煞聲並非D，而是G音；樂曲調性並非D角調式，而是♭B宮G羽調式。之所以這樣判斷，理由有三：

其一，從十首樂曲的結束樂句看，一些樂曲在最後琶音出現之前，旋律已煞於G音；最後的琶音和絃（甚至琶音前的若干音），可能是當時琵琶演奏結尾處的習慣奏法，即白居易《琵琶行》所言「曲終收撥當心畫，四絃一聲如裂帛」，起著進一步鞏固煞聲的作用。琶音和絃的最高音D並非樂曲煞聲。例如，第一組第4曲結尾（譜1-1，譜中括號爲筆者所加，下

同）：〔註84〕

譜1－1：敦煌樂譜第一組第 4 曲結尾

上例中括號內的音，即「曲終收撥」之音，旨在強調煞聲 G，是唐代琵琶曲結束的「固定模式」。第一組第 7 曲結尾同樣如此（譜1－2）：

譜1－2：敦煌樂譜第一組第 7 曲結尾

其二，從十首樂曲的樂段結構看，G 音在樂曲各樂段結束處，也往往處在煞聲位置，是調式主音的重要標誌，如第 9 曲的第一、二樂段結束樂句（譜1－3、1－4）：

譜1－3：敦煌樂譜第 9 曲第一樂段結尾

〔註84〕 以下譜例均引自葉棟《唐樂古譜譯讀》中《敦煌曲譜》譯譜部份，上海：上海音樂出版社，2001 年，第 149～155 頁。

譜1－4：敦煌樂譜第9曲第二樂段結尾

再如第6曲第一段結束句（譜1－5）：

譜1－5：敦煌樂譜第6曲第一段結尾

第4曲第一段結束句同樣如此（譜1－6）：

譜1－6：敦煌樂譜第4曲第一段結尾

　　從以上譜例不難看出，G 音不僅在第一組樂曲結尾佔據主導，也充當著中間段落的結音。將以上譜例與唐傳五弦琵琶譜中的《韋卿堂堂》〔註 85〕對比：《韋卿堂堂》係按 C 均角調譯譜，煞聲及中間各樂段或樂句末音均以 B 結束，達 14 次之多，沒有一處強調羽音 E 並以之結束。角調式樂曲《韋卿堂堂》的音階運用與敦煌樂譜第一組樂曲迥然不同，從另一側面說明後者並非典型的角調式樂曲。

　　其三，敦煌樂譜第一組樂曲最後的琵琶和絃，均由 D、G 兩音構成，絕大多數爲「d－g－d¹－d¹」結構。似乎 D 音數量最多，理所當然應視作主音。

〔註85〕參見葉棟《唐樂古譜譯讀》之「唐傳五弦琵琶譜譯譜」部份，上海：上海音樂出版社，2001 年，第 269～272 頁。

然而，琵音和絃中 G 音的重要性是不應被忽略的。結束琵音旨在奏出樂曲主音和上方五度音，強調樂曲煞於主音（這與第二、三組結束處琵音和絃的功能一致）。從第一組樂曲的定弦與演奏看，這樣的和絃結構便於琵琶取音。我們不能因為結束和絃的低音或高音是 D，便認為樂曲煞於 D 音。從和絃中兩音的五度關係看，下方五度音顯然更為重要，是和絃得以確立的基礎（類似於「根音」）。綜合以上三點，我們有理由判定：敦煌樂譜第一組十首樂曲煞聲為 G，屬 ♭B 宮 G 羽調式，並非 D 角調式樂曲。

此外，我們也不應孤立地分析這十首樂曲的音階與調式，不能簡單地以「調式」概括其宮調特徵。黃翔鵬先生指出，傳統音樂的宮調理論，是包含「均─宮─調」三個層次的體系，「同音名的七聲，只要是相同音名組成的音階結構，在古代理論中，就叫做『均』。每個『均』裏都可以分成三個『宮』，就是三種音階，這叫做『宮』。每一宮裏的核心五音，都可構成幾種調式，可以是宮商角徵羽各種調式，這叫做『調』。」〔註86〕

「均─宮─調」理論是分析傳統音樂的重要指導，敦煌樂譜宮調結構也應採用這一理念關照，即將第一組全部樂曲用音，統一到「均─宮─調」體系考察。第一組樂曲音階雖然有五聲、六聲、七聲、八聲的不同，但全部用音都可統一到八聲五度鏈之中，即：

$$♭A - ♭E - ♭B - F - C - G - D - A$$

這是以 ♭A 為均主的五度鏈條，敦煌樂譜第一組十首樂曲用音，全部涵蓋其中。此五度鏈除連續七律外，還附加了高於均主半音的「應聲」A（相生第七次所得），形成典型的「八音之樂」〔註87〕結構。每首樂曲由於用音選擇不同，可形成清商音階、下徵音階以及八聲至五聲等多種形式（詳見表1─4）。這種理論概括，不僅將擁有相同定弦法的同組樂曲用音納入五度鏈，其宮調也獲得在二十八調體系中的明確定位──角調。據《夢溪筆談·補筆談》、《詞源·十二律呂》等記載，宋代燕樂二十八調的角調音列，採用的是

〔註86〕黃翔鵬：《中國傳統音調的數理邏輯》，載黃翔鵬《樂問》（音樂文集），北京：中央音樂學院學報社，2000 年，第 238 頁。

〔註87〕八音之樂，即在七音基礎上增加「應聲」擴充而得的音列。《隋書·音樂志》載：「以編懸有八，因作八音之樂。七音之外，更立一聲，謂之應聲。」應聲也可立調，稱為「應調」。參見中國藝術研究院音樂研究所《中國音樂詞典》編輯部編《中國音樂詞典》，北京：人民音樂出版社，1985 年，第 8 頁。

加入應聲的八音之樂，角音並非「正角」，而是位於變宮的「閏角」。〔註88〕
據此分析第一組十首樂曲用音，其宮調基礎確屬 ^{b}A 均閏角調，結構如下：（圖
1－7）

圖1－7：敦煌樂譜第一組樂曲「角調」結構圖

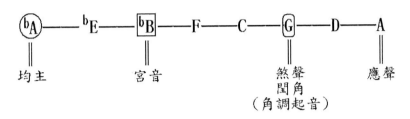

這樣，敦煌樂譜三組定弦樂曲，就在二十八調體系中分屬三種不同的
調，進一步證明原曲譜及其音位譯解的眞實性。敦煌樂譜承載著晚唐以來音
樂的重要信息，判定第一組樂曲爲角調的意義在於，它向我們清晰表明：儘
管唐宋間音樂歷史歷經曲折發展，唐代角調樂曲傳至宋代教坊已鳳毛麟角
〔註89〕，但唐樂中的角調理論並未失傳，而是在宋人理論總結中得以保存。
唐宋間二十八調理論的傳承具有一致性，其理論體系並非如人們想像那樣，
隨著唐宋間音樂「斷層」而面目全非。誠如陳應時先生所言：第一組十首樂
曲「亦可算是唐五代時期留下來的『閏角調』了。由此可見，所謂唐代燕樂
二十八調爲『四宮七調』，唐代沒有『閏角調』之類的論說，似乎就經不起實
踐的檢驗了」〔註90〕。鑒於記載中的唐代俗樂角調曲本來不多，傳世唐樂古

〔註88〕宋燕樂二十八調角調的音列結構，可參見楊蔭瀏《中國古代音樂史稿》（上
　　　　冊），第435～436頁，北京：人民音樂出版社，1981年。另，宋代《夢溪筆
　　　　談‧補筆談》、《詞源‧十二律呂》、《事林廣記‧樂星圖譜》等文獻中記載的
　　　　音級「閏」，並非王光祈所說的「清羽」，而是比宮音低一律的「變宮」。關於
　　　　此點學界多有爭鳴，雖未達成共識，但「閏處變宮位」實已得到較確鑿證
　　　　明。參見陳應時《「變」和「閏」是「清角」和「清羽」嗎？——對王光祈「燕
　　　　調」理論的質疑》、《再談「變」和「閏」》、《「變」位於變徵，「閏」位於變宮》
　　　　等文，均收入陳應時音樂文集《中國樂律學探微》，上海：上海音樂學院出版
　　　　社，2004年。
〔註89〕如《宋史‧樂志》卷一百四十二載，宋初教坊所奏四十大曲僅用到「十八
　　　　調」，已缺二十八調中的十個調，即四個「高調」和七個「角調」（其中高大
　　　　石角爲高調和角調共有）。北京：中華書局，1977年，第3349頁。
〔註90〕陳應時：《敦煌樂譜解譯辯證》，上海：上海音樂學院出版社，2005年，第125
　　　　頁。

譜中的角調樂曲亦極稀見，敦煌樂譜十首角調曲對深入探討二十八調結構與唐代音樂風格的意義與價值，便更加凸顯出來。

　　現據以上分析，把敦煌樂譜第一組十首樂曲的宮調結構整理如下，作爲後文進一步討論的基礎。（表1-4，[　]內爲樂曲省略之音）

表1-4：敦煌樂譜第一組各曲宮調結構表 [註91]

序號	曲名	均主	宮音	結音	調式	音階	樂曲所用譜字與音位（設定弦爲d-f-♭b-c¹，高八度譯譜）
1	品弄	♭A	♭B	G [♭E]	羽	七聲清商	
2	?弄	♭A	♭B	G	羽	八聲清商	
3	傾杯樂	[♭A]	♭B	G [A] [♭A]	羽	六聲下徵	
4	又慢曲子	♭A	♭B	G [A]	羽	七聲清商	
5	又曲子	♭A	♭B	G	羽	八聲清商	
6	急曲子	[♭A]	♭B	G [A] [♭A]	羽	六聲下徵	

[註91] 本分析以日本學者林謙三的敦煌樂譜譯解方案，以及葉棟、陳應時等先生的研究成果爲基礎。三位學者雖然在譜字的絕對音高、節奏節拍等方面尚存不同意見，但對第一組10首樂曲譜字的柱位、音位、音列等相對音高關係的判斷，見解基本一致。爲探討問題方便，本文以葉棟先生的譯解爲例，設第一組「小三度——純四度——大二度」的定弦音高爲「d-f-♭b-c¹」。參見葉棟《唐樂古譜譯讀》中《敦煌曲譜》譯譜部份，上海：上海音樂出版社，2001年，第145～156頁；陳應時：《敦煌樂譜解譯辯證》，上海：上海音樂學院出版社，2005年，第134～153頁；〔日〕林謙三：《敦煌琵琶譜的解讀研究》，潘懷素譯，上海音樂出版社，1957年，第65～68頁。

序號	曲名	均主	宮音	結音	調式	音階	樂曲所用譜字與音位（設定弦爲d－f－♭b－c¹，高八度譯譜）
7	又曲子	[♭A]	♭B	G [♭A]	羽	七聲下徵	〔樂譜〕
8	又慢曲子	[♭A]	♭B	G [♭A] [♭E]	羽	六聲下徵	〔樂譜〕
9	急曲子	[♭A]	♭B	G [A] [♭A]	羽	六聲下徵	〔樂譜〕
10	又慢曲子	[♭A]	♭B	G [A] [♭A] [♭E]	羽	五聲下徵	〔樂譜〕

三、唐宋俗樂二十八調的音階形式

唐宋俗樂二十八調採用何種音階，也是學界關注的熱點之一。這裡不擬評判諸家學說，僅就「敦煌樂譜」和其它唐樂古譜譯解反映出的情況，從理論體系和實踐應用兩方面予以探討。

1、二十八調理論體系的音階基礎

從二十八調理論建構方面看，兩宋文獻（如《夢溪筆談・補筆談》、《詞源・十二律呂》等）敘述的二十八調體系，都是以「正聲音階」爲基礎描述、命名各調結構的。以《夢溪筆談・補筆談》所述二十八調第一均爲例：

今二十八調，用聲各別。正宮、大石調、般涉調，皆用九聲：

高五、六、高凡、高工、尺、勾、高一、高四、合；大石角同此，

加下四，共十聲。〔註92〕

據楊蔭瀏《中國古代音樂史稿》，以上敘述可總結爲如下音階（譜 1－7）：〔註93〕

〔註92〕中央民族學院藝術系文藝理論組：《〈夢溪筆談〉音樂部份注釋》，北京：人民音樂出版社，1984 年，第 67 頁。「下四」原作「下五」，據楊蔭瀏《中國古代音樂史稿》（上冊）改，北京：人民音樂出版社，1981 年，第 433 頁。

〔註93〕楊蔭瀏：《中國古代音樂史稿》（上冊），北京：人民音樂出版社，1981 年，第 434 頁。

譜 1－7：《夢溪筆談・補筆談》記載的二十八調正宮均音階

以上工尺譜字中，「合」對應正宮調首音「宮」，「高四」對應大石調首音「商」，「高工」對應般涉調首音「羽」，「高凡」對應大石角首音「變宮」。沈括描述正宮調（宮調）、大石調（商調）、般涉調（羽調）、大石角（角調）各調，採用的是以「合」為宮的正聲音階形式（角調音階加應聲「下四」）。《夢溪筆談》對其它各調的描述，均與此同，都將正聲音階作為闡述二十八調理論體系的基礎。〔註94〕這種被後世張炎《詞源・十二律呂》、陳元靚《事林廣記・樂星圖譜》等繼承的闡述方式，是傳統樂論以正聲音階為正宗的體現。例如，《隋書・音樂志中》中鄭譯與蘇夔的那段著名論述：

> 按今樂府黃鍾，乃以林鍾為調首，失君臣之義；清樂黃鍾宮，以小呂為變徵，乖相生之道。今請雅樂黃鍾宮，以黃鍾為調首，清樂去小呂，還用蕤賓為變徵。〔註95〕

從這段否定下徵音階、維護正聲音階的話不難看出，正聲音階在官方話語系統中，始終佔據主導地位。黃鍾象徵君主，音階各音必須以此為首。將起始音黃鍾作為宮，五度相生得到的七聲音階，必然是含變徵和變宮的正聲音階。有唐一代，正聲音階作為最基本形式，是建構各類音樂理論的基礎。例如，武則天敕撰的《樂書要錄》卷五之「七聲次第義」曰：「一為宮，二為商，三為角，四為變徵，五為徵，六為羽，七為變宮。」〔註96〕明確列出正聲音階各音級。同書卷五「樂譜」又說：「宮為君，宮音調則君道得，……宮

〔註94〕篇幅所限，不贅。可參看楊蔭瀏《中國古代音樂史稿》第 432～436 頁中的論述，北京：人民音樂出版社，1981 年。

〔註95〕《隋書・音樂志中》卷十四，北京：中華書局，1973 年，第 347 頁。

〔註96〕《樂書要錄》卷五「七聲次第義」，《續修四庫全書》（第 113 冊）影印本，上海：上海古籍出版社，2003 年，第 3 頁。

亂則荒。商爲臣，商音調則臣道得，……商亂則陂。」〔註97〕承接先秦《禮記・樂記》思想，將宮音比作君王，擁有神聖不可動搖的地位。該書卷七還附有「一律有七聲又圖」，在論證十二均旋宮得八十四調時，依據的標準同樣是正聲音階，如下（圖1－8）：

圖1－8：《樂書要錄》卷七中的八十四調圖〔註98〕

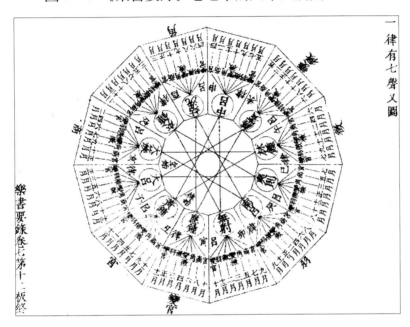

以正聲音階爲基礎闡發音樂理論，可追溯到先秦時代，以致學界曾以「古音階」稱呼這種音階。這一方面是「宮爲君」、「商爲臣」等附會思想使然，也和音樂理論的內在需要有關。任何理論構建都需要一定的定義和標準，以宮音爲首按五度相生得到七音，以此七音列爲據闡述宮調理論，可使論述建立在統一的「音階標準」之上，對於理論的闡發和創建有積極意義。《樂書要錄》卷七「律呂旋宮法」曰：

　　夫曲由聲起，聲因均立。均若不立，曲亦無準。似非之間，好
　　多差誤，推校不審，則致迷方。故立諸均，析其聲調，理微詞簡，

〔註97〕　《樂書要錄》卷五「樂譜」，《續修四庫全書》（第113冊）影印本，上海：上海古籍出版社，2003年，第5頁。

〔註98〕　《樂書要錄》卷七，《續修四庫全書》（第113冊）影印本，上海：上海古籍出版社，2003年，第22頁。

條流可觀。使作者不疑，聽者不惑，條環曲備，無相奪倫。《周禮》「大司樂掌成均之法」，《禮運》言「旋相爲宮」，今故立均作旋宮之法。〔註99〕

重視音樂實踐的唐人，對確立音階基礎標準「均」的重要性有深刻認識，所以才會在闡述旋宮理論前先「立均」，「均」立則「調」出〔註100〕。《樂書要錄》所載唐人之論表明，當時涉及音階、宮調等的闡述，都以正聲音階爲基礎，俗樂二十八調理論亦不例外。無論是《唐會要》對「天寶十四調」的記載，《樂府雜錄》對二十八調理論的總結，還是兩宋文獻對二十八調體系的梳理，其理論闡發都以「立均」爲前提，採用的都是正聲音階。正聲音階在音樂理論中佔據主導，這個傳統是自先秦一以貫之的。

2、二十八調在實踐運用中的音階形式

唐宋二十八調在理論體系闡述中以正聲音階爲基礎，並不意味著各「調」在實踐運用中必須採用正聲音階。二十八調理論體系中的正聲音階（均），只起到確立各「調」音階框架的作用，每種「調」在實踐中呈現出的音階形式，則豐富多彩、變化萬千——既有因宮音位置移動產生的正聲、下徵或清商音階，又有因數量增減而產生的五聲、六聲、七聲、八聲音階，甚至還有因音級臨時陞降產生的調式變音。下面以敦煌樂譜等唐代古譜譯解爲例，梳理二十八調在實踐中可能採用的音階形式。

從「均－宮－調」三層次構成理論看，二十八調中各調對應的一「均」音列，在實踐中並非僅均主能作宮音，均主上方的純五度和大二度音同樣可作宮，形成新的五正聲關係，分別構成下徵音階（含清角、變宮）和清商音階（含清角、清羽）。這就是著名的「同均三宮」理論。〔註101〕以此關照敦煌

〔註99〕《樂書要錄》卷七「律呂旋宮法」，《續修四庫全書》（第113冊）影印本，上海：上海古籍出版社，2003年，第16頁。

〔註100〕《國語·周語下》載伶州鳩論樂之語曰：「律，所以立均出度也。古之神瞽，考中聲而量之以制度，度律均鍾。」同樣強調了「立均」的重要性，及其古老的文化淵源。《國語》舊本作「考中聲而量之以制」，無「度」字，李純一先生認爲無此字則文意不全，當係下句而奪，故據宋陳暘《樂書》卷一三二「立均」條引文補入。參見李純一《先秦音樂史》，北京：人民音樂出版社，1994年，第98頁。

〔註101〕1982年7月22日至8月21日，教育部委託山東師範大學在煙臺舉辦「全國高師中國音樂史暑期講習班」。黃翔鵬先生於8月12日至13日兩天及17日上午，做了「樂律學」專題講座，第一次提出「同均三宮」理論。講座詳細

樂譜第一組十首樂曲用音，根據「七律定均，五聲定宮」〔註102〕原則，實際旋律宮音並不在 ♭A，而是 ♭B 宮。十首樂曲歸屬的二十八調之「角調」，實踐中呈現出多種音階形態，譜例如下（譜1－8）：

譜1－8：敦煌樂譜第一組樂曲角調音階

清羽	變宮	宮	商	角	清角	徵	羽		清羽
均主	應聲	宮音					煞聲		均主
							角調起音		

譜例 8 中的宮、商、角、徵、羽五音，是第一組樂曲共同選定的調式骨幹音。在此基礎上可適當選擇清羽、變宮、清角三個變聲，形成豐富多彩的調式音階。以此角調音階爲基礎分析第一組樂曲，可得到如下結論：

第 2、5 首樂曲，使用完整的八聲音階，宮調結構爲「♭A 均－♭B 宮－G 羽煞」，清商音階；

第 1 曲省略 ♭E 音，形成含變宮和清羽的七聲音階，宮調結構爲「♭A 均－♭B 宮－G 羽煞」，清商音階；

第 4 曲省略 A 音，爲含清羽和清角的七聲音階，宮調結構爲「♭A 均－♭B 宮－G 羽煞」，清商音階；

第 3、6、9 三曲省略 A 與 ♭A，爲含清角的六聲音階，宮調結構爲「♭A 均－♭B 宮－G 羽煞」，下徵音階；

第 8 曲省略 ♭A 與 ♭E，爲含變宮的六聲音階，宮調結構爲「♭A 均－♭B 宮－G 羽煞」，下徵音階；

第 7 曲省略 ♭A 音，爲含變宮和清角的七聲音階，宮調結構爲「♭A 均－♭B 宮－G 羽煞」，下徵音階；

第 10 首省略 A、♭A 與 ♭E 三音，宮調結構爲「♭A 均－♭B 宮－G 羽煞」，五聲音階。

可見，第一組全部十首樂曲用音，都可統一到「♭A 均－♭B 宮－G 羽調」

情況，可參見黃翔鵬《律學與樂學》（上、中、下），《中國音樂學》2012 年第 1～3 期連載。

〔註102〕黃翔鵬：《七律定均，五聲定宮》，載黃翔鵬《樂問》（音樂文集），北京：中央音樂學院學報社，2000 年。

的均宮調體系。只不過在五正聲骨幹音基礎上，選用變聲的種類與數量不同，呈現出多種不同的音階樣式。林謙三指出，第一組樂曲中的「《傾杯樂》、《伊州》在唐代作爲商調的曲子，那是很有名的，但在本譜究竟是不可以判讀爲商調的。這說明了唐末已經有這樣的異調出現了。又第一群曲的調弦只能作爲變調（變宮變徵調）來理解，把這兩點合併起來，正是反映著唐末的樂風。」〔註103〕唐代音樂實踐中宮調運用的豐富性由此可見。

那麼，作爲完整五度鏈中的各個偏音，在實踐中可以任意取捨嗎？答案是肯定的。黃翔鵬先生指出：「在具體的樂曲中，『五度鏈』的某些音級往往被省略。即使某個音級很重要，其重要性亦不能使之具有不可省略性。這種省略並不是廢棄不用，而是隱而未現。其中隱伏著的數理邏輯，仍然在生律法中起作用。」〔註104〕以第 10 首樂曲爲例，其調式結構爲 G 羽五聲音階。由於缺乏變聲音級，「均」的歸屬並不明確，可能屬於 ^{b}B 均、^{b}A 均或 ^{b}E 均（所謂「七律定均」）。但如果我們將其置於第一組樂曲，視之爲角調音階的表現形式，這組五聲音階中隱而未現的「均主」便浮出水面，隱伏著的 ^{b}A 均邏輯關係清晰可辨。^{b}A 作爲均主固然重要，但「其重要性亦不能使之具有不可省略性」。第一組第 3、6、7、8、9、10 首不含 ^{b}A 的樂曲音階，均應如是分析。

上述關於正聲與變聲關係的分析，擁有源自唐人樂論的理論支撐。《樂書要錄》卷五「論二變義」曰（著重號爲筆者所加）：

> 夫七聲者，兆於冥昧，出於自然，理乃天生，非由人造。凡情性內充，歌詠外發，即有七聲，以成音調。五聲二變，經緯相成，未有不用變聲能成音調者也。故知二變者，宮徵之潤色，五音之鹽梅也。變聲之充贊五音，亦猶暈色之發揮五彩。〔註105〕

這段話清晰揭示出唐時的音階特點，即以變聲潤色正聲，正聲與變聲在同一均中「經緯相成」、相互補充、水乳交融，共同參與樂曲風格塑造。黃翔鵬先生指出：「關於中國音階，歷來將五聲和七聲的關係孤立看待。認爲中國

〔註103〕〔日〕林謙三：《敦煌琵琶譜的解讀研究》，潘懷素譯，上海音樂出版社，1957年，第 58 頁。

〔註104〕黃翔鵬：《中國傳統音調的數理邏輯》，載黃翔鵬《樂問》（音樂文集），北京：中央音樂學院學報社，2000 年，第 254 頁。

〔註105〕《樂書要錄》卷五「論二變義」，《續修四庫全書》（第 113 冊）影印本，上海：上海古籍出版社，2003 年，第 2 頁。

音樂只有五聲，沒有七聲。將七聲中的『二變』看做純粹的變化音。但是，在唐代，五聲與七聲是並重的。……我們可以將中國音樂中五聲和七聲的關係表述爲：五聲是以七聲爲背景的五聲，七聲是『奉』五聲爲骨幹的七聲。」〔註106〕五聲以七律爲背景，七律通過正聲明確宮位、確立調式，這種音調構成邏輯是營造有唐一代樂風的重要手段。敦煌樂譜第一組十首角調樂曲的音階形態，就是以上理論總結的體現。唐人如此知音達樂之說，與兩宋腐儒囿於正統的牽強樂論有天淵之別，今日讀來仍令人欽佩。

　　敦煌樂譜第二、三組樂曲的宮調，較之第一組要簡單許多，均爲正聲音階宮調式，宮音和均主的位置是重合的。總括敦煌樂譜全部 25 首樂曲音階特徵，不僅有五聲、六聲、七聲的不同，還存在同均中因不同宮位轉換、不同變聲取捨而形成的正聲音階、下徵音階和清商音階。二十八調的每一個調，在實際運用中呈現出多種音階形態，遠非正聲音階一種。

　　唐代傳世古譜中的一些樂曲，還透露出調式變音運用的痕跡。例如，敦煌樂譜第一組第 1、2、5 曲，音階中均含 A 和 ♭A，即同時使用相距小二度的變宮和清羽。唐傳五弦琵琶譜中的一些樂曲，也有對調式變音的使用。以葉棟的譯譜爲例，五弦琵琶譜《平調子》、《三臺》、《上元樂》、《平調火鳳》、《移都師》、《武媚娘》等曲中的譜字「小」，據葉棟研究爲 D 宮調式中的清徵音 ♯A。在一些樂曲中，徵與清徵同時出現，形成變化音程進行。以《三臺》第一句爲例：

譜 1－9：唐傳五弦琵琶譜之《三臺》第一樂句（葉棟譯譜）〔註107〕

　　當然，目前學界對五弦琵琶譜解讀尙有不同意見，如日本學者林謙三、德國學者 R.F.華爾伯特，對平調定弦及譜字「小」等的解釋，均與葉棟譯解方

〔註106〕黃翔鵬：《七律定均，五聲定宮》，載黃翔鵬《樂問》（音樂文集），北京：中央音樂學院學報社，2000 年，第 255、257 頁。

〔註107〕譜例參見葉棟《唐樂古譜譯讀》，上海：上海音樂出版社，2001 年，第 201～203 頁。

案不同。〔註108〕此外，如《何滿子》曲首標爲「大食調」，其音列似應爲 D
均正聲音階之 E 商調式，但葉氏譯譜用音中卻並未出現變徵#G，實爲 G 均之
E 羽調式音階，與原曲所標調名不符，《六胡州》、《昔昔鹽》、《飲酒樂》的「大
食調」調名與此相仿；再如，《韋卿堂堂》一曲原標爲「黃鍾調」，但譯譜結
果卻爲角調等等。這些情況一方面說明，現有五弦琵琶譜譯譜方案仍有可商
榷之處，解決途徑之一，就是將譜字翻譯置於唐俗樂調理論背景考察；另一
方面，也可能原譜中的「平調」、「大石調」等調名，所指並非二十八調中某
一確定的音列，而是與琵琶調弦法等其它因素相關的專用術語。〔註109〕儘管
如此，從五弦琵琶譜的音位情況看，當時旋律的用音已十分豐富，遠遠超出
三種七聲音階範圍，調式變音在二十八調實際運用中應眞實存在。以此對比
西方近代大小調體系，似乎並不難理解。大小調基本音階（自然音階）在實
際運用中，同樣有和聲調式和旋律調式的變化，有音級數量的增減，有調式
變音的出現。只不過中國傳統音樂中的宮調變化，存在於「均－宮－調」體
系之中，遠比西方大小調體系豐富得多。

　　探討二十八調的音階問題，不能僅局限於文獻記載的正聲音階，而應從
理論和實踐兩個角度分別考察。本節初步分析表明，唐宋二十八調的音階形
式在理論建構與實踐運用中，既有區別又相互聯繫。理論體系建構中的二十
八調，以均主爲宮的正聲音階爲基礎闡述，所用調名爲起始於「羽、角、
宮、商」四音的某均七聲音列（角調加應聲）。這一音列在實踐中只作爲樂曲
基礎用音，並不決定樂曲最終的調式和調性。由於宮音的移動和對變聲的取
捨，基礎音列可表現出正聲、下徵、清商三種音階形態，有五聲、六聲、七
聲、八聲的不同，甚至有調式變音存在。二十八調在實踐中多種音階靈活運
用，是以同均三宮理論爲保障的。忽視音樂理論與實踐的互動關係，僅局
限於文獻餖飣考訂，囿於正聲音階正統地位探討二十八調音階，只能是緣木
求魚。

　　唐宋二十八調在理論建構和實踐操作中呈現出不同音階形式，促使我們

〔註108〕參見〔日〕林謙三《國寶五弦譜的解讀端緒》，收入日本東洋音樂學會編《雅
　　　　樂·古樂譜的解讀》，東京：音樂之友社，1969 年；〔德〕R.F.華爾伯特《在
　　　　東亞的五弦琵琶》、《九世紀的五弦琵琶》，載牛津大學學報《亞洲音樂》第 3
　　　　期，第 97～106、107～135 頁。
〔註109〕對於唐傳五弦琵琶譜的譯解，還應結合譜字音位、曲首調名、調弦方式及其
　　　　與當時俗樂二十八調理論的關係，展開更爲深入的探討。

反思「二十八調」一詞中「調」的眞實含義。通過上述分析可知,「二十八調」之「調」,與西方音樂理論中的「調高」(Key)、「調式」(Mode)、「調性」(Tonality)等概念不同。它是對音樂實踐中音列使用的規範,是旋律形態的音列基礎。二十八調,就是二十八個在「七均」上建立的音列;音列的起止音——宮、商、羽、角(變宮),本質含義並非調式,而是各均音列的煞聲,即該均音列所形成旋律的結束音。〔註110〕各「調」的宮音位置,會在具體樂曲中通過對正聲的強調得到明確,進而與變聲交錯爲用,展示出音樂作品眞正的調性特徵。由此觀之,諸如二十八調無徵、角調式,其結構爲「四宮七調」等含混論斷,自然不攻自破。〔註111〕

以上分析也表明,所謂唐代琵琶定弦時「偏音不作散聲」的說法,是相對樂曲實際使用音階而言的。準確地講,應該是在音樂實踐採用的音階形式(即五正聲爲主導的音階)中,散聲不作爲偏音,以便通過空弦音更好地明確正聲,支撐調式宮音確立。在樂曲理論上從屬的二十八調體系中,散聲未必不可能是偏音。敦煌樂譜第一組定弦「d−f−^{b}b−c^1」表明,一弦散聲 D 在 ^{b}A 均「八音之樂」音列中,就充當了 ^{b}A 宮正聲調式的變徵音。大概正因如此,林謙三才會有「第一組的定弦只能作爲變調(變徵調或變宮調)來理解」〔註112〕的論斷吧。

四、對俗樂二十八調宮調屬性的初步總結

唐宋音樂中的二十八調問題,自清代學者提出並集中探討以來,一直是樂律學研究的焦點。人們在二十八調的宮調結構、音階形態、角調性質、實踐基礎、唐宋關係、歷史淵源等諸多問題上,聚訟紛紜,莫衷一是。筆者

〔註110〕林謙三在《隋唐燕樂調研究》「附論」部份之「樂調起畢之律」和「日本樂調之實例」兩節,提供有日本保存的唐樂宮調與樂曲實例,可從另一側面支持本文論點。參見〔日〕林謙三《敦煌琵琶譜的解讀研究》,潘懷素譯,上海音樂出版社,1957 年,第 183~193 頁。

〔註111〕劉勇先生曾撰文《二十八調遐想》,提出從「基本理論」和「操作理論」角度探討二十八調含義,認爲「二十八調的性質屬操作理論,即演奏時定調調弦之類的做法以及約定的術語」。(載《音樂藝術》2012 年第 3 期)筆者認爲,這一見解指明了二十八調研究的正確路徑。另一方面,儘管二十八調在音樂作品中有多樣的調式、調性表現,但各「調」爲音樂實踐約定的音列基礎(尤其明確煞聲),進而構建出嚴密完整的二十八調體系,仍具有基礎理論意義。二十八調本質上,是唐代俗樂宮調的豐富實踐在理論上抽象、昇華的結果。

〔註112〕〔日〕林謙三:《敦煌琵琶譜的解讀研究》,潘懷素譯,上海音樂出版社,1957 年,第 58 頁。

取音樂實踐與理論互動關係視角，以敦煌樂譜等古譜譯解成果及典籍記載爲基礎，在前人成果基礎上進一步探討此宮調系統的相關問題，初步得到如下認識：

(1) 俗樂二十八調是隋唐多民族音樂文化交融下立足實踐的理論結晶，是建構在管色定律樂器上的宮調理論體系。

(2) 管色演奏以筒音爲核心的「翻七調」技法，是二十八調理論建構的基石，決定了唐宋二十八調調高七均（宮）、每均四調的基本模式。

(3) 無論從傳統宮調實踐的悠久歷史，還是唐代音樂的現實需要和技術手段等方面看，「七宮（均）」作爲二十八調的基本結構，都有其存在的合理性。對於器樂演奏實踐而言，「重四宮」是樂工拓展單一樂器（調弦法）調域的有效手段，在方便樂器旋宮、豐富調性色彩方面發揮著重要作用。「重四宮」並不是對二十八調「七宮系統」的否定，而是對七均旋宮實踐的豐富和補充，二者共同建構出唐俗樂調理論與實踐的廣闊天地。

(4) 據諸家對敦煌樂譜第一組樂曲較一致的定弦方案，這十首樂曲的煞聲應爲 G（設琵琶定弦爲「d－f－♭b－c¹」），即最後和音中純五度音程的根音。這些樂曲屬於 ♭A 均－♭B 宮－G 羽調式，係唐宋二十八調體系中的「角調」。它們對深入認識唐俗樂調中角調的面貌，以及唐宋二十八調的理論結構具有重要價值。

(5) 唐宋二十八調在理論闡述中，採用正聲音階作爲基本音階形式，每均音階起著確立各調音列框架的作用，「羽、角（變宮）、宮、商」四調頭，代表各均音列的煞聲。二十八調各調在實踐中可展現出正聲、下徵、清商三種音階形態的靈活運用，有五聲、六聲、七聲、八聲的不同變化，甚至有其它調式變音存在。二十八調之「調」既非調高（Key）、也不等同於調式（Mode）或調性（Tonality），其在實踐中多種音階的靈活運用，是以「同均三宮」理念爲保障的。

(6) 唐宋二十八調各調名原與不同風格音樂相應，但適應特定風格的煞聲音列被納入二十八調理論框架後，又成爲其它風格類型音樂展示的平臺。

(7) 唐俗樂二十八調理論，既是對華夏傳統宮調理論的繼承，又有現實音樂實踐的強大支撐，是唐代音樂文化高度繁榮的理論基礎。唐宋間二

十八調理論具有相當程度的一致性，唐代俗樂調理論直接被宋人繼承並獲得系統整理。儘管這種遲來的理論總結，已和宋代音樂實踐有一定距離，但唐宋間二十八調理論的差異，並非隨音樂史「斷層」而面目全非。唐宋的宮調理論傳統，從本質上是一以貫之的。

鑒於種種原因，人們對敦煌樂譜等譯解成果一度反響熱烈，引發音樂界「古譜熱」潮流，某些人甚至將譯譜視作「成功破譯」。出於嚴謹、理性的治學要求，在一些學者眼中，古譜翻譯熱潮中的某些成果，值得深入討論和推敲。這種科學的懷疑精神，對音樂學術建設而言難能可貴，對古譜研究中的偏差也是很好的糾正。

但另方面我們也應看到，經過半個多世紀的努力，中外學者在古譜研究領域成果豐碩，一些問題逐漸達成共識，如對敦煌樂譜的琵琶譜性質、三組樂曲的劃分、各組定弦及音位的推定等。這些逐步為學者證實的相對穩定的成果，是古代樂譜留給我們的寶貴信息，對深入瞭解唐宋音樂形態，尤其是音高組織形態（如調式、調高、調性等）特徵，提供了難能可貴的資料。我們應充分重視並利用這些成果，將其與唐宋樂調理論相互參證——或為樂律學研究提供新材料、提出新問題，或使古譜研究在「符號譯解」和「宮調探究」的良性互動中獲得新發展，而不能僅因其中個別欠嚴謹的成果，抹煞其在音樂學術中的價值。面對前人耗盡生命換來的學術成果，我們不可盲目尊大，更不應妄自菲薄。「一切都要站到理性的審判臺面前來，或者辯明自身存在的理由，或者放棄自己的存在。」〔註113〕

從傳統樂律學研究方面看，關注各時代樂調理論變遷及其與音樂實踐的互動關係，已越來越為學界重視。僅從文本到文本的思辨，難以使樂律學研究擺脫「橫看成嶺側成峰」的尷尬。黃翔鵬先生曾指出：

> 律、調、譜、器四事，很容易被看做一個純技術的問題，不知其間發展變化，錯綜關係之歷史原因，不去研究本樂種的具體的歷史發展過程，就會陷入迷宮而不能自拔。〔註114〕

黃先生這一高遠的學術思想，應成為指導樂律研究的基本準則。它旨在告誡我們：律、調的研究必須以譜、器等物質基礎為依託，從四者的相互制

〔註113〕〔德〕恩格斯：《反杜林論》，北京：人民出版社，1956年，第13～14頁。
〔註114〕黃翔鵬：《社會生活、歷史源流與律、調、譜、器》，李石根《西安鼓樂全書·序言》，北京：文化藝術出版社，2009年，第4頁。

約關係中，探尋律、調問題的答案；更重要的是，對律、調、譜、器的技術性探討，必須結合具體時代的音樂實踐，結合特定樂種的歷史演變展開，關注期間發展變化與錯綜關係的歷史成因。正是在這一意義上，敦煌樂譜等唐樂古譜研究理應進入傳統樂律學視野，與以律、調、譜、器爲主體的樂律學綜合研究形成良性互動，在唐宋音樂理論與實踐的大背景中闡明自身特徵，共同深化中國古代音樂形態研究。

問題顯而易見，雖然理論上假設與解說可以各抒己見，但歷史的眞實卻只有一個。當我們的學術探討，逐漸擺脫「理論自洽」或「自圓其說」的低層次滿足時，自然把最終目標指向唯一歷史眞實。以唐樂古譜提供的豐富學術信息爲基礎，立足音樂實踐探討二十八調等宮調系統諸問題，是深入認知唐代音樂歷史眞實的有效途徑之一。這也是本著從理論與實踐關係角度，思考歷史上宮調理論問題的基本出發點。

第二章 唐宋俗樂二十八調及八十四調旋宮結構的歷史淵源

　　旋宮，即宮音位置（調高）的轉換，是我國傳統宮調理論中的重要問題之一，對拓展調式（調性）範圍、豐富音樂表現具有積極意義。文獻中有關旋宮的記載可追溯到先秦，如《周禮‧春官‧大司樂》所載的旋宮模式：祭天神「圜鍾爲宮，黃鍾爲角，太簇爲徵，姑洗爲羽」，祭地示「函鍾爲宮，太簇爲角，姑洗爲徵，南呂爲羽」，享人鬼「黃鍾爲宮，大呂爲角，太簇爲徵，應鍾爲羽」。〔註 1〕《禮記‧禮運》也有「五聲、六律、十二管，旋相爲宮」〔註 2〕的記載，也就是以五聲音階爲主的十二律旋宮。

　　然而，從目前出土的西周樂器看，單獨一件（或一組）樂器，似乎沒有可能完成上述旋宮情況。但另一方面，我們將目光投向戰國初期的曾侯乙編鍾，則不禁爲其輝煌音樂成就和旋宮能力驚歎！西周末與戰國初樂器上判若雲泥的旋宮能力，使我們不得不反思：古籍中有關西周的旋宮記載是否屬實？十二律旋宮如何在春秋二百多年時間裏，取得如此「跨越式」的突破發展？若將目光再往後移，則唐宋以俗樂二十八調爲集大成的宮調理論體系是如何建立起來的？二十八調及八十四調的理論框架和旋宮理念，與《周禮‧大司樂》、《禮記‧禮運》等記載有無聯繫？可否從前代的音樂實踐中尋找其歷史淵源？中國傳統音樂實踐中，是否還隱藏著某種尚未被充分關注的旋宮理念與方法？

〔註 1〕 《周禮‧春官‧大司樂》，〔清〕阮元《十三經注疏》本，北京：中華書局，1980 年，第 789～790 頁。
〔註 2〕 《禮記‧禮運》，〔清〕阮元《十三經注疏》本，北京：中華書局，1980 年，第 1423 頁。

帶著上述種種疑問，筆者搜集了遠古至兩漢考古發現的樂器材料，通過對舞陽賈湖骨笛、商代陶塤、西周中義鍾和柞鍾、曾侯乙墓出土樂器、長沙馬王堆瑟與雙笛等的音列結構分析，梳理出這些樂器演奏中廣爲應用的旋宮模式，並將其與唐宋宮調理論相比證，認爲二者間確實存在一脈相承的宮調結構理念，從而爲探討宋以來宮調理論變遷及與音樂實踐關係，明確了推演的邏輯起點和歷史淵源。下面就根據筆者初步收集到的一些文獻、考古及傳統音樂資料，對這種旋宮方式的表現及其對唐宋宮調理論的影響作簡要考論。

第一節　上古至西周若干出土樂器的音列組合

中華音樂文化源遠流長，很早就達到較高發展水平，這一點在出土樂器承載的完備音列結構中有鮮明體現。以往的中國音樂史研究，多關注遠古以來單件吹奏樂器或成編金石樂器的音列情況，對可能在同一演奏場合組合使用的多件（或多個編列）樂器間的音列關係關注不多。有鑒於此，本節擬對遠古以來同類樂器的音列組合方式，以及這種組合背後所蘊含的宮調結構思維予以探討。

爲論證方便，我們將這類在同一樂器或兩件（也可能三件）同類樂器上，通過調高不同（多爲一律即半音之差）的平行音列的組合應用，以豐富音列或實現旋宮（甚至能「十二律旋相爲宮」）的方法，稱爲「陰陽旋宮」。〔註3〕在漫長的中國音樂歷程中，「陰陽旋宮」作爲一種未正式見諸文獻的潛在方式，或隱或顯地對不同時期的樂律思維及不同樂器（金石樂器、絃樂器、吹管樂器等）的旋宮實踐產生影響，甚至成爲後世傳統音樂實現較複雜旋宮的重要方式之一，包括唐宋時代形成嚴密邏輯結構的「俗樂二十八調」和「八十四調」宮調系統。以下分述之。

一、遠古與商代吹奏樂器常見「二器並用」現象

20 世紀 80 年代中期，河南舞陽賈湖新石器時代遺址出土了 25 支距今八九千年的吹管樂器骨笛。據正式考古報告介紹，其中的 22 支骨笛作爲隨葬品

〔註3〕馮友蘭先生曾指出，中國傳統哲學思想中，陰陽是宇宙形成論的兩個主要原則，二者結合與互相作用產生一切宇宙現象。將相距一定音程關係的兩個音列視爲陰與陽，通過二者的相互結合與作用，實現完滿的十二律旋相爲宮，可視爲古老陰陽觀念的體現，因此這裡以「陰陽旋宮」一詞概括。

被置於墓葬中，有 7 座墓葬分別同出 2 支骨笛。骨笛係用丹頂鶴尺骨經過精密加工而成，部份同出的器物有成組龜甲或叉形骨器，且墓葬規模較大。〔註4〕從墓主身份、墓葬規模及同出器物看，骨笛的擁有者生前有著一定的特殊地位，可能是部落或氏族首領，也可能是交通天地人神的巫師。骨笛主要是施行巫術的法器，其次才是樂器。若眞如此，那麼它們的性能可能高於普通樂笛，具有當時一般氏族成員難以掌握的較爲複雜的音列結構並符合特定的音律。〔註5〕我們推測，許多墓葬同出兩支骨笛且擺放規則（大都置於墓主人股骨兩側）當非偶然，很可能與先民特定的神秘思想觀念相關。

以形制較爲固定、完善的中期（公元前 6600～6200 年左右）遺址出土骨笛爲例，它們均爲七孔，不但能奏出完整的五聲音階，而且能吹奏六聲乃至七聲音階，可以看作賈湖骨笛成熟期的代表。此時期同出 2 支骨笛的墓葬有：M344、M282、M233、M270、M78 五座。以 M282 出土的 2 支製作精良、音質優美的骨笛爲例，已公佈 M282：20 的測音數據有八組，M282：21 的測音數據有四組。綜合起來看，兩支骨笛各孔高度相近，但 M282：21 音律多數較 M282：20 整體偏低（也有極個別測音數據顯示兩笛音律相近，甚至 M282：21 較 M282：20 略高）。現各選兩笛測音數據各一組，對比如下（表 2－1）：〔註6〕

表 2－1：舞陽賈湖 M282：20、M282：21 骨笛音位對照表

音　位	筒音	7孔	6孔	5孔	4孔	3孔	2孔	1孔
M282：20	#F5+50	A5-4	B5-22	C6+35	D6+11	E6+11	#F6+45	#A6-18
M282：21	#F5-18	#G5+30	#A5-3	C6-50	#C6+32	E6-40	#F6-17	A6-17
兩笛音差	68	66	81	85	79	51	62	99
參考音階	角	徵	羽	清羽	宮	商	角	徵

上述比較說明，骨笛筒音及七個音孔所發之音，M282：21 均比 M282：20

〔註4〕參見河南省文物考古研究所編著《舞陽賈湖》（上卷），北京：科學出版社，1999 年，第 447～448 頁。

〔註5〕參見李純一《中國上古出土樂器綜論》，北京：文物出版社，1996 年，第 361 頁。

〔註6〕本表測音數據，參見河南省文物考古研究所編著《舞陽賈湖》（下卷），北京：科學出版社，1999 年，第 1000、1001 頁；參考音階一欄，參見黃翔鵬《舞陽賈湖骨笛的測音研究》一文，原載《文物》1989 年第 1 期，收入黃翔鵬《中國人的音樂和音樂學》（音樂文集），濟南：山東文藝出版社，1997 年，第 173 頁。

偏低 50 音分（即四分之一全音）以上，平均偏低達 74 音分，兩者第一孔音高之差更呈現精確的半音關係 99 音分。這種情況，可否看作後世傳統音樂中較普遍存在的「雌雄笛」、「雌雄簫」之濫觴？

當然，骨笛這類管樂器的測音數據，會因吹奏者口唇與吹孔邊棱的距離、角度以及氣流強度等的改變而有不同。已公佈的多支骨笛測音數據也較龐雜，難以歸納出某種明確規律，但許多墓葬中兩支骨笛同出的現象，卻不能不引起重視。這種情況或可說明，早在八九千年前，賈湖先民已經有意採用兩件調高存在一定差異的同類樂器，以滿足某種音樂表現需要或體現某種獨特的巫術觀念。

在已出土的商代陶塤中，我們也能看到調高不同但音列結構相近的「二器組合」。據李純一先生《中國上古出土樂器綜論》介紹，1950 年河南輝縣琉璃閣殷墟文化二期墓葬（M150）出土 3 件陶塤，二大一小，每個陶塤的前後面腹中下部，都開有三個和二個大小不等的圓形指孔，頂端爲圓形吹孔。經測定，大小塤的音樂性能相同，能發出大十度內的十一個音，且兩音列呈大三度關係排列。鑒於八度以上的音較難吹奏，該書只選取大小陶塤一個八度內的音列，示例如下（譜例2－1）：

譜2－1：河南輝縣琉璃閣殷墟大小塤音列對比

| 宮 | 角 | 徵 | 羽 | | 變宮 | | 宮 |

此外，1935 年殷墟侯家莊西北岡 M1001 中，也出土有大小白陶塤，爲殷墟文化二期製品，經測定發音同樣相差大三度，情況與本例輝縣琉璃閣大小殷塤相同。〔註7〕

商代同墓出土的相距大三度定音的陶塤，其音列當非偶然。李純一先生通過綜合研究上古出土陶塤判斷，當時人「爲了取得更好的音質和便於放置，逐漸淘汰了 I 2、IV 1a 等式，選定並改進了 I 3a 式；隨著音樂的發展，由前期的 1～3 個指孔發展爲後期的 5 個指孔，由前期的大小不一的單一個體發展爲

〔註 7〕 商代同墓大小塤的音列情況，詳見李純一《中國上古出土樂器綜論》，北京：文物出版社，1996 年，第 402～403 頁。

後期的大小有別、調高相距大三度的兩種規格」。〔註8〕

　　李純一先生還指出，譜例2－1音列中的宮、角、徵音，發音容易，指法簡單，應最常使用；變宮音也容易發音，指法並不複雜，在演奏中應佔有一定地位。其餘變化音的指法大多和共出塤不一致，在一般演奏中似乎派不上用場。這可能是一種以四正音爲基礎但偶用偏音的調音方法。「果眞如此，那麼殷塤不但能奏出幾種不同的調式，還有可能實行一些近關係轉調。」〔註9〕

　　我們認爲，李純一先生的上述推斷頗有見地。雜有變宮的四聲音階，爲豐富調式和方便近關係轉調提供了可能；另一方面，基本音列完全相同且相距大三度的大、小兩塤同出一墓，也大大增加了人們對不同調高音階的選擇運用。以譜例2－1爲例，大小兩塤不僅爲F宮和A宮音列的使用創造便利，也爲更多「均」的選擇與轉換提供了可能。並用不同音列的商代陶塤事例，反映出調高相距一定音程的兩件樂器可以相互配合，實現更大範圍的旋宮轉調。陰陽旋宮這種巧妙的宮調結構，其淵源甚至可能上溯到商代中晚期。

二、西周晚期中義鍾、柞鍾組合的旋宮實踐推測

　　1960年10月，陝西省博物館、陝西省文物管理委員會在扶風齊家村東南，發現一批窖藏西周青銅器，共計39件。其中包括兩套編鍾——中義鍾和柞鍾，每套八件，共計16件。兩套編鍾的時代屬西周晚期，器形完整，音樂性能良好，是當時王室的重要禮樂器。這批青銅器在當時被集中放置於窖內，無論是出於上古土室儲藏物品的風俗習慣，還是王室倉皇避亂之時所爲，都說明它們曾被同一主人使用和儲藏。郭沫若先生還指出：「（中義）鍾之形制、花紋、乃至其銘文字體，均與柞鍾同，確係一家之物。可能器鑄於同一匠人，銘書於同一寫手，時代自相去不遠。」〔註10〕也就是說，即使這兩套編鍾的鑄造者「中義」和「柞」並非同一人，但作爲王室重器的中義鍾與柞鍾在被放入窖內之前，很可能是配合使用的。

　　據《中國音樂文物大系》（陝西卷）公佈的測音結果，中義鍾和柞鍾的音

〔註8〕 李純一：《中國上古出土樂器綜論》，北京：文物出版社，1996年，第404頁。

〔註9〕 李純一：《中國上古出土樂器綜論》，北京：文物出版社，1996年，第403～404頁。

〔註10〕郭沫若：《扶風齊家村器群銘文匯釋》，載陝西省博物館、陝西省文物管理委員會編《扶風齊家村青銅器群》，北京：文物出版社，1963年，第5頁。

高數據，可歸納爲如下譜例（見譜 2－2、譜 2－3）。〔註11〕其中，白符頭代表正鼓音，黑符頭代表側鼓音；音符下方數值表示各音相對十二平均律的音分差；符尾旁數據爲各鍾考古出土時的標本號：

譜 2－2：中義鍾（8 件）音列

-23　-23　±0　±0　-48　-15　-41　+14　-1　+16　-4　+31　-2　+6　-45　-20

【考古出土號：① 60・0・187、② 60・0・182、③ 60・0・188、④ 60・0・189、⑤ 60・0・183、⑥ 60・0・184、⑦ 60・0・185、⑧ 60・0・186】

譜 2－3：柞鍾（8 件）音列

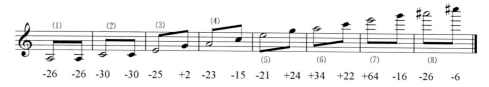

-26　-26　-30　-30　-25　+2　-23　-15　-21　+24　+34　+22　+64　-16　-26　-6

【考古出土號：⑴ 60・0・175、⑵ 60・0・176、⑶ 60・0・178、⑷ 60・0・177、⑸ 60・0・179、⑹ 60・0・180、⑺ 60・0・190、⑻ 60・0・181】

可以看出，這兩套編鍾的正鼓和側鼓音的音列，基本爲相距小二度半音關係。需要說明的是，此處柞鍾最後一件的正、側鼓音高度爲#a³ 和#c³，比本套編鍾基礎音列高半音，可能是高音區鍾調音時誤差所致。黃翔鵬先生《新石器和青銅時代的已知音響資料與我國音階發展史問題》一文採用的柞鍾測音數據，最後兩音高度爲 1778.3Hz 的 a³ 和 2123.4Hz 的 c⁴，僅較十二平均律的兩音略高，可從。〔註12〕由於兩套編鍾在埋入土窖前，曾作爲禮樂重器共同服務於王室，不排除二者被重新組合、同時應用、相互補充的可能。依此我們嘗試將這兩套基本音列相差半音的編鍾組合在一起，可得到如下音列形

〔註11〕測音數據參見《中國音樂文物大系》總編輯部編《中國音樂文物大系》（陝西、天津卷），鄭州：大象出版社，1996 年，第 53、56 頁。

〔註12〕黃翔鵬：《新石器和青銅時代的已知音響資料與我國音階發展史問題》，原載《音樂論叢》1978 年第 1 輯、1980 年第 3 輯，收入黃翔鵬《溯流探源——中國傳統音樂研究》（音樂文集），北京：人民音樂出版社，1993 年，第 25 頁。

態（譜2－4）：

譜2－4：中義鍾、柞鍾組合音列

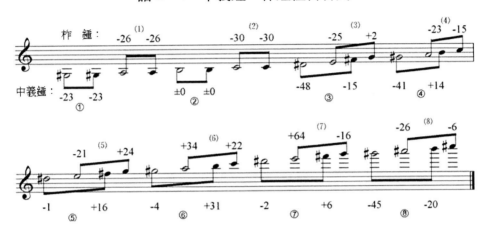

可以看出，柞鍾、中義鍾組合而成的共同音列，共包含八個半音，極大地豐富了原本僅四個音位的音列。兩套編鍾若組合使用，原中義鍾音列加入柞鍾的 E、A 兩音後，可成爲俗樂音階（缺商音）；原柞鍾音列加入中義鍾的 #F、B 兩音後，則可成爲缺商音的正聲音階。此外，八個半音的重新組合，還可能產生出 G 宮、A 宮、E 宮等較豐富的音階形態，或#D 宮、#F 宮、#G 宮等三音列形式，詳見表2－2：

表2－2：中義鍾、柞鍾組合音列表

中義鍾、柞鍾組合音位	#G	A	B	C	#D	E	#F	G
B 宮俗樂音階（缺商）	羽	清羽	宮		角	清角	徵	
E 宮下徵音階（缺羽）	角	清角	徵		變宮	宮	商	
A 宮正聲音階（缺角）	變宮	宮	商		變徵	徵	羽	
C 宮正聲音階（缺商）		羽	變宮	宮		角	變徵	徵
G 宮下徵音階（缺徵）		商	角	清角		羽	變宮	宮
#D 宮三音列				羽	宮			角
#F 宮三音列		商			羽		宮	
#G 宮三音列	宮			角	徵			

中義鍾、柞鍾的音列結構，也見於其它已知西周中晚期編鍾，雖有些編

鍾套內鍾數有缺，往往少於八件，但基本音列結構大體一致，僅宮音高度（調高）有 ^bB、B、C、^bD、^bA……等差別。〔註13〕黃翔鵬先生曾指出：「關於西周的旋宮實踐，文獻所載實際只有部份的旋宮。……除了非平均律所產生的限制以外，當時並不存在在同一套編鍾內完成旋宮的可能性。」〔註14〕我們認為，這一論斷符合目前出土西周編鍾的實際情況，當時的旋宮可能要依靠不同調高的多套編鍾實現。另一方面，這些相同音列、不同調高的西周編鍾，也為調性選擇提供了新的可能。類似中義鍾、柞鍾兩套編鍾的「陰陽組合」運用，不僅極大地拓展了旋宮能力和範圍，也使得旋宮實踐更具操作性，較之多套編鍾整體聯合使用，這種陰陽組合方式更為高效、更加可行。

第二節　曾侯乙墓樂器的「陰陽旋宮」實踐

曾侯乙墓編鍾自 1978 年出土以來，受到海內外學術界廣泛關注，取得了許多令人矚目的研究成果。人們分別從編列、組合、銘文、測音等角度，探討編鍾音律特性及上層鈕鍾的音樂性能等問題，為我們深入認識曾侯乙編鍾藝術價值和先秦音樂文化發展水平，提供了有益的借鑒和參考。但時至今日，有關曾侯乙套編鍾的套數、件數、編次，尤其是上層鈕鍾的編列和音樂性能等問題，學界尚未取得一致意見。

筆者認為，在這些問題的探究中，有一點應引起我們的注意，那就是當時人的旋宮思維方式。因為無論是曾侯乙編鍾的整體音律結構，還是上層鈕鍾的編列和音樂性能，其設計都是在人們整體宮調思維的指導下進行的。文獻記載顯示，我國早在西周時期就產生了「十二律旋相為宮」的觀念。曾侯乙編鍾如此龐大、複雜的編列結構，應是與這種源遠流長的旋宮理念相適應的。鑒於此，本節擬從先秦十二律旋宮思維方式入手，通過對曾侯乙墓同出編磬、雙篪與雙簫（排簫）音律結構的推算與共性分析，揭示曾侯乙墓出土應律樂器的整體音列組合特徵，並結合先秦其它出土樂器展現出的旋宮觀

〔註13〕李心峰主編：《中華藝術通史》（夏商周卷）第四章，秦序撰稿，北京：北京師範大學出版社，2006 年，第 165 頁。

〔註14〕黃翔鵬：《新石器和青銅時代的已知音響資料與我國音階發展史問題》，原載《音樂論叢》1978 年第 1 輯、1980 年第 3 輯，收入黃翔鵬《溯流探源──中國傳統音樂研究》（音樂文集），北京：人民音樂出版社，1993 年，第 52～53 頁。

念，探討曾侯乙編鍾上層鈕鍾的編列及其與中層甬鍾音列的關係，進一步追溯唐宋宮調理論思維的歷史淵源。

　　需要說明的是，這裡所稱的「應律樂器」，特指能夠調準並固定某種律高，且其整體音列不受或較少受演奏技法影響，從而具備定律資格的樂器，多為吹管樂器或擊奏類旋律樂器。對於曾侯乙墓出土樂器而言，應律樂器包括編鍾、編磬、笙、排簫、篪五種。由於絃樂器定音的不確定性，同墓出土琴、瑟的音律特性，暫不列入本節討論範圍。

一、曾侯乙墓編磬、雙篪與雙簫的音律結構

　　據曾侯乙墓考古報告，該墓共出土樂器 8 種，計 125 件。其中，與編鍾同出於中室的應律樂器，有編磬一架（32 枚）、笙 4 件、排簫 2 件、篪 2 件。〔註15〕由於這些樂器可與編鍾合奏，共同組成當時流行的鍾磬樂隊，因此它們之間在音律的選定與音列結構方面，必然存在密切關聯。關注曾侯乙墓應律樂器的定律和音列結構，可為全面認識曾侯乙編鍾及上層鈕鍾的音樂性能，提供新的資料參考和理論啟發。在這裡，我們將以學界對曾侯乙編磬、雙篪和雙簫的研究成果為基礎（笙因殘斷嚴重，無法瞭解其調音方式），挖掘這些樂器中蘊含的音列設定和應用模式，探討當時人的旋宮思維和實踐方式，關注其對曾侯乙墓樂器整體音律結構的制約和影響。

1、曾侯乙墓出土編磬的音律結構

　　曾侯乙墓中室編磬共一架 32 枚，分上下兩層排列，每層又分為左右兩組。經李純一先生復原和研究，其編次形式如下表（表 2－3）。

　　李純一先生指出：「上下兩層的調高相差半音，屬濁姑洗調（B 調）和姑洗調（C 調）。每層按徵、羽兩種調式的骨幹音分別編懸成左、右兩組。左、右兩組合用，則五聲俱全，具有歌鍾功能；若單獨使用，則具有行鍾的功能；而上下兩層合用，則具有十個連續半音，當可進行較為廣泛的轉調。」〔註16〕

〔註15〕　出土樂器種類及件數，參見湖北省博物館編《曾侯乙墓》（上冊），北京：文物出版社，1989 年，第 75 頁。

〔註16〕　上表及引文，參見李純一《先秦音樂史》（修訂版），北京：人民音樂出版社，2005 年，第 183～184 頁。

表2-3：曾侯乙編磬編次復原表

層別＼組別	左　　組			右　　　　組						
上層	〔徵〕宮 终 巽 终反 〔巽反〕			〔龢羽〕商 下角 〔羽〕 〔少商〕 下〔角〕 〔壹〕 〔少商之反〕 鈌 〔壹反〕						
	F♯5 B5　F♯6 B6　F♯7 B7			G♯4 C♯5 D♯5 G♯5 C♯6 D♯6 G♯6 C♯7 D♯7 G♯7						
下層	徵 宮 终 〔巽〕 终反 巽反			〔龢羽〕 龢商 膺 羽 〔商〕 下〔角〕 〔壹〕 〔少商〕 鈌 〔壹反〕						
	G5 C6 G6 C7 G7 C8			A5 D5 E5 A5 D6 E6 A6 D7 E7 A7						

說明：帶 ⌒ 的爲復原之石，其餘爲原位之石。

　　值得注意的是，曾侯乙編磬呈現出的這種「旋相爲宮」方式，並非宮音在單一半音階上的簡單移動。爲便於演奏實踐操作，人們創造性地將十二律分爲兩組相差一律（半音）的五正聲音列，通過上下兩組編磬的組合運用，豐富原有五聲音列並進行旋宮轉調。這種旋宮方法，與鋼琴上的黑白鍵組合有異曲同工之妙。編磬在一個八度內的音列組合模式，可大致類比於鍵盤上 G 徵五聲音階與#F 徵五聲音階的關係。如果說前文所論西周中義鍾、柞鍾的相互組合運用，還僅是我們的一種推測，那麼戰國早期曾侯乙墓出土的編磬，其音列排列方式與上述推論完全吻合，就並非偶然了。

2、曾侯乙墓出土雙篪的音律結構

　　這種通過相差一律的音階組合而使調關係得以拓展的「陰陽旋宮」思維，在曾侯乙墓同出的兩支竹篪的音律關係中，也有鮮明體現。該墓中室出土有兩支橫吹單管樂器，編號爲 C.79 和 C.74。據正式發掘報告《曾侯乙墓》一書記載，兩樂器爲竹製管狀，通體髹漆彩繪，外形基本完好，內壁稍有腐爛。經考訂，與古籍中記載的篪基本吻合，故定名爲篪。其首尾兩端的吹孔和音孔面，與 5 個指孔面呈九十度排列，演奏時雙手平端樂器，掌心向裏（與今日笛演奏時掌心向下不同），參見下圖（圖2-1）。〔註17〕

〔註17〕該圖出自湖北省博物館編《曾侯乙墓》（北京：文物出版社，1989 年，第 175 頁），樂器各部位名稱爲筆者所加。

圖 2－1：曾侯乙墓出土箎示意圖

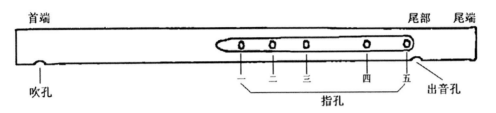

這兩件箎均以一節苦竹管製成。C.79 的端口不通，一端以自然竹節封底，另一端以物填充。C.74 首端以物填塞閉口，尾端竹節已透空成 0.64×0.67（單位：釐米，下同）的圓孔。考古報告認爲，從孔沿下凹處亦即孔壁上的黑漆判斷，此孔係人爲所致。兩件樂器的管身開孔數目及位置大致相同，均爲吹孔一、出音孔一、指孔五。其各部位數據，《曾侯乙墓》一書有詳細記錄。

關於這兩支箎音律方面的相互關係，湖北歌舞團笛子演奏家尹維鶴先生曾判斷，它們的音高應相差半音，有雌雄之分，並據複製箎給出了具體吹奏指法。〔註 18〕這是作者基於長期豐富的管樂演奏經驗，對曾侯乙雙箎音律關係的判斷，值得重視。筆者據考古報告數據，通過對這兩支箎五個指孔全閉時，筒音（尾部出音孔所發之音）間音高關係的計算，進一步證實了二者間雌雄組合的確是一種「陰陽」關係。詳細計算過程，請參見本著附錄一《曾侯乙墓出土雙箎的筒音音高分析》。

由「附錄一」可知，C.79 號箎的有效管長 L＝30.297，C.74 號箎的有效管長 L＝32.082，將二者分別代入開孔頻率計算公式 $F = N \dfrac{C}{2L}$（F 爲頻率；N爲 1.2.3.4……；C 爲聲速；L 爲吹管有效管長），可得 C.79 號箎筒音爲$^{\#}C^2$強，C.74 號箎筒音爲 C^2 強。雙箎筒音的精確距離是多少呢？相差 99.12 音分。剛好是非常精確的半音音程。如此精確的半音組合關係，不能不令我們驚奇！若在上述計算的基礎上，考慮到實際管長、吹端管口校正、發音孔管口校正等因素，分別計算兩箎五個指孔音高，可發現二者相對應的指孔音高，基本在相差一律的範圍之內。〔註 19〕

李純一《中國上古出土樂器綜論》一書中，有對曾侯乙雙箎複製品平吹

〔註 18〕尹維鶴：《箎探》，《樂器》1984 年第 1 期，第 10～11 頁。
〔註 19〕曾侯乙墓出土兩件箎各指孔的音高運算及相互關係，擬另文探討。

時的音高推測。李先生指出:「兩器調高雖然相差接近小二度（半音），但都是按照六聲徵調調音。共出的編鐘是分別按照姑洗（C）、無羊（F#）二均調音，編磬是按濁姑洗（B）均調音，而又大部份分裝在姑洗和新鐘（即無羊）兩匣內，可見曾國這三均關係定必密切。據此推測，這二篪可能是分別按照濁獸鍾（G）（M1:74）和無羊（F#）（M1:79）〔（F#）〕二均調音的雌雄篪。」〔註20〕由此可見，曾侯乙雙篪複製品的音高關係，與我們前文的理論推測完全一致，或可更進一步證明雙篪關係即後世笛簫普遍存在的「雌雄組合」。

至於曾侯乙年代的篪在演奏中，是否存在後世吹管樂器較為普遍的「翻調」技法，我們尚不能完全肯定。但從雌雄篪與曾侯乙編鐘相配合演奏，結合傳統音樂「重四宮」的悠久歷史〔註21〕來看，每篪奏「四宮」，雙篪可組合為「八宮」的旋宮實踐，與曾侯乙編鐘可達六宮以上的旋宮能力，恰恰是相互對應的。相差半音的雌雄雙篪的配合使用，有效地拓展了先秦吹管樂的旋宮範圍，為音樂在更廣闊的調性空間自由馳騁，提供了現實基礎。

3、曾侯乙墓出土雙簫的音律結構

這種「陰陽旋宮」的思維方式，在曾侯乙墓同出的兩支簫（排簫）中也有體現。二簫都是用 13 根不等長的異徑單節苦竹管製成的底簫，編號為 C.28 的一支器形基本完好，C.85 保存欠佳。李純一《中國上古出土樂器綜論》有對兩簫各管音高的約算和調音推測，證明二者是調高相差一律的雌雄簫。〔註22〕曾侯乙雌雄二簫的音列組合關係與雌雄篪完全一致，音列運用模式也與曾侯乙編磬的上、下層音列組合如出一轍。

以上種種迹象均表明，在曾侯乙墓出土的編磬、雙篪和雙簫中，蘊藏著當時人在「十二律旋相為宮」實踐中的一個重要指導原則，即以調高相差一

〔註20〕李純一:《中國上古出土樂器綜論》，北京：文物出版社，1996 年，第 366 頁。該頁附有《曾侯乙墓篪複製品平吹測音登記表》，可資參考。雙篪考古實測尺寸表明，C.79 較 C.74 短；筆者推論的二者筒音有效管長（振動氣柱長度），同樣是 C.79 短、C.74 長。因此，C.79 的筒音音高應高於 C.74。李先生《曾侯乙墓篪複製品平吹測音登記表》反映的情況，卻是 C.79 整體音律低於 C.74。這可能是該表第一行表頭的「C.79」與「C.74」位置顛倒所致，待考。

〔註21〕參見黃翔鵬《曾侯乙鐘磬銘文樂學體系初探》，原載《音樂研究》1981 年第 1 期；收入黃翔鵬《溯流探源——中國傳統音樂研究》（音樂文集），北京：人民音樂出版社，1993 年，第 161 頁。

〔註22〕李純一:《中國上古出土樂器綜論》，北京：文物出版社，1996 年，第 373～376 頁。

律（半音）的平行音列的組合應用拓展原有音列，實現在更為廣闊調域中的「陰陽旋宮」。那麼，曾侯乙墓各類應律樂器音列的具體組合情況如何？我們試作進一步分析。

二、曾侯乙墓編磬、雙篪與雙簫音列組合的共性分析

據前文所引《曾侯乙編磬編次復原表》（表 2－3），我們可將上、下層編磬的音列製成如下譜例（譜 2－5）。其中，二分音符代表磬架左側音列，符頭帶「×」的二分音符♩代表磬架右側音列；符幹向下的第二聲部，代表編磬下層音列，符幹朝上的第一聲部代表上層音列。

譜 2－5：曾侯乙編磬編次及音列組合

不難看出，編磬上、下層音列分屬濁姑洗（B）均和姑洗（C）均。從磬架左組每層中六塊磬石對徵、宮的強調可知，此編磬音列是以徵音為「調首」的五聲徵調式音階。磬架右組每層開始處的羽、商、角三音（即譜例括號中的音），為上下兩組音列的低音區；羽為最低音的設計，和曾侯乙編鍾下層甬鍾的音列低音完全一致。也就是說，編磬音列實際表現為濁獸鍾（G）徵五聲調式和無鐸（♯F）徵五聲調式相差一律的「陰陽組合」關係。

同理，曾侯乙雌雄篪的音列組合，也可據筆者推算及其複製品平吹測音情況，作如下推測（譜 2－6）。〔註23〕

〔註23〕 本例據李純一《中國上古出土樂器綜論》第 366 頁表格繪製。筆者認為，C.79 的整體音列應比 C.74 高半音，相關說明見前文注釋。

譜2-6：曾侯乙雌雄篪平吹音列組合（推測）

李純一先生指出，兩器調高相距小二度（半音），都是按六聲徵調調音，分別屬濁獸鍾（G）和無鐸（#F）均。徵調式結構的基礎音列，以及濁獸鍾和無鐸二律的核心地位清晰可判。根據對複製品的研究，如果採用半竅和叉口指法，兩篪還可奏出變化半音，形成後世吹管樂器較為普遍的「翻調」演奏。也就是說，每支篪自身完全有可能完成若干近關係轉調。雖然曾侯乙時代是否有這種指法形式和「翻調」實踐尚難定論，但從曾侯乙編磬和編鍾體現出的旋宮能力，以及應律樂器的相互配合演奏看，這種推測當有一定的合理性。

曾侯乙墓出土雌雄排簫的音列情況，同樣可據《中國上古出土樂器綜論》提供的材料進行推算。該書列有 C.28 和 C.85 每支簫各自 13 管的管長、管身、內外徑等數據，以及約算音高和調音推測值。為便於觀察，我們將該書第 373～374 頁兩表格中的「約算音高」和「調音推測」數據單獨提出，並給出原書與筆者推測的 C.85 音列與「約算音高」的各音差值（表中「音高差 I」和「音高差 II」），綜合整理如下（表 2-4）：〔註 24〕

表2-4：曾侯乙雌雄簫管次調音推算表

雌雄簫管次		1	2	3	4	5	6	7	8	9	10	11	12	13
C.28	約算音高	$^\#F_4^{+48}$	$^\#G_4^{+18}$	C_5^{+21}	D_5^{-21}	$^\#D_5^{-21}$	G_5^{-23}	A_5^{-14}	B_5^{+14}	$^\#C_6^{+29}$	E_6^{+30}	F_6^{+14}	G_6^{-5}	A_6^{+42}
	調音推測	G_4	A_4	C_5	D_5	E_5	G_5	A_5	C_6	D_6	E_6	F_6	G_6	A_6
C.85	約算音高	$^\#F_4^{+24}$	$^\#G_4^{-24}$	$^\#C_5^{-48}$	$^\#D_5^{\pm0}$	$^\#D_5^{+39}$	G_5^{-2}	$^\#G_5^{+23}$	B_5^{+11}	$^\#C_6^{+5}$	$^\#D_6^{-17}$	F_6^{-17}	G_6^{-6}	$^\#G_6^{-42}$
	調音推測	$^\#G_4$	$^\#A_4$	$^\#C_5$	$^\#D_5$	F_5	$^\#G_5$	$^\#A_5$	$^\#C_6$	$^\#D_6$	F_6	$^\#F_6$	$^\#G_6$	$^\#A_6$

〔註 24〕此表據李純一《中國上古出土樂器綜論》第 373～374 頁表格綜合整理，略有調整。

雌雄簫管次		1	2	3	4	5	6	7	8	9	10	11	12	13
C.85	音高差 I	176	224	48	0	161	102	177	189	195	217	117	106	158
	本文推測	$^{\#}F_4$	$^{\#}G_4$	B_4	$^{\#}C_5$	$^{\#}D_5$	$^{\#}F_5$	$^{\#}G_5$	B_5	$^{\#}C_6$	$^{\#}D_6$	E_6	$^{\#}F_6$	$^{\#}G_6$
	音高差 II	24	24	152	200	39	98	23	11	5	17	83	94	42

　　李純一先生據約算音高數據，推測 C.28 簫各管音列爲濁獸鍾（G）徵調式，C.85 簫各管音列爲黃鍾（#G）徵調式，認爲此二簫音律和共出的編鍾、編磬及其它樂器並不完全一致，所以還不能輕易斷定他們必然是雌雄結構。但李先生又明確指出：「它們的調音模式，恐怕以五聲徵調爲最可能。」〔註25〕

　　詳考上表中 C.85 的兩行「音高差值」，我們可參考「樣本標準差」定義和計算方法，擬設公式 $S = \sqrt{\dfrac{\sum\limits_{i=1}^{n} x_i^2}{n}}$，求得 C.85 原「調音推測」和「本文推測」數值各自相對 C.85「約算音高」的偏差值。其中 n＝13，x_i 爲「音高差 I」或「音高差 II」，即 C.85「調音推測」值或「本文推測」值相對「約算音高」的差值。經計算，S_I＝157.34；S_{II}＝84.96。

　　由於數值越小，數據相對 C.85「約算音高」的偏離度越小；數值越大，數據相對 C.85「約算音高」的偏離度越大。因此，對比 C.85 兩組調音推測數據，應取「本文推測」之結果更爲適當。如是，則將 C.85 排簫音列判斷爲濁姑洗（B）均無鐸鍾（#F）徵調式，更符合約算音高數據（詳見表 2－4「本文推測」一行）。C.28 和 C.85 的音列組合關係，可示例如下（譜 2－7）。

譜 2－7：曾侯乙雌雄簫音列組合（推測）

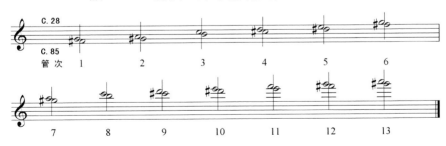

〔註25〕李純一：《中國上古出土樂器綜論》，北京：文物出版社，1996 年，第 376 頁。

通過以上分析，曾侯乙編磬、雙篪與雙簫三類樂器，在音列組合方面的共性特徵已清晰呈現出來，均爲：以徵調式爲基礎、以濁獸鍾（G）和無鐸（#F）二律爲核心（或爲調頭、或爲均主、或爲最低音）、以小二度音程爲紐帶的、兩組結構基本相同音列的組合，也就是我們前文所概括的「陰陽旋宮」組合。

既然這種旋宮思維，在編磬、排簫、篪等同墓室應律樂器音列中都有體現，我們便不能輕易否定其對曾侯乙編鍾音律組合設計的影響。進言之，看似「不合常理」的曾侯乙編鍾上層鈕鍾音律，是否是當時人在「陰陽旋宮」思維框架內對編鍾旋宮能力的重要拓展，或是對中、下層甬鍾音律結構的必要完善和補充呢？

三、曾侯乙編鍾上層鈕鍾編列及其與中、下層甬鍾音列的關係

有關曾侯乙編鍾上層鈕鍾編列和音樂性能的探討，較早有王湘的《曾侯乙墓編鍾音律的探討》一文，認爲曾侯乙編鍾上層三組鈕鍾的音高，看不出屬於何種音階，推測其爲定律之器而非演奏使用。〔註26〕黃翔鵬先生也有類似看法，認爲上層鈕鍾是曾侯探討樂律問題的專用試驗性設備，正在設計過程之中，刻工與磨礪之工均未完成，其設計意圖可供研究，但測音結果所示音高情況則不足爲據。〔註27〕崔憲先生認爲，二、三組鈕鍾正鼓音按全音階排列，銘文則突出「角（顜）－曾」三度關係，提示出曾鍾的生律方式，是深入認識先秦樂律體系的鑰匙。〔註28〕

也有學者對上述「定律之器」說提出質疑，認爲三組鈕鍾存在部份或全部參與音樂演奏的可能。譚維四、馮光生先生的《關於曾侯乙墓編鍾鈕鍾音樂性能的淺見》一文，通過對上層鈕鍾音列及中層一組橫梁上木槽和榫眼的分析，推測二、三組鈕鍾完整組合應爲14件，原懸掛於中層一組甬鍾的位置，後被移至上層，合編後可構成無鐸均音列演奏音樂。上層一組鈕鍾音列與二、三組鈕鍾非屬一均，關係較遠。鑒於上層鈕鍾與中下層甬鍾

〔註26〕王湘：《曾侯乙墓編鍾音律的探討》，《音樂研究》1981年第1期，第68頁。

〔註27〕黃翔鵬：《曾侯乙鍾磬銘文樂學體系初探》，原載《音樂研究》1981年第1期；收入黃翔鵬《溯流探源——中國傳統音樂研究》（音樂文集），北京：人民音樂出版社，1993年，第136頁下注①。

〔註28〕崔憲：《曾侯乙編鍾鍾銘校釋及其律學研究》，北京：人民音樂出版社，1997年，第137頁。

間同律音高的普遍錯牾，進而又否定了上層鈕鍾爲整套編鍾定律之器的看法。〔註29〕

　　李純一先生《曾侯乙墓編鍾的編次和樂懸》一文則認爲，上層一組鈕鍾的音高分屬不同「均」，音列結構頗爲乖戾，是勉強拼湊而成的；上層二、三組鈕鍾則均按「無鐸均」標音，兩組合併可互補所缺，形成十二律齊全的音列，因此二、三組鈕鍾原本應爲同一組。〔註30〕由於二、三組鈕鍾音高誤差較大，各鍾內壁少見調音磨銼痕跡，推測這套鍾的調音或研究工作開始不久便中斷。但由於音律銘文顯示其爲新鍾（$^{\#}$F，引者按：即曾國無鐸）均，同墓共出的部份磬石和兩支箎也同屬新鍾均，加之二、三組鈕鍾的音域適中，因此不排除二、三組鈕鍾兼做歌鍾的可能。〔註31〕

　　當然，也有學者對上層一組鈕鍾的音樂性能持肯定態度，認爲一組鈕鍾雖難以單獨演奏，但卻可以和二、三組鈕鍾配合使用。「第一組中屬於無鐸均（包括偏高半音的濁獸鍾均在內）的三枚鈕鍾亦有資格加入演奏的行列。至於屬$^{\#}$D 調即濁文王均的三枚鈕鍾，則有可能在其它鈕鍾演奏的過程中補充個別的樂音。總而言之，我們不能排除上層三組鈕鍾合在一起進行演奏的可能性。」〔註32〕

　　以上綜述，基本代表了學界對曾侯乙編鍾上層鈕鍾音樂性能的判斷，爲我們進一步探討提供了有益參考。誠如本著前文所論，如果我們意識到「陰陽旋宮」思維對曾侯乙墓樂器音律結構的重要影響，從這一角度解析上層鈕鍾音律，或可有「柳暗花明」之感。現據李純一先生《曾侯乙墓編鍾的編次和樂懸》一文考訂的上層鈕鍾音高數據〔註33〕，試將其三組音列結構整理如下（譜2－8）：

〔註29〕譚維四、馮光生：《關於曾侯乙墓編鍾鈕鍾音樂性能的淺見——兼與王湘同志商榷》，《音樂研究》1981 年第 1 期，第 79～86 頁。

〔註30〕李純一：《曾侯乙墓編鍾的編次和樂懸》，《音樂研究》1985 年第 2 期，第 62～63 頁。

〔註31〕李純一：《曾侯乙墓編鍾的編次和樂懸》，《音樂研究》1985 年第 2 期，第 68～69 頁。

〔註32〕曾憲通：《曾侯乙編鍾標音銘與樂律銘綜析》，原載《隨縣曾侯乙墓鍾磬銘辭研究——香港中文大學中國文化研究所中國考古藝術研究中心專刊》（四），香港：中文大學出版社，1985 年。後收入《曾憲通學術文集》，汕頭：汕頭大學出版社，2002 年，第 123 頁。

〔註33〕參見李純一：《曾侯乙墓編鍾的編次和樂懸》，《音樂研究》1985 年第 2 期，第 63 頁。

譜2－8：曾侯乙編鍾上層鈕鍾音列組合

　　由第二、三組鈕鍾的銘文可知，第三組鈕鍾正鼓音爲宮、宮角、宮曾組合（上3：1正鼓音標爲商，應視爲二組鈕鍾之音），第二組鈕鍾正鼓音爲商、商角、商曾組合。二、三組鈕鍾正鼓音相配，可構成以無鐸（#F）爲首的「六律」；二、三組鈕鍾側鼓音與正鼓音均相距小三度，側鼓音列組合可形成以濁穆鍾（A）爲首的「六呂」。正側鼓音列互爲陰陽關係，結合後可構成完整的十二律呂（半音）音列。

　　這組十二半音音列的調性歸屬，通觀曾侯乙墓編磬、雌雄簫以及編鍾中層甬鍾音列，可知其明確爲「以無鐸（#F）爲調首的徵調式」音列。雖然從銘文標音和實際音高來看，二、三組鈕鍾傳達出「無鐸均」的信息，並無與濁姑洗（B）均相關的銘辭，但筆者認爲，這並不能掩蓋二三組鈕鍾音列的無鐸徵調式屬性。

　　首先，從二、三組鈕鍾的音列組合看，它們的正、側鼓音列均爲六律或六呂，即爲全音階結構模式，並無明確的調性歸屬，其半音列更多具有十二律旋宮的意味，成爲展現其它調性的音列平臺。

　　其次，從二、三組鈕鍾的鉦部銘文看，有9件鉦部刻有「某某之宮」字樣，標明該鍾正鼓部音高爲宮時對應的曾國十二律名，計有：無鐸（#F4）、贏孠（#F5）、黃鍾（#G4）、䍩音（#G5）、大族（#A4）、穆音（#A5）、姑洗（C5）、

妥賓（D5）、函音（E5）九個。有學者指出：「上層鈕鍾於鉦部的顯著部位標出具有宮音地位的『某律之宮』，其主要作用大概有二：一是指整套編鍾按『某律之宮』進行旋宮轉調；二是當上層鈕鍾加入中、下層的演奏時，樂師可以根據『某律之宮』的調（式）[性]，隨時採取與甬鍾同位的宮調系統進行演奏。……於是，原屬不同均的鈕鍾便和甬鍾統一起來了。」〔註 34〕這種情況說明，「無鐸均內的各階名，在一定條件下都可以轉換成『某律之宮』，……鈕鍾於明顯部位出現各律的『宮』音而不見其它音名，正是曾國樂律『旋相爲宮』的標誌」〔註 35〕。由此可進一步說明，二、三組鈕鍾形成的半音音列，正是爲其它調性呈現而搭建的平臺。

最後，既然二、三組鈕鍾的音列組合併未反映出明確的調性歸屬，又如何判定其音列基礎是「以無鐸（#F）爲調首的徵調式」呢？對此，上層第一組鈕鍾音列給我們傳遞出了重要信息。觀察譜例 2－8 第一行譜所示第一組鈕鍾音列可知，其正鼓部音列包含了濁姑洗（B）均的五正聲音級；上 1：6 和上 1：1 的正鼓音均爲 B，應是對 B 爲均主的調性功能的明確。也就是說，二、三組鈕鍾通過陰陽律呂組合構成的半音階，其在整套編鍾音列組合中的調性歸屬，乃是由第一組鈕鍾的音列而得以明確的。

綜合上述三點，筆者認爲，曾侯乙編鍾上層一、二、三組鈕鍾，是不可分割的一個整體。儘管其中個別鈕鍾的發音，由於當時種種原因而未能得到準確調諧，但這並不能掩蓋其「以無鐸（#F）徵調式」爲基礎的半音音列特徵。事實上，從這三組鈕鍾銘文分屬無鐸均、濁文王均、濁獸鍾均的情況看，其音列組合絕非雜亂拼湊，而是樂工從「陰陽旋宮」理念和演奏實踐出發，爲配合下層甬鍾「以濁獸鍾（G）徵調式」爲基礎的音列，而對編鍾整體編次和音律組合作出的最優選擇。

關於曾侯乙編鍾中、下層甬鍾的音列結構，學界基本已取得一致看法，不贅。〔註 36〕現綜合學界相關成果及本文對上層鈕鍾音列的探討，將曾侯乙

〔註 34〕曾憲通：《曾侯乙編鍾標音銘與樂律銘綜析》，見《曾憲通學術文集》，汕頭：汕頭大學出版社，2002 年，第 125 頁。

〔註 35〕曾憲通：《曾侯乙編鍾標音銘與樂律銘綜析》，見《曾憲通學術文集》，汕頭：汕頭大學出版社，2002 年，第 124 頁。

〔註 36〕相關成果，參見黃翔鵬《曾侯乙鍾磬銘文樂學體系初探》，《音樂研究》1981年第 1 期；李純一《曾侯乙墓編鍾的編次和樂懸》，《音樂研究》1985 年第 2期；崔憲《曾侯乙編鍾鍾銘校釋及其律學研究》上篇「鍾銘校釋」部份，北京：人民音樂出版社，1997 年。

全套編鍾的上層鈕鍾和中下層甬鍾音列結構整理如下：〔註37〕

譜2－9：曾侯乙編鍾三層音列組合

　　曾侯乙編鍾中層第一組甬鍾與第二組甬鍾相比，只缺少一件商角鍾（中2：11），其餘發音與第二組完全相同，因此特將二者音列歸併為一組，第二聲部中的【⑪】即為中層一組甬鍾所缺之音。中層三組甬鍾的音列組合，形成以「濁獸鍾（G）徵調式」為基礎的半音音列，並與上層鈕鍾音列互為「陰陽旋宮」關係，能夠在更廣闊的調性範圍內實踐「十二律旋相為宮」。下層甬鍾最低音為濁穆鍾（A）羽，其音列結構則是對曾侯乙編磬上下層右組開始處的

〔註37〕本譜例，係在李純一《曾侯乙墓編鍾的編次和樂懸》譜例 1 的基礎上整理而成，參見《音樂研究》1985 年第 2 期，第 66 頁。

「羽、商、角」三音列（兩層組合實爲六音，見譜2－5括號內的音）的豐富。對比曾侯乙編磬和編鍾的整體音列組合不難發現，編磬音列幾乎是對整套編鍾音列骨幹音的歸納，前者完全是後者複雜音列組合的「精簡版」。

四、曾侯乙墓應律樂器的整體「陰陽旋宮」思維

通過前文曾侯乙編鍾音列的分析，我們可對曾侯乙墓全套編鍾的套數、件數、編次等特點，作出如下判斷：曾侯乙墓出土編鍾，包括上、中、下三層共64件，加上下層被楚王鎛佔據的一件，共計65件。這65件甬鍾和鈕鍾，在設計上是一套完整的編鍾，可滿足不同宮調樂曲和調性轉換複雜的大型樂曲以及不同性質音樂的演奏需要。其旋宮實踐以「陰陽旋宮」基本理念爲指導，旨在通過以濁獸鍾（G）和無鐸（#F）爲「調首」的徵調式音列的陰陽組合，實踐先秦音樂中的「十二律旋相爲宮」理想。不僅如此，曾侯乙墓出土編鍾、編磬以及雙篪、雙簫等應律樂器的音列，同樣可以在「陰陽旋宮」框架內獲得整合、統一。儘管其中某些樂器的個別音律尚存在調音不准的現象，但繁雜音高數據背後所隱藏的先秦人的「陰陽旋宮」思維方式，則是不容輕易否定和抹煞的。

現綜合本節所述，將曾侯乙墓出土應律樂器的音列組合與宮調特性，列表整理如下，以備參考（表2－5）。

表2－5：曾侯乙墓應律樂器音列組合一覽表

樂器	宮調	均　主	宮		調		最低音	音列關係
			音　主	音階	調頭	調式		
編磬	上層	姑洗（C）	姑洗（C）	五聲	濁獸鍾（G）	徵調式	A 羽	陰陽雌雄
	下層	濁姑洗（B）	濁姑洗（B）	五聲	無鐸（#F）	徵調式	#G 羽	
篪	C.79	濁獸鍾（G）	濁獸鍾（G）	五聲	妥賓（D）	徵調式	#C 變徵	陰陽雌雄
	C.74	無鐸（#F）	無鐸（#F）	五聲	濁坪皇（#C）	徵調式	#B 變徵	
簫	C.28	濁新鍾（F）	姑洗（C）	下徵	濁獸鍾（G）	徵調式	G 徵	陰陽雌雄
	C.85	韋音（E）	濁姑洗（B）	下徵	無鐸（#F）	徵調式	#F 徵	
編鍾	上鈕	濁姑洗（B）	濁姑洗（B）	正聲	無鐸（#F）	徵調式	#F 徵	陰陽雌雄
	中甬	姑洗（C）	姑洗（C）	正聲	濁獸鍾（G）	徵調式	G 徵	
	下甬	姑洗（C）	姑洗（C）	正聲	濁穆鍾（A）	羽調式	A 羽	

需要說明的是，曾侯乙墓應律樂器中蘊含的這種旋宮模式，在先秦乃至整個中國古代的音樂實踐中並非特例。本章的初步研究已經表明，上至新時期時代河南舞陽賈湖骨笛的雌雄組合（如 M282：20、M282：21）、河南輝縣琉璃閣殷墟大小陶塤的二器並用，以及西周晚期中義鍾、柞鍾相差半音的音列結構，其音列組合都或隱或顯地呈現出「陰陽旋宮」特徵，完全可視為曾侯乙墓應律樂器音律組合與應用的濫觴。

黃翔鵬先生曾指出，曾侯乙鍾磬銘文樂學體系的許多特點，都可追溯到兩漢以後，甚至保存在當今的傳統音樂之中。如傳統音樂中的固定名標音、記譜傳統，宮調體系中的右旋傳統，大、正、少八度組的命名，「高商曾」和「低商角」的民間調律傳統，以及民間四宮傳統、燕樂二十八調問題等，都可能通過曾侯乙鍾銘的研究在先秦找到源頭。〔註 38〕我們相信，這種早在戰國曾侯乙墓應律樂器中即得到明確體現的「陰陽旋宮」理念，同樣有其深厚的歷史淵源，並同曾侯乙編鍾的諸多特性一樣，始終「以慢得多的時間概念生存著」〔註 39〕，成為豐富和完善傳統音樂宮調理論與旋宮實踐的基本手段之一。

第三節　漢以來「陰陽旋宮」實踐及其對唐宋俗樂調結構的影響

秦漢以降，「陰陽旋宮」這一未正式見諸文獻的宮調應用模式，依然以一種潛在方式，對不同時期的樂律思維及不同樂器（金石樂器、絃樂器、吹管樂器等）的旋宮實踐產生影響，如西漢馬王堆瑟與雙笛的定音、晉代「漢魏相傳，施行皆然」的「三尺二調」與「二尺九調」笛的配合，以及唐宋以來管色（如「倍四」、「銀字」、「中管」）的定音與定調，乃至二十八調、八十四調理論的建構與應用等等。在漫長的中國音樂歷程中，「陰陽旋宮」作為一種未正式見諸文獻的潛在方式，或隱或顯地對不同時期的樂律思維及不同樂器（金石樂器、絃樂器、吹管樂器等）的旋宮實踐產生影響，明確反映出「陰

〔註38〕黃翔鵬：《曾侯乙鍾磬銘文樂學體系初探》，原載《音樂研究》1981 年第 1 期，收入黃翔鵬《溯流探源──中國傳統音樂研究》（音樂文集），北京：人民音樂出版社，1993 年，第 165～166 頁。

〔註39〕〔匈〕薩波奇・本采：《旋律史》，司徒幼文譯，北京：人民音樂出版社，1983 年，第 316 頁。

陽旋宮」理念對樂律實踐的指導意義，成爲中國傳統音樂拓展調性空間、完善宮調理論的重要手段和思維方式。

一、馬王堆漢墓出土瑟與雙笛的旋宮實踐

　　20 世紀 70 年代，湖南長沙馬王堆漢墓的發掘，是中國考古學的重大發現之一。墓中出土了竽、瑟等眾多珍貴的音樂文物。楊蔭瀏、李純一等前輩音樂史家奉派參與研究，在該墓的正式發掘報告中，曾對墓中出土瑟的碼子復原和調弦方式，作出了推測。〔註 40〕李純一先生還專門撰寫《漢瑟和楚瑟調弦的探索》一文，對古瑟的調弦問題作進一步研究。〔註 41〕

圖 2－2：長沙馬王堆一號漢墓出土瑟〔註 42〕

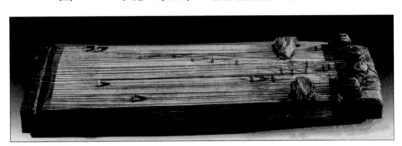

　　馬王堆一號漢墓瑟共 25 弦，被分爲外九弦、中七絃、內九弦三組，但從弦徑配置和出土時柱位來看，又似外九弦爲一組，中七絃和內九弦爲一組。丁承運先生的《古瑟調弦與旋宮法鈎沈》一文，通過比對該瑟內外九弦的有效弦長和絃徑發現，總體而言外九弦均比內九弦長 40 毫米以上，弦徑則多比內九弦粗 0.1 毫米。這種情況表明，內外兩組定弦音高並不相同，外九弦應低於內九弦。

　　丁先生進一步聯繫曾侯乙編磬上、下層音位排列，認爲：「由於瑟、磬都是兩組五聲，即十個連續相生的半音，故瑟在旋宮功能上，內、外兩組合用，不須移柱即可奏出黃鍾、林鍾、太簇、南呂四均標準的正聲音階，外九弦組的應鍾均能奏出清商音階。原來瑟是以不變應萬變，較之琴五調更覺便

〔註 40〕 參見湖南省博物館、中國科學院考古研究所編《長沙馬王堆一號漢墓》中有關樂器的分析研究（李純一執筆），北京：文物出版社，1973 年。
〔註 41〕 李純一：《漢瑟和楚瑟調弦的探索》，《考古》1974 年第 1 期，第 56～60 頁。
〔註 42〕 《中國音樂文物大系》總編輯部編：《中國音樂文物大系》（湖南卷），鄭州：大象出版社，2006 年，第 221 頁。

捷，且可虛實互補，無怪乎古人說『妻子好合，如鼓琴瑟』了。」〔註43〕也就是說，馬王堆一號漢墓出土瑟的內外兩組（內九弦和外九弦）定弦應相差半音，分屬黃鍾均（F調）和應鍾均（E調）；兩組音列均五聲俱全，而內外組合，便具有十個連續半音。〔註44〕

　　丁承運先生對古瑟定弦及旋宮方法的探討，已涉及到我國傳統音樂長期歷史實踐中如何實現十二律「旋相爲宮」的重大問題。西漢馬王堆瑟的定弦與旋宮法，和距其二百五十多年的曾侯乙墓編磬音律組合存在一致性，並非偶然，也不是孤證。由此，我們或可對曾侯乙墓出土瑟的定弦法與旋宮設計略作推測。曾侯乙墓共出土瑟 12 具，中室 7 件，東室 5 件，均爲 25 弦，同出瑟柱 1358 枚。〔註45〕根據丁承運先生對長沙馬王堆漢墓瑟定弦法的考索，與曾侯乙編磬同出一墓的 25 弦瑟，其定弦應同樣爲外九弦比中七絃與內九弦低半音的音列組合，推測其定弦音高爲與曾侯乙編磬音列相應的姑洗均（C）和濁姑洗均（B）組合，定弦音列如下（譜 2-10）。至於曾侯乙瑟的調弦方法，應與馬王堆瑟無大差異，二者均爲：先將 25 弦調成大體一致的音高，然後按以上音列施柱，最後得到如雁行排列的各組柱位。

譜 2-10：曾侯乙墓出土瑟的定弦（推測）

　　無獨有偶，在長沙馬王堆三號漢墓東槨箱 57 號漆方奩內的醫術竹簡中間，亦曾出土 2 支形制相類的竹笛（編號爲：東 57-9、10），時代爲西漢早期。兩者均一端以竹節封口，另一端開口。吹孔爲長方形，按音孔與吹孔呈 90 度角，一側爲 6 孔，另側爲一拇指孔（圖 2-3）。

〔註43〕丁承運：《古瑟調弦與旋宮法鉤沉》，《音樂研究》2002 年第 4 期，第 51 頁。

〔註44〕丁承運：《古瑟調弦與旋宮法鉤沉》，《音樂研究》2002 年第 4 期，第 50 頁。

〔註45〕湖北省博物館編：《曾侯乙墓》（上冊），北京：文物出版社，1989 年，第 473 頁。

圖2－3：長沙馬王堆三號漢墓出土「雙笛」（正反面）〔註46〕

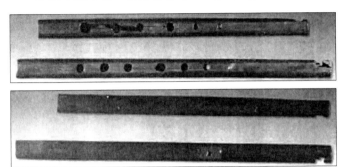

李純一先生《中國上古出土樂器綜論》繪有有兩件笛各部位的詳細尺寸數據，可作理論推算雙笛筒音關係的基礎，如下圖示（圖2－4）：〔註47〕

圖2－4：長沙馬王堆出土雙笛尺寸示意圖

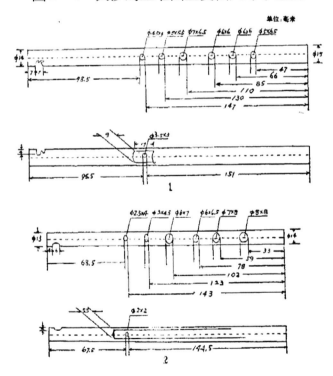

〔註46〕湖南省博物館、湖南省文物考古研究所編：《長沙馬王堆二、三號漢墓》第一卷「田野考古發掘報告」，北京：文物出版社，2004年，第184～187頁；圖片見該書圖版八十三之3、4。

〔註47〕李純一：《中國上古出土樂器綜論》，北京：文物出版社，1996年，第363頁。

根據趙松庭先生總結的橫笛頻率計算公式，馬王堆漢墓兩支笛的筒音音高及音程關係，可約略計算如下：〔註48〕

東 57-10 笛（甲笛）的有效管長 L 爲：

L＝實際管長 l＋吹氣端校正 δ_1＋管口校正

其中，吹氣端校正公式爲：

$$\delta_1 = (b+2.0r)\frac{R^2}{r^2}$$，（b 爲吹孔處管壁厚度，r 爲吹孔的平均半徑，R 爲管半徑）

東 57-10 笛的相關物理量爲：b＝0.4；r＝0.7／2＝0.35；R＝1.4／2＝0.7；代入上式，得：δ_1＝4.4

管口校正值爲：0.6R（R 爲管口半徑）＝0.6×（1.5／2）＝0.45

東 57-10 笛筒音實際管長：l＝9.85＋0.45＋14.7－0.7＝24.3

東 57-10 笛筒音有效管長：L＝l＋δ_1＋0.6R＝24.3＋4.4＋0.45＝29.15

同理，可得東 57-9 笛（乙笛）筒音有效管長：L＝l＋δ_1＋0.6R＝25.18

東 57-9 笛與東 57-10 笛筒音頻率比爲 29.15／25.18，換算成音分值爲 253.46 音分。

從以上分析可知，東 57-10 笛（甲笛）筒音的有效管長爲 29.15cm，東 57-9 笛（乙笛）筒音的有效管長爲 25.18cm，兩音的精確距離爲 253.46 音分，約比平均律大二度大四分之一音。從雙笛形制與功能屬性判斷，這種筒音相差大二度的組合，很可能是爲實現更爲靈活、便捷的旋宮而設，具有後世的「雌雄笛」特徵，同樣是「陰陽旋宮」思維的體現。李純一先生還列有馬王堆雙笛複製品的平吹印象表，可資參考（表2－6）：〔註49〕

表2－6：馬王堆三號漢墓出土雙笛複製品平吹印象表

笛 別 ＼ 指 孔	0	1	2	3	4	5	6	背
東 57-10 笛（甲笛）	E_4	$^{\#}F_4$	$^{\#}G_4$	A_4	B_4+	$^{\#}C_5+$	$^{\#}D_5$	E_5
東 57-9 笛（乙笛）	$^{\#}F_4$	$^{\#}G_4$	$^{\#}A_4$	B_4+	$^{\#}C_5+$	$^{\#}D_5+$	F_5	$^{\#}F_5$
音階印象	宮	商	角	清角	徵	羽	變宮	清宮

〔註48〕以下計算，據趙松庭先生總結的橫笛頻率計算公式，參見趙松庭《橫笛的頻率計算與應用》，《樂器科技簡訊》1973 年第 2 期。

〔註49〕李純一：《中國上古出土樂器綜論》，北京：文物出版社，1996 年，第 364 頁。

歷史竟然如此巧合——當丁承運先生在曾侯乙編磬音律組合中，發現馬王堆漢瑟調弦與旋宮法的淵源時，我們同樣能從馬王堆漢墓出土的雙笛，看到曾侯乙墓雌雄雙簧組合的遺緒。諸多事例充分說明，在同一樂器或兩件同類樂器上，通過兩組相距一定音程（多為半音）關係的音列的組合應用，以實現多種不同調高轉換的「陰陽旋宮」做法，自遠古至漢初並非孤證，也不是單一樂器單一線條延續。魏晉時代，吹管樂器的宮調實踐中，便依然採用著通過不同調高樂器相互配合，實現旋宮轉調的古老方法。例如，晉泰始十年（274年），中書監荀勗曾向協律中郎將列和請教笛律的應用，列和說：

> 昔魏明帝時，令和承受笛聲，以作此律，欲使學者別居一坊，歌詠講習，依此律調。至於都合樂時，但識其尺寸之名，則絲竹歌詠，皆得均合。歌聲濁者，用長笛長律；歌聲清者，用短笛短律。凡絃歌調張清濁之制，不依笛尺寸名之，則不可知也。〔註50〕

樂師合奏時，並非以正統的十二律呂名調，而是「但識其尺寸之名」，「歌聲濁者，用長笛長律；歌聲清者，用短笛短律」，完全依照笛的尺寸命名調高。這種宮調應用模式，在文人學者看來自然不合古法，甚至不可思議。正因如此，荀勗才有如下繼續發問：

> （荀勗）又問和：「若不知律呂之義，作樂音均高下清濁之調，當以何名之？」和辭：「每合樂時，隨歌者聲之清濁，用笛有長短。假令聲濁者用三尺二笛，因名曰此三尺二調也。聲清者用二尺九笛，因名曰此二尺九調也。漢、魏相傳，施行皆然。」〔註51〕

列和所言「聲濁者用三尺二笛」、「聲清者用二尺九笛」，由此產生「三尺二調」和「二尺九調」的組合應用，實質是以兩支不同長度、不同筒音的笛適應樂曲多種調高轉換，正是先秦以來樂器組合中普遍採用的「陰陽旋宮」之法。相比之下，荀勗依據十二律高製作12支律笛，以每笛演奏一均的做法，在列和看來並非吹管樂器的宮調傳統，在音樂實踐中未必行得通。《宋書·律曆志》記載：

> 勗又問和：「作笛為可依十二律作十二笛，令一孔依一律，然後乃以為樂不？」和辭：「太樂東廂長笛正聲已長四尺二寸，今當復取其下徵之聲：於法，聲濁者笛當長，計其尺寸，乃五尺有餘，和昔

〔註50〕《宋書·律曆志上》卷十一，北京：中華書局，1974年，第212～213頁。
〔註51〕《宋書·律曆志上》卷十一，北京：中華書局，1974年，第214～215頁。

日作之，不可吹也。又笛諸孔，雖不校試，意謂不能得一孔輒應一律也。」〔註52〕

荀勖「依十二律作十二笛，令一孔依一律」之法，在傳統的宮調實踐中並無應用；經列和實際驗證，五尺有餘的笛實難於演奏。這大概就是荀勖十二律笛雖然驗證了「管口校正」規律的偉大發現，但卻僅具有理論試驗意義而在後世並未推廣採用的根本原因。擁有深厚歷史淵源的「陰陽旋宮」理念用於雌雄兩笛，已能夠滿足傳統音樂的旋宮實踐需要，完全無需荀勖「十二律笛」添足了。一系列無可辯駁的事實，都在向人們昭示著「陰陽旋宮」之法的久遠歷史，以及傳統音樂在長期實踐中實現十二律旋宮的巨大成就。

二、「陰陽旋宮」理念對唐宋宮調理論的影響

隋唐時代，俗樂二十八調理論漸趨完善，唐末段安節的《樂府雜錄》「別樂儀識五音輪二十八調圖」條，首次完整記載了二十八調的結構和調名，其文曰：

平聲羽七調：

第一運中呂調，第二運正平調，第三運高平調，第四運仙呂調，第五運黃鍾調，第六運般涉調，第七運高般涉調。

上聲角七調：

第一運越角調，第二運大石角調，第三運高大石角調，第四運雙角調，第五運小石角調——亦名正角調，第六運歇指角調，第七運林鍾角調。

去聲宮七調：

第一運正宮調，第二運高宮調，第三運中呂宮，第四運道調宮，第五運南呂宮，第六運仙呂宮，第七運黃鍾宮。

入聲商七調：

第一運越調，第二運大石調，第三運高大石調，第四運雙調，第五運小石調，第六運歇指調，第七運林鍾商調。〔註53〕

入宋以來，歐陽修的《新唐書・禮樂志》、沈括的《夢溪筆談》等文獻，

〔註52〕《宋書・律曆志上》卷十一，北京：中華書局，1974年，第213頁。
〔註53〕〔唐〕段安節：《樂府雜錄》，中國戲曲研究院編《中國古典戲曲論著集成》（一），北京：中國戲劇出版社，1959年，第62～63頁。

對這一宮調結構有更爲詳細的記述。本著第一章的論述，已明確俗樂二十八調的管色實踐基礎，證實這是一種建立在管色樂器旋宮轉調基礎上的宮調理論，「七均四調」是建構二十八調的基本理論框架。

值得注意的是，《新唐書‧禮樂志》在記載唐「俗樂二十八調」調名時，也提到「倍四」、「銀字」、「中管」等吹管樂器信息，其文曰：

> 凡所謂俗樂者，二十有八調：
>
> 正宮、高宮、中呂宮、道調宮、南呂宮、仙呂宮、黃鍾宮爲七宮；
>
> 越調、大食調、高大食調、雙調、小食調、歇指調、林鍾商爲七商；
>
> 大食角、高大食角、雙角、小食角、歇指角、林鍾角、越角爲七角；
>
> 中呂調、正平調、高平調、仙呂調、黃鍾羽、般涉調、高般涉爲七羽。
>
> 皆從濁至清，迭更其聲，下則益濁，上則益清，慢者過節，急者流蕩。
>
> 其後聲器寖殊，或有宮調之名，或以倍四爲度，有與律呂同名，而聲不近雅者。……倍四本屬清樂，形類雅音，而曲出於胡部。復有銀字之名，中管之格，皆前代應律之器也。後人失其傳，而更以異名。故俗部諸曲，悉源於雅樂。〔註54〕

唐宋詩文作品中，常見對「倍四」、「中管」、「銀字」等管樂器的描述，如《全唐詞》載和凝《山花子》「銀字笙寒調正長」，白居易《南園試小樂》「高調管色吹銀字」，杜牧《寄珧笛與宇文舍人》「調高銀字聲還側」等。南宋姜夔《大樂議》「議雅俗樂高下不一，宜正權衡度量」一節，對倍四、銀字、中管、倍五等情況，有更爲詳細的論述：

> 自尺律之法亡於漢、魏，而十五等尺雜出於隋、唐。正律之外，有所謂倍四之器，銀字、中管之號。今大樂外有所謂下宮調，下宮調又有中管倍五者。有曰羌笛、孤笛，曰雙韻、十四絃，以意裁聲，不合正律，繁數悲哀，棄其本根，失之太清；有曰夏笛、鷓鴣，曰胡盧琴、渤海琴，沉滯抑鬱，腔調含糊，失之太濁。故聞其

〔註54〕《新唐書‧禮樂志》卷二二，北京：中華書局，1975年，第473～474頁。

聲者，性情蕩於內，手足亂於外，《禮》所謂「慢易以犯節，流湎以
忘本，廣則容奸，狹則思欲」者也。家自爲權衡，鄉自爲尺度，乃
至於此。謂宜在上明示以好惡，凡作樂製器者，一以太常所用及文
思所頒爲準。其它私爲高下多寡者悉禁之，則斯民「順帝之則」，而
風俗可正。〔註55〕

　　姜夔以羌笛、孤笛、夏笛、雙韻、十四絃、鷓鴣、胡盧琴、渤海琴等樂
器調高標準不統一爲由，主張國家宜統一權衡尺度，以正民風。可知所謂「倍
四」、「中管」「銀字」等，應是與演奏正律的笛（管）相距一定音程（如半音）
的同類樂器。此外，張炎《詞源》卷下「音譜」篇也提到：「若曰法曲，則以
倍四頭管品之（原注：即觱篥也），其聲清越；大曲則以倍六頭管品之，其聲
流美。」〔註56〕據李元慶先生研究，這裡的「倍四」、「倍六」頭管，其中的
「四、六」或爲表示音高的工尺譜字，「倍」則表示低八度之意，兩管筒音相
差二度。〔註57〕

　　筆者認爲，以上論說均指向一個基本事實，即所謂「倍四之器」、「銀字、
中管之號」以及「下宮調」、「中管倍五」等，本意均指稱調高不同的管色樂
器，可作爲演奏中調音定調的「應律之器」，具有不同調高和表現不同風格樂
曲的功能。倍四、倍六頭管等被共同用於結構龐大的法曲和大曲等歌舞樂曲，
正是爲了滿足音高變化和音調轉換的需要。它們與「正律」樂器相互配合，
共同創造出豐富多彩的調性轉換空間。這些原指稱不同調高管色樂器的名詞
相沿日久，有些便脫離原意，成爲宮調結構中各類調高的代稱了。

　　正律與中管相差一律（半音）的相互配合，便可構成完整的十二律旋宮。
若每均在宮、商、角、變徵、徵、羽、變宮上各立一調，則構成完整的八十
四調旋宮系統。張炎《詞源》所載八十四調結構，除了28個正調調名外，還
有20個「中管」俗樂調名，分佈在太簇、姑洗、蕤賓、南呂、應鍾五均之中。
將《詞源》十二均八十四調總體劃分爲「正調」和「中管調」兩大類，正是
以「陰陽旋宮」理念拓展唐宋俗樂宮調理論的明確反映。

〔註55〕《宋史·樂志六》卷一百三十一，北京：中華書局，1977年，第3051～3052
　　　　頁。另，「隋、唐正律之外」，中華書局標點本視爲一句，筆者據文意斷之。

〔註56〕〔宋〕張炎：《詞源》卷下「音譜」篇，見蔡楨《詞源疏證》卷下，北京：中
　　　　國書店，據金陵大學中國文化研究所排印本影印，1985年，第6頁。

〔註57〕參閱李元慶《管子研究》，載李元慶文集《民族音樂問題的探索》，北京：人
　　　　民音樂出版社，1983年，第26頁。

有關八十四調宮調理論的構成，張炎《詞源》「律生八十四調」一節有詳細論說：

宮	徵	商	羽	角	閏宮	閏徵
黃	林	太	南	姑	應	蕤
大	夷	夾	無	仲	黃	林
太	南	姑	應	蕤	大	夷
夾	無	仲	黃	林	太	南
姑	應	蕤	大	夷	夾	無
仲	黃	林	太	南	姑	應
蕤	大	夷	夾	無	仲	黃
林	太	南	姑	應	蕤	大
夷	夾	無	仲	黃	林	太
南	姑	應	蕤	大	夷	夾
無	仲	黃	林	太	南	姑
應	蕤	大	夷	夾	無	仲 〔註58〕

《詞源》在後文中還列出了十二律呂八十四調旋宮表。據楊蔭瀏先生整理，「張炎《詞源》八十四調表」結構如下（設黃鍾爲d¹，表2-7）：〔註59〕

表2-7：張炎《詞源》八十四調表

音高 律名	d¹ 黃	#d¹ 大	e¹ 太	f¹ 夾	#f¹ 姑	g¹ 仲	#g¹ 蕤	a¹ 林	#a¹ 夷	b¹ 南	c¹ 无	#c² 应
宮	正黃钟宮	高宮	中管高宮	中吕宮	中管中吕宮	道宮	中管道宮	南吕宮	仙吕宮	中管仙吕宮	黃钟宮	中管黃钟宮
商	大石调	高大石调	中管高大石调	双调	中管双调	小石调	中管小石调	歇指调	商调	中管商调	越调	中管越调
角	正黃钟宮角	高宮角	中管高宮角	中吕正角	中管中吕角	道宮角	中管道宮角	南吕角	仙吕角	中管仙吕角	黃钟角	中管黃钟角
变徵	正黃钟宮转徵	高宮变徵	中管高宮变徵	中吕变徵	中管中吕变徵	道宮变徵	中管道宮变徵	南吕变徵	仙吕变徵	中管仙吕变徵	黃钟变徵	中管黃钟变徵
徵	正黃钟宮正徵	高宮正徵	中管高宮正徵	中吕正徵	中管中吕正徵	道宮正徵	中管道宮正徵	南吕正徵	仙吕正徵	中管仙吕正徵	黃钟正徵	中管黃钟正徵

〔註58〕蔡楨：《詞源疏證》，北京：中國書店據原金陵大學中國文化研究所排印本影印，1985年，第21～22頁。

〔註59〕楊蔭瀏：《中國古代音樂史稿》（上冊），北京：人民音樂出版社，1981年，第439頁。

音高	d¹	#d¹	e¹	f¹	#f¹	g¹	#g¹	a¹	#a¹	b¹	c²	#c²
律名	黃	大	太	夾	姑	仲	蕤	林	夷	南	无	应
羽	般涉調 フ	高般涉調 ⑳	中管 高般涉調 丬	中呂調 ム	中管 中呂調 ▽	正平調 マ	中管 正平調 ⊖	高平調 一	仙呂調 ㄣ	中管 仙呂調 ㄥ	羽調 黃钟羽 人	中管羽調 ⊅
閏	大石角 刂	高大石角 ㄥ	中管 高大石角 ▽	双角 マ	中管 双角 ⊖	小石角 一	中管 小石角 ㄣ	歇指角 ㄥ	商角 人	中管 商角 ⊅	越角 フ	中管 越角 ⑳

楊蔭瀏先生原注：表中粗黑體調名，爲張炎所說「七宮十二調」。

《詞源》八十四調的結構特徵表明，該樂調體系建立在「正律」和「中管」兩類管色樂器基礎之上，兩管的筒音與整體音列呈相差一律（半音）的小二度關係。每支吹管可演奏七均音列（翻七調），兩管合作共得十四均，即：

頭管演奏：正黃鍾宮均（D 調，筒音作 do）、高宮均（♭E 調，筒音作 si）、中呂宮均（F 調，筒音作 la）、道宮均（G 調，筒音作 sol）、南呂宮均（A 調，筒音作 fa）、仙呂宮均（♭B 調，筒音作 mi）、黃鍾宮均（C 調，筒音作 re）；

中管從應鍾#C 起調，演奏：中管黃鍾宮均（#C 調，筒音作 do）、正黃鍾宮均（D 調，筒音作 si）、中管高宮均（E 調，筒音作 la）、中管中呂宮均（#F 調，筒音作 sol）、中管道宮均（#G 調，筒音作 fa）、南呂宮均（A 調，筒音作 mi）、中管仙呂宮均（B 調，筒音作 re）。

除去其中音高重複的兩均（正黃鍾均和南呂宮均），兩支管色樂器配合恰好構成十二均旋相爲宮的八十四調結構。

近人童斐在《中樂尋源》中曾指出，八十四調中的「太、姑、蕤、南、應五律，皆合中管，頗似風琴之用黑鍵。其排列亦相間以序，惟黃鍾律似當風琴之 e 鍵耳。所謂中管者，疑其非笛而爲啞篳篥。蓋以宋時名篳篥爲頭管，而啞篳篥今尚名之爲頭管。所謂中管，似乎對頭管而言也。」〔註 60〕童斐之論，實際已揭示出八十四調中，相差半音的兩均各爲「七宮」的管色組合模式。二者相配，恰構成完備的八十四調系統。這種陰陽音列互補的宮調思維模式，不能不說是古代樂工樂律實踐中以簡馭繁的光輝創造。

〔註60〕童斐：《中樂尋源》卷上，臺北：學藝出版社，1976 年，第 59 頁。童斐所言「黃鍾律似當風琴之 e 鍵」，只是形象化的比喻，目的是直觀說明八十四調中兩均相差一律的相對音高關係，與楊蔭瀏先生「張炎八十四調表」確定的黃鍾音高 d¹ 並不矛盾。

　　以「旋宮雙管」〔註61〕建構俗樂二十八調和八十四調的具體方法，在陳暘《樂書》中有明確記載。該書卷一二二「樂圖論・雅部・八音・竹之屬下」簫條，記載了宋太常「簫」的孔位的音律（七孔，前六背一），以及採用半孔和叉手指法演奏十二律的技術規範，可進一步說明在雙管上實踐十二律位八十四調旋宮的可行性。該卷所載太常簫的形制如下（圖2－5）：

圖2－5：陳暘《樂書》卷一百二十二之「簫」〔註62〕

其文曰：

　　　　聖朝太常笛無尺寸，第依編架黃鍾爲合聲，然兼二變，而吹之未盡得先王雅樂之制也。

《樂書》原注曰：

　　　　今太常笛，從下而上一次爲：太蔟，半竅爲大呂；次上一穴爲姑洗，半竅爲夾鍾；次上一穴爲仲呂；次上一穴爲林鍾，半竅爲蕤賓；次上一穴爲南呂，半竅爲夷則；變聲爲應鍾，謂用黃鍾清與仲呂雙發爲變聲，半竅爲無射，後一穴爲黃鍾清。〔註63〕

〔註61〕唐人李沖之語，參見〔宋〕陳暘《樂書》卷一百四十八「雙管、黃鍾管、大呂管」條，清光緒丙子春（1876年）刊本。

〔註62〕〔宋〕陳暘：《樂書》卷一百二十二「樂圖論・雅部・八音・竹之屬下」「簫」條，清光緒丙子春（1876年）刊本。

〔註63〕〔宋〕陳暘：《樂書》卷一百二十二「樂圖論・雅部・八音・竹之屬下」「簫」

從陳暘的記述可知，此太常笛如不用半孔指法，各孔可奏黃鍾、太簇、姑洗、仲呂、林鍾、南呂、應鍾、黃鍾清八律；過結合半孔按音法，則可完滿演奏全部十二律呂。利用半孔及又扣指法並配合口風控制，在此笛上翻七調，完全可奏出黃鍾、太簇、姑洗、仲呂、林鍾、南呂、應鍾七均音列，實現七均旋相爲宮輪轉，這正是陳暘《樂書》卷一百四十八所說「黃鍾管通七均」的含義。

《樂書》卷第一二二「篴」條注文，還記載了筒音比黃鍾笛低一律（半音）的應鍾笛（即中管）的各孔音律：

> 中管起應鍾，爲首，爲宮；其次上穴大呂，爲商；又次上穴夾鍾，爲角；又次上穴仲呂，爲變徵；又次上穴蕤賓，爲正徵；又次上穴夷則，爲羽；變宮爲無射，謂後穴與第三穴雙發是也。如此即不用半竅，謂十二律用兩笛成曲也。今按習所且以太常半竅法起間聲，以協律施用。〔註64〕

中管（應鍾笛）的按音方法與黃鍾笛完全相同，只是整體偏低一律。若以筒音爲基礎分別作爲宮、商、角、清角、徵、羽、閏（變宮）各音，同樣可構成七種不同調高的正聲音階，即：應鍾爲宮、應鍾爲商、應鍾爲角、應鍾爲清角、應鍾爲徵、應鍾爲羽、應鍾爲閏（變宮），分別對應八十四調中的如下七均：中管黃鍾宮均、中管仙呂宮均、南呂宮均、中管道宮均、中管中呂宮均、中管高宮均、正黃鍾宮均。其中，南呂宮、正黃鍾宮二均與黃鍾笛七均重複，捨此二均便得到八十四調中的五均中管調名。正律管與中管相互配合，即可以陰陽互補方式實現十二律旋宮，恰好構成完滿的八十四調系統，與筆者之前對八十四調「陰陽雙均」組合旋宮的推論完全一致。這大概就是唐人李沖所說「旋宮雙管」中所存的「精微之道」吧。

朝鮮成宗王朝時期，成俔、申末平、柳子光等人負責整理掌樂院儀軌和樂譜，於明弘治六年（1493 年）編成《樂學軌範》九卷，詳細記載了朝鮮使用的樂律理論和雅樂、鄉樂、唐樂的樂曲、樂譜、樂器、樂隊組織以及舞蹈、服裝、道具等，其中不乏對中國傳統音樂理論的借鑒和記述。《樂學軌範》卷一「五音律呂二十八調圖說」，在記載二十八調調名之後所言「太簇、

條，清光緒丙子春（1876 年）刊本。

〔註64〕〔宋〕陳暘：《樂書》卷一百二十二「樂圖論・雅部・八音・竹之屬下」「篴」條，清光緒丙子春（1876 年）刊本。

姑洗、蕤賓、南呂、應鍾五律，則各稱中管，併入於七律」〔註65〕，同樣是
這種雙管配合旋相爲宮的體現。同卷的「五音律呂二十八調圖」，對陰陽雙管
的旋宮組合方式，以及各調名與管色譜字、每器七均的對應關係，又給予了
直觀形象的表述：單一吹管七音輪轉得二十八調，雙管配合旋宮得四十八
調，若在各均正聲音階的每個音級立調，則可實現十二律八十四調旋宮，體
現出「陰陽旋宮」理念和管色樂器在隋唐俗樂宮調理論建構中的基礎地位。
（見圖2－6）

圖2－6：《樂學軌範》記載的五音律呂二十八調圖〔註66〕

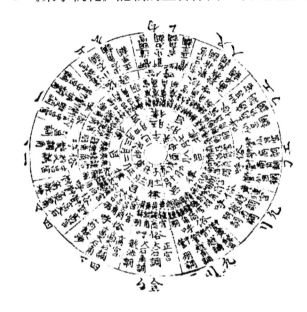

清代胡彥昇在《樂律表微》卷六中，對唐宋雙管旋宮實踐八十四調的理
論亦有闡發。他以黃鍾笛、大呂笛爲例，給出了「黃鍾笛七調」、「大呂笛七
調」音位表，如下（圖2－7）：

〔註65〕〔朝鮮〕成俔等：《樂學軌範》卷一「五音律呂二十八調圖說」，英祖十九年
（1763年）版，韓國音樂學資料叢書本，韓國：國立國樂院編印，第49頁。

〔註66〕〔朝鮮〕成俔等：《樂學軌範》卷一「五音律呂二十八調圖說」，英祖十九年
（1763年）版，韓國音樂學資料叢書本，韓國：國立國樂院編印，第48頁。
相同圖示，還見於張炎《詞源》上卷的「五音宮調配屬圖」和《事林廣記》
中的「律呂宮商之圖」。二圖與《樂學軌範》相比，只缺少了各均對應工尺譜
字以及宋末元初失落的二十八調若干調名，但雙管七均旋相爲宮的基本框架
完全一致。

圖 2－7：《樂律表微》卷六所列「黃鍾笛七調」、「大呂笛七調」音位表

故不為也

黃鍾笛七調

○後出孔 ○第一孔 ○第二孔 ○第三孔 ○第四孔 ○第五孔 笛體中

商(尺) 宮(上) 變宮(一) 羽(五) 徵(六) 變徵(凡) 角(工)

太(正) 黃(正) 應(正) 南(正) 林(正) 蕤(正) 姑(正)

此黃鍾宮調俗六字調當改名正宮調

宮(上) 變宮(一) 羽(五) 徵(六) 變徵(凡) 角(工) 商(尺)

太(正) 大(假用黃) 應(正) 南(正) 夷(假用林) 蕤(正) 姑(正)

此太蔟宮調即黃鍾之商亦名清商俗正宮調當改名五字調

變宮(一) 羽(五) 徵(六) 變徵(凡) 角(工) 商(尺) 宮(上)

夾(假用太) 大(假用黃) 應(正) 無(假用南) 夷(假用林) 蕤(正) 姑(正)

此姑洗宮調即黃鍾之角亦名清角俗一字調北宋誤以此調之濁聲為黃鍾宮

羽(五) 徵(六) 變徵(凡) 角(工) 商(尺) 宮(上) 變宮(一)

夾(假用太) 大(假用黃) 黃(假用應) 無(假用南) 夷(假用林) 蕤(正) 中(假用姑)

此蕤賓宮調即黃鍾之變徵俗上字調隋時或有能為蕤賓之宮者燕樂之際非之竟無覺者

徵(六) 變徵(凡) 角(工) 商(尺) 宮(上) 變宮(一) 羽(五)

太(正) 大(假用黃) 應(正) 南(正) 林(正) 蕤(正) 姑(正)

此林鍾宮調即黃鍾之徵似吹為下徵俗尺字調高吹為清徵俗背四調後周及隋誤以此調下徵為黃鍾宮

變徵(凡) 角(工) 商(尺) 宮(上) 變宮(一) 羽(五) 徵(六)

夾(假用太) 大(假用黃) 應(正) 南(正) 夷(假用林) 蕤(正) 姑(正)

此南呂宮調即黃鍾之羽俗工字調

角(工) 商(尺) 宮(上) 變宮(一) 羽(五) 徵(六) 變徵(凡)

夾(假用太) 大(假用黃) 應(正) 無(假用南) 夷(假用林) 蕤(正) 中(假用姑)

此應鍾宮調即黃鍾之變宮俗凡字調

大呂笛七調

○後出孔 ○第一孔 ○第二孔 ○第三孔 ○第四孔 ○第五孔 笛體中

宮(上) 變宮(一) 羽(五) 徵(六) 變徵(凡) 角(工) 商(尺)

大(正) 黃(正) 無(正) 夷(正) 林(正) 中(正) 夾(正)

此大呂宮調俗名高宮調其調高於黃鍾正宮稍下於太蔟調凡大呂笛調名與黃鍾笛同者俱下一律

欽定四庫全書　　樂律表微

變宮一　羽五　徵六　變徵凡　角工　商尺　宮上
太假用大黃正　無正　南假用夷林正　中正　夾正

此夾鍾宮調即大呂之商于黃鍾笛為一字調

羽五　徵六　變徵凡　角工　商尺　宮上　變宮一
太假用大黃正　南假用夷林正　中正　夾正　姑

此中呂宮調即大呂之角于黃鍾笛為上字調

徵六　變徵凡　角工　商尺　宮上　變宮一　羽五
太假用大黃正　應正　南假用夷林正　中正　姑假用夾

欽定四庫全書　　樂律表微

太假用大黃正　應假用無南假用夷林正　姑假用夾

此大呂笛黃鍾調即大呂之變宮黃鍾笛自有正聲此複出不用

以上兩笛共十四調五聲各自為調若加商角徵羽之名即成
十二調此十二調除大呂笛林鍾黃鍾兩調複出不用共
六十調更加二變之名即成八十四調然惟西涼龜茲雜伎
等曲及隋唐俗部始借七聲為眾調調各別曲非古雅樂之
調故不著其譜

附簫色譜

卷六

山大呂笛林鍾調即大呂之徵於黃鍾正調乙
具黃鍾笛內此複出不用

變徵凡　角工　商尺　宮上　變宮一　羽五　徵六
太假用大黃正　商尺　夷正　林正　中正　姑

此夷則宮調即大呂之羽于黃鍾笛為工字調

角工　商尺　宮上　變宮一　羽五　徵六　變徵凡
太假用大黃正　無正　南假用夷林正　中正　姑

此無射宮調即大呂之商于黃鍾笛為凡字調

高尺　宮上　變宮一　羽五　徵六　變徵凡　角工

卷六

六字調
開
閉

上平吹　●上
仜高吹　●
工高吹　●工
六高吹　●六
一高吹　●一
合平吹　●
低平吹　●
在噴吹　●仜
仜喇吹　●
凡高吹　●凡
尺高吹　●尺

正宮調

工高吹　●
上平吹　●上
仜喇吹　●仜
在噴吹　●
一高吹　●
低平吹　●
合平吹　●
六高吹　●凡
工高吹　●尺

胡彥昇在表後附論曰：

> 以上兩笛，共十四調。除大呂笛林鍾、黃鍾兩調復出不用，共
> 十二調。此十二調，五聲各自爲調，若加商、角、徵、羽之名，即
> 成六十調。更加二變之名，即成八十四調。〔註67〕

胡彥昇之論正確揭示了唐宋八十四調旋宮的管色實踐基礎，是古代樂律
理論研究的重要收穫。此誠如四庫館臣所論：

> 彥升又謂荀勗十二笛是古人遺法，今但作黃鍾、大呂二笛，而
> 十二畢具。其法：黃鍾笛用黃、林、太、南、姑、應、蕤七律，大
> 呂笛用大、夷、夾、無、中、黃、林七律。作大呂笛之法，但以黃
> 鍾笛相較，其黃、林二律之孔無所那移，餘四孔及出音孔，皆下黃
> 鍾笛半孔。其七調除黃、林二調相同外，其大、夾、中、夷、無五
> 調，合黃鍾笛之七調，爲十二律調。較古人之云六十調及八十四調
> 者，亦爲簡易可從，在近代講樂諸家猶爲有所心得者也。〔註68〕

以上對管色樂器定律、譜字、指法以及正調與中管調等特徵的分析表
明，唐宋二十八調的「正調」與「雙管調」組合擁有的深厚歷史淵源，其模
式與先秦管色乃至金石樂器的「陰陽旋宮」理念一脈相承。這種具有中華樂
學特點和深厚文化基礎的宮調思維，在唐宋二十八調與八十四調的理論體系
建構中，被極富實踐理性的先人發揚光大，構築起「俗樂二十八調」和「十
二律八十四調」的完整宮調體系。唐宋俗樂宮調的這一實踐特徵，決定了其
與明清以來盛行的工尺七調宮調系統不可分割的聯繫。

三、「陰陽旋宮」樂學理念的傳統哲學基礎

「陰陽」是中國古代哲學思想中歷史久遠且佔有重要地位的觀念。《國
語・周語》記載表明，其概念至遲在周幽王時已經出現。如果我們追溯陰陽
觀念的生成原點，甚至可回溯至人類文明之初。李約瑟《中國科學技術史》
就指出：「葛蘭言（Granet）所提出的在陰陽理論與早期中國社會中性別的社

〔註67〕 以上引文及《樂律表微》所列「黃鍾笛七調」、「大呂笛七調」音位圖，參見
胡彥昇《樂律表微》卷六，《文淵閣四庫全書》（電子版），上海人民出版社、
迪志文化出版有限公司出版，標準書號：ISBN 7-980014-91-X/Z52。

〔註68〕 參見〔清〕胡彥昇《樂律表微》卷首提要，《文淵閣四庫全書》（電子版），上
海人民出版社、迪志文化出版有限公司出版，標準書號：ISBN 7-980014-91-
X/Z52。

交表現之間存在的聯繫，肯定是有其分量的，那種青年男女選擇配偶和禮儀性集隊舞蹈的季節性節日，象徵著自然界的永恒而深奧的二元性。」〔註 69〕我國學者何新同樣將生殖崇拜與陰陽哲學起源相聯繫，指出崇拜生殖的觀念是中國文化最深層的結構之一，陰陽哲學實際上就是一種導自於原始生殖崇拜的哲學。〔註 70〕當然，也有學者將陰陽觀念的產生，歸結爲人類早期的天象觀測等實踐活動。

　　無論上述何種觀點，都無一例外地說明，陰陽觀念在中國文明進程中的久遠歷史和重要地位。馮友蘭先生認爲：「在中國思想裏，陰、陽是宇宙形成論的兩個主要原則。中國人相信，陰陽的結合與互相作用產生一切宇宙現象。」〔註 71〕學者瑞・布朗也曾指出：「中國哲學中認爲一陰一陽之謂道，道字，在這裡的最好解釋，是一個井然有序的整體（an ordered whole）。男女結合成爲夫婦一體，畫夜相繼而爲時間一體。同樣的暑往寒來而成爲年歲的一體。……這種相反相成的對立觀念，在古代中國哲學思想上出現非常廣泛。整個宇宙，包括人生社會在內，就被看成是基於這種陰陽對立關係而成的一種道德。」（order, of an ordered whole，楊希枚譯）〔註 72〕

　　本章探討的古代旋宮法的理論與實踐，同樣體現出陰陽觀念的深刻影響。見諸文獻記載的，無論是《呂氏春秋・古樂》「伶倫……聽鳳皇之鳴，以別十二律；其雄鳴爲六，雌鳴爲六」，《周禮・春官・大師》「大師掌六律六同，以合陰陽之聲」，還是《春官・大司樂》的「奏黃鍾，歌大呂」之論，都反映出古人力圖以一陰一陽之道生成完整「十二律」或實現十二律旋宮的努力。雖然這些文獻中所論的陰陽律呂，更多是對十二律奇（六律）偶（六同）組合的歸納，但由音列相差一律（半音）的兩件同類樂器（或同一樂器的兩組不同音列）所構成的完滿的「十二律旋宮」，也明確反映出陰陽觀念在結構這一「井然有序整體」過程中的決定作用。

　　當然，傳統音樂實踐中拓展旋宮範圍的方法，也並非僅運用相距半音的

〔註 69〕　〔英〕李約瑟：《中國科學技術史》第二卷「科學思想史」，何兆武等譯，北京：科學出版社，上海：上海古籍出版社，1990 年，第 301 頁。

〔註 70〕　何新：《諸神的起源——中國遠古太陽神崇拜》，北京：光明日報出版社，1996年，第 193、195 頁。

〔註 71〕　馮友蘭：《中國哲學史》，涂又光譯，北京：北京大學出版社，1985 年，第 39～40 頁。

〔註 72〕　轉引自何新《諸神的起源——中國遠古太陽神崇拜》，北京：光明日報出版社，1996 年，第 195 頁。

兩組音列一種，還存在相距大三度（如輝縣琉璃閣商塤）、大二度（如馬王堆漢笛）乃至純四度（如定縣子位村管子）〔註 73〕音列組合運用的情況，這可能與特定音樂審美或宮調表現需要（如正反調、子母調）等因素有關。但從本質上講，通過結構相對簡單且容易操作的音列組合，實現更為複雜的宮調轉換的做法，均可視為「陰陽旋宮」實踐的必要組成部份，反映出古人在陰陽觀念制約下，採用馭繁於簡手法實踐十二律旋宮的有益探索。唐宋俗樂二十八調和八十四調宮調體系的「七均」特徵和陰陽旋宮思維，在宋代以來的俗樂宮調理論變遷中，擁有一以貫之的深遠影響。

〔註 73〕據李元慶先生調查，定縣子位村吹歌會使用的管子有大小兩種。大管子長約 230 釐米，內徑 11 釐米，筒音為 $^b e^1$；小管子長約 183 釐米，內徑 11 釐米，筒音為 $^b a^1$。兩種管子筒音相差純四度，大管吹正調，小管吹反調，且易於吹奏同調樂曲。參見李元慶《管子研究》，載李元慶文集《民族音樂問題的探索》，北京：人民音樂出版社，1983 年，第 26 頁。

第三章 俗樂宮調理論在兩宋時代的存續與變遷

　　盛唐時代，以宮廷大型樂舞爲代表的音樂活動，將中國音樂的發展推向新的高峰。與此音樂實踐相適應，俗樂二十八調逐漸形成完備的宮調體系，成爲當時「新俗樂」創曲和演出的重要理論基礎。中唐以後，社會政治、經濟動盪，宮廷盛大的俗樂歌舞表演難以爲繼，大曲、法曲等大型作品日趨衰退，盛唐時代的全套樂舞轉而以「摘遍」等形式傳承。以著名的《霓裳羽衣曲》爲例，這部唐代的宮廷歌舞大曲至唐末已四散零落，僅殘存部份段落流傳於世。據陸游《南唐書》記載，南唐後主李煜的昭惠皇后，自幼「通書史，善歌舞，尤工琵琶」，曾以琵琶演奏唐代《霓裳羽衣曲》的殘譜，其文曰：

　　　　故唐盛時《霓裳羽衣》，最爲大曲，亂離之後，絕不復傳。後得殘譜以琵琶奏之，於是開元天寶之遺音，復傳於世。內史舍人徐鉉聞之於國工曹生，鉉亦知音，問曰：「法曲終則緩，此聲乃反急，何也？」曹生曰：「舊譜實緩，宮中有人易之，非吉徵也。」〔註1〕

　　《南唐書》說昭惠皇后的演奏，使開元天寶遺音再傳於世，未免過譽。因爲在精通音律的徐鉉（916～991年）看來，唐代的法曲本應以舒緩結尾，但昭惠皇后的演奏卻十分急促。最後還是身爲樂工的曹生講出原委——「舊譜實緩，宮中有人易之」。也就是說，《霓裳羽衣曲》傳至五代十國，不僅整

〔註1〕　〔宋〕陸游：《南唐書》卷十六，載《芋園叢書》，民國二十四年（1935）南海黃氏據舊版彙印本。

部作品四散零落，連樂譜也遭後人改編加工，早已不是盛唐時代歌舞大曲的原貌了。與昭惠皇后演奏的「霓裳大曲殘譜」相類，敦煌莫高窟保存至今的「敦煌樂譜」，同樣是五代時期音樂文化轉型的典型代表。如黃翔鵬先生所指出：「事實上『敦煌譜』的內容都是酒筵歌曲並非唐代的歌舞大曲。這個問題近年來已有論文對林謙三、葉棟等人做了辯正工作，說明這些材料並非歌舞大曲，只是歌舞大曲中的『摘編』。只不過是有些曲子來源於大曲，但它的本身是曲子詞。這些東西有少部份也與唐代前期的東西有關。」〔註2〕

如果說五代時期，知音之士尚可據《霓裳羽衣曲》的殘譜演奏片段，到北宋（960～1127 年）時代人們甚至連流傳下的該曲樂譜也難以辨識了。生活於北宋中後期的沈括（1031～1095 年），在《夢溪筆談》卷五「樂律」九十九條記載了如下事例：

> 今蒲中逍遙樓楣上有唐人橫書，類梵字，相傳是《霓裳》譜，字訓不通，莫知是非。或謂今燕部有《獻仙音曲》，乃其遺聲。然《霓裳》本謂之道調法曲，今《獻仙音》乃小石調耳。未知孰是。〔註3〕

山西永濟逍遙樓楣上的唐人手書「梵字」，相傳是《霓裳》樂譜，但宋人已經不曉其意，莫知是非。將其與宋宮廷燕樂中的《獻仙音曲》相比對，宮調名稱又無法契合，唐代曲譜由於失去「口傳心授」活態傳承的依託，已然成了無法解讀的「死譜」。入宋之後唐樂的衰亡由此可見一斑。

到了南宋（1127～1279 年）時代，唐代音樂的表演傳統進一步散失，甚至一些音樂術語的名實關係也發生了轉化。《朱子語類》載大儒朱熹（1130～1200 年）之言曰：「今之簫管，乃是古之笛。雲簫方是古之簫。」〔註4〕古時豎吹管樂器「笛」（如長沙馬王堆漢墓出土雙笛、晉人荀勗所造十二「笛律」等），在朱熹時代已被改稱「簫管」；而先秦時代被稱為「簫」的排簫（如曾侯乙墓出土排簫），此時卻以「雲簫」指稱。樂舞表演方面，盛唐流行的俗樂舞蹈「打令」及其表演術語，南宋時亦無人知曉其義。朱熹說：

> 唐人俗舞謂之「打令」，其狀有四：曰招，曰搖，曰送，其一記

〔註 2〕 黃翔鵬：《中國古代音樂史——分期研究及有關新材料、新問題》，臺北：漢唐樂府，1997 年，第 104 頁。

〔註 3〕 〔宋〕沈括：《夢溪筆談》卷五「樂律」99 條，中央民族學院藝術系文藝理論組編《〈夢溪筆談〉音樂部份注釋》，北京：人民音樂出版社，1979 年，第 32 頁。

〔註 4〕 〔宋〕黎靖德編：《朱子語類》，北京：中華書局，1986 年，第 2348 頁。

不得。蓋招則邀之之意，搖則搖手呼喚之意，送者送酒之意。舊嘗
見深村父老爲余言，其祖父嘗爲之收得譜子。曰：「兵火失去。」舞
時皆裹襆頭，列坐飲酒，少刻起舞。有四句號云：「送搖招搖，三方
一圓，分成四片，得在搖前。」人多不知，皆以爲啞謎。〔註5〕

　　兩宋音樂實踐中，樂人「不知前代鏗鏘鼓舞」，是當時的普遍情況，甚至
以禮樂修身著書立說的士大夫也不能言其義，「問以五音、十二律，無能曉
者」，以致朱熹發出「要之，當立一樂學，使士大夫習之，久後必有精通者出。
今人都不識樂器，不聞其聲，故不通其義」〔註6〕的感歎。

　　與中唐以來宮廷樂舞衰落同時相伴的，是民間的樂舞百戲獲得興盛發
展，這與當時市民階層的逐步壯大密切相關。這一趨勢歷經五代而延至宋、
金、元，一方面使宮廷樂舞活動規模不斷縮小，朝著小型化、多樣化發展；
另一方面也使民間的樂舞、百戲、雜劇等藝術形式廣爲流行，劇曲音樂成爲
宋以來時代藝術主流。音樂藝術風尚的時代變遷，加之宋以來農業、手工業
經濟和商業貿易飛速發展帶來城市繁榮，催生出「瓦子」、「勾欄」等大批娛
樂場所，使盛唐時代高度繁榮發達的俗樂歌舞元素，散落在兩宋的各類音樂
實踐活動之中，以中國音樂文化潛在基因的形式得以延續傳承。盛唐歌舞大
曲向宋代劇曲音樂的轉型發展，決定了與之相應的宮調理論，在宋代音樂實
踐中難以完整的俗樂二十八調乃至八十四調形態呈現。

　　另一方面，通觀兩宋音樂理論文獻不難發現，由於諸多文人對音樂理論
的系統化總結，宋代俗樂宮調理論較之唐代日益完備，二十八調、八十四調獲
得明確、系統的理論化建構，成爲中古音樂理論發展中標誌性的重要成果。在
「唐宋音樂文化斷層」的這一時代背景下，作爲隋唐音樂實踐重要基礎的俗樂
宮調理論，在兩宋間經歷了怎樣的變遷，其內涵與名實關係又發生了怎樣的改
變？擁有深厚歷史淵源的唐樂宮調理論，在兩宋時代的具體應用情況如何？
宋代二十八調理論架構是否如前人所言，存在與隋唐樂調迥然不同的「斷
層」？我們應如何理解在唐宋俗樂變遷背景中，宮調理論逐步精緻完善，但
現實應用卻殘缺零散的現象？筆者認爲，兩宋時代宮調理論的存續與變遷等問
題，可結合文獻所載音樂史實、理論總結和音樂作品實例，從二十八調俗樂
調名的脫落、宮調系統音高標準變遷與音階形式的改變等方面考察，探討其

〔註5〕　〔宋〕黎靖德編：《朱子語類》，北京：中華書局，1986年，第2343頁。
〔註6〕　〔宋〕黎靖德編：《朱子語類》，北京：中華書局，1986年，第2348頁。

在中古音樂發展史中的歷史地位及與後世宮調理論之間的可能性聯繫。

第一節　從管色樂器的宮調內涵看兩宋俗樂調名脫落

經歷五代十國的社會動盪，入宋之後的音樂與盛唐時代相比，無論在種類、作品、樂器還是演出形式、本體形態、宮調應用等方面，都發生較爲明顯的變化。傳統音樂中的律、調、譜、器，是相互依存、相互影響的整體。樂譜、樂曲的流散，樂器形制與演奏法改變造成的音律變化，自然帶來相應宮調理論的變遷。與唐代俗樂二十八調形態的完整應用相比，宋代音樂實踐中的俗樂宮調，已出現不同程度的殘缺，一些調名含義甚至難解其意。例如，宋弁《曲洧舊聞》卷五載蘇東坡（1037～1101 年）論樂之語就說：「今琵琶有獨彈，不合胡部諸調，曰『某宮』，多不可曉。」〔註 7〕北宋音樂家沈括，也只有在丞相王安石家看到唐賀懷智《琵琶譜》後，才理解了元稹詩中所說「琵琶八十四調，內黃鍾、太簇、林鍾宮聲，弦中彈不出，須管色定弦，其餘八十一調皆以此三調爲準，更不用管色定弦」的眞實含義。〔註 8〕

從以上諸種事例看，認爲宋以來樂器演奏方式、定律方法、宮調結構乃至音樂風格，隨著唐宋間的政治經濟文化轉型而發生「斷層」，是有其合理性和內在依據的。但另一方面，唐代俗樂二十八調的一些調名，在宋代的宮廷教坊、文人詞樂、民間音樂中依然應用，其系統化理論建設在宋代文人手裏亦近乎完美，簡單地認爲唐宋音樂尤其宮調理論間存在斷層似又失之片面。我們應如何認知宋代宮調理論與唐代的聯繫？如何把握宮調理論在兩宋音樂實踐中的變遷，以及引發諸種變遷的音樂實踐基礎和思想文化背景呢？本節即結合文獻記載和音樂表演實例，對這些問題作簡要梳理。

一、歷史追溯：王麻奴、尉遲青鬥樂的宮調內涵

唐宋俗樂二十八調體系，是建立在以篳篥爲代表的管色樂器基礎之上的宮調理論。從本文第一、二章所述可知，以管色筒音爲軸心作七種調高轉換的「逆旋」實踐，決定其「七宮（均）四調」的基本結構框架。對照現今傳

〔註 7〕〔宋〕朱弁：《曲洧舊聞》卷五，《歷代史料筆記叢刊》本，北京：中華書局，2002 年，第 156 頁。

〔註 8〕〔宋〕沈括：《夢溪筆談》卷六「樂律」111 條，中央民族學院藝術系文藝理論組編《〈夢溪筆談〉音樂部份注釋》，北京：人民音樂出版社，1979 年，第 32 頁。

統管樂演奏實踐，二十八調中的每一均都與一種不同的筒音方案（指法）相對應，以南宋張炎《詞源》所列調名為基準，俗樂宮調的七均筒音可歸納為如下表格（表3-1）：

表3-1：二十八調七均對應筒音與調高一覽表

參考音高	d^1	$^be^1$	f^1	g^1	a^1	$^bb^1$	c^2
十二律名	黃鍾均	大呂均	夾鍾均	仲呂均	林鍾均	夷則均	無射均
七均調名	正宮均	高宮均	仲呂宮均	道宮均	南呂宮均	仙呂宮均	黃鍾宮均
筒音首調名	Do	Si	La	Sol	Fa	Mi	Re
合今調（筒音＝d^1）	1＝D	1＝^bE	1＝F	1＝G	1＝A	1＝^bB	1＝C

上表所列七種筒音規範，分別對應七種不同的管色演奏指法。以唐代盛行的九孔篳篥而言，演奏者通過綜合運用半孔、叉孔指法以及吹奏氣息的強弱、口含哨片的深淺等不同技法，可實現七種不同均主（正聲音階宮音）位置的調高轉換。由於管色樂器指孔設計的局限，這七種調高的管樂指法，一些演奏較為容易，也最為常用，另一些則難度較大，需要演奏者具備較高技巧才能勝任。例如，在某些類型的樂種演奏中，筒音作 do、sol、re、fa 時較為容易，筒音作 la、mi、si 時較難。以北京智化寺京音樂保存的「正、背、皆、月」四調為例，其主奏樂器管子使用大哨時各調情況為：正調，管子筒音為六，首調唱名為 do，調高為 1＝E；背調，管子筒音為尺，首調唱名為 sol，調高為 1＝A；皆調，管子筒音為五，首調唱名為 re，調高為 1＝D；月（越）調，管子筒音為上，首調唱名為 fa，調高為 1＝B。智化寺京音樂常用的四調，即管子筒音分別作 fa、do、sol、re 時的各調。〔註9〕由此觀之，某些類型俗樂宮調的七均之中，正宮均、道宮均、黃鍾宮均、南呂宮均相對容易演奏，仲呂宮均、仙呂宮均、高宮均則相對較難。

正因如此，我們不難想見，俗樂二十八調宮調體系在唐宋音樂實踐中，七種調高的實際應用頻率並非是均等劃一的。一些較易演奏的調高（筒音規範）必然為實踐常用，而那些較難把控的調高則較少使用，能夠熟練掌握的

〔註9〕北京智化寺京音樂「四調」情況，據筆者對國家級非物質文化遺產傳承人胡慶學先生採訪整理，時間：2014 年 12 月 3 日，地點：北京智化寺（東城區祿米倉胡同 5 號）。

人也不在多數。唐代段安節在《樂府雜錄》中，記載了唐德宗時代（780～805年）河北觱篥名手王麻奴和尉遲青「鬥樂」的故事，形象傳達出當時管色俗樂各調的使用情況。今結合以上所論，對其蘊藏的宮調內涵作如下說明。

《樂府雜錄》「觱篥」條曰：

> 德宗朝有尉遲青，官至將軍。大曆中，幽州有王麻奴者，善此伎，河北推為第一手；恃其藝倨傲自負，戎帥外莫敢輕易請者。時有從事姓盧，不記名，臺拜入京，臨岐把酒，請吹一曲相送。麻奴偃蹇，大以為不可。從事怒曰：「汝藝亦不足稱，殊不知上國有尉遲將軍，冠絕今古。」麻奴怒曰：「某此藝，海內豈有及者耶？今即住彼，定其優劣。」

> 不數月，到京，訪尉遲青，所居在常樂坊，乃側近僦居，日夕加意吹之。尉遲每經其門，如不聞。麻奴不平，乃求謁；見閽者不納，厚賂之，方得見通。青即席地令坐，因於高般涉調中吹一曲《勒部羝曲》。曲終，汗浹其背。尉遲頷頤而已，謂曰：「何必高般涉調也？」即自取銀字管，於平般涉調吹之。麻奴涕泣愧謝，曰：「邊鄙微人，偶學此藝，實謂無敵；今日幸聞天樂，方悟前非。」乃碎樂器，自是不復言音律也。〔註10〕

關於王麻奴與尉遲青鬥樂這一史實，歷來學者有不同解說。一些學者認為，王麻奴之所以對尉遲青才藝心服口服，是因為他為表現演奏技巧高超，特意在高般涉調演奏《勒部羝曲》。因高般涉調處於高宮均，指法繁難，王麻奴最終累得汗流浹背。尉遲青則用高一律（半音）的銀字管另闢蹊徑，化繁為簡，用簡便易行的指法，輕鬆演奏了與王麻奴相同的樂曲。這種解說，注意到王麻奴和尉遲青二人所用觱篥基礎調高的不同，從樂器與特定調高相配合的角度闡發史實，值得重視。但這裡也存在一個令人費解的疑問：身為河北第一觱篥名手的王麻奴，難道不知道使用筒音與基礎音列高半音的銀字觱篥，演奏高般涉調的《勒部羝曲》更為簡便嗎？尉遲青若只採用簡單、基礎的正調指法輕鬆演奏，又何以令掌握了高宮均演奏技法的王麻奴佩服？況且文獻中明確記載，尉遲青是「自取銀字管，於平般涉調吹之」，並非用高一律的銀字觱篥，演奏與王麻奴相同的高般涉調——尉遲將軍是在「平般涉調吹

〔註10〕〔唐〕段安節：《樂府雜錄》「觱篥」條，中國戲曲研究院編《中國古典戲曲論著集成》（一），北京：中國戲劇出版社，1959年，第55頁。

之」，這就為重新解讀這段鬥樂文字的宮調內涵提供了新的可能。

　　筆者認為，唐德宗時代的這則鬥樂事例，反映出的宮調實踐情況是：王麻奴在筒音為「合」（設音高為 D）的管子（暫名為「正管」）上吹高般涉調（ᵇE 均），即以筒音作 si，這已是很難演奏且極少使用的調高。但尉遲青卻能在銀字篳篥（即中管，筒音為「下四」，比王麻奴所用篳篥高半音，為 ᵇE）上吹平般涉調（D 均），也就是以筒音作 #do，這絕非常人所能勝任。正因如此，王麻奴才自愧不如，「乃碎樂器，自是不復言音律也」。現將二人所用篳篥的基礎音列（正調音列），及其所奏「高般涉調」和「平般涉調」音列綜合對比如下（表 3-2）：

表 3-2：正管高般涉調與中管平般涉調篳篥音位對照表

音孔	均主	筒	一	二	三	四背一	五	六	七	八背二	九	合今調 合=宮=D
正管 正黃鍾宮	正宮均 本調	合 宮	四 商	一 角	上	勾 變徵	尺 徵	工 羽	凡六 變宮宮	五 商	一 角	宮=D 筒=D=do
正管 高般涉調	高宮均	合 變宮	下四 宮	下一 商	上 角	勾	尺 變徵	下下工凡 徵羽	六 變宮	下五 宮	下仕乙 商角	宮=ᵇE 筒=D=si
銀字中管 高般涉調	高宮均 本調	下四 宮	下一 商	上 角	勾	尺 變徵	下工 徵	下凡 羽	六下五 變宮宮	下乙 商	仕 角	宮=ᵇE 筒=ᵇE=do
銀字中管 平般涉調	正宮均	下四清 宮	四 商	一 角	勾 變徵	尺 徵	下工	工凡 變羽宮	六 宮	五 商	一 角	宮=D 筒=ᵇE=#do

　　上表銀字中管高般涉調高宮均一列中，底色所示音位，為中管演奏高宮均（筒音作宮，do）時的本調音階，是中管調的基礎音列。當用銀字中管演奏平般涉調的正宮均時，篳篥筒音作為清宮，九孔音位中有七個處於本調基礎音列之外，需用半孔、叉孔指法或調節口風實現。相比之下，王麻奴用正管演奏的高般涉調，雖然筒音作為變宮已屬較難指法，但九孔音位中只有六個處於正宮均之外。不僅如此，篳篥筒音不作為七聲音階的音級使用，而是用作比宮音高半音的「清宮」（#do），這在演奏時音階觀念的調整方面，也是

難度頗大的挑戰。因此，當用正管演奏高般涉調後滿頭大汗的王麻奴，看到尉遲將軍能夠在基礎音列高半音的銀字管上，輕鬆自如地演奏筒音作清宮的平般涉調，自然佩服得五體投地、甘拜下風。

　　按，尉遲青所言「何必高般涉調也」一句，《御覽》作：「此曲何必於高般涉調？徒費許多氣力也。」〔註11〕從這句話的字面意思看，似乎尉遲青用銀字管演奏平般涉調，比王麻奴用正管演奏高般涉調更為容易。但結合《樂府雜錄》上下文語境分析，尉遲青所言「徒費許多氣力」，未嘗不是奚落王麻奴倨傲自負的「反話」。實際的情況是，用銀字管演奏平般涉調要比正管演奏高般涉調難得多。精通篳篥之道的王麻奴「內行看門道」，自然能從這句話中品味到尉遲將軍對自己傲慢的不屑與嘲諷。

二、宋代俗樂調名的脫落與實際應用

　　王麻奴與尉遲青鬥樂的事例說明，高宮均等指法繁難的宮調，在音樂實踐中較少使用以至隱而不彰，構成兩宋間二十八調系統調名脫落的表現之一。除此之外，角調逐漸失傳也是宋代宮調應用中不同於既往的新情況。本文第一章第二節的研究表明，唐代俗樂二十八調之角調，在五代時期的敦煌琵琶譜中仍有遺留，表現出明確的角調音列結構特徵。然而正如前文所論，五代時期琵琶譜中的角調，其存在已和昭惠皇后演奏的《霓裳羽衣曲》殘譜並無二致。在盛唐歌舞大曲逐漸衰敗的背景下，入宋之後的角調無法擺脫必然消亡的歷史命運。自唐代漸趨完善的俗樂二十八調體系，其中「高宮均」和「角調」的流散，構成了兩宋時代音樂實踐中宮調結構變遷的基本特徵之一。

　　入宋之後俗樂調名的傳承情況，在《宋史·樂志》所載宮廷教坊、雲韶部、鈞容直的宮調應用中，有直接明確的反映。《宋史·樂志十七》卷一百四十二曰：

　　　　自唐武德以來，置署在禁門內。開元後，其人浸多，凡祭祀、
　　　　大朝會則用太常雅樂，歲時宴享則用教坊諸部樂。前代有宴樂、清
　　　　樂、散樂，本隸太常，後稍歸教坊，有立、坐二部。宋初循舊制，
　　　　置教坊，凡四部。其後平荊南，得樂工三十二人；平西川，得一百

〔註11〕中國戲曲研究院編：《中國古典戲曲論著集成》（一），北京：中國戲劇出版社，1959年，第55頁。

三十九人；平江南，得十六人；平太原，得十九人；餘藩臣所貢者
八十三人；又太宗藩邸有七十一人。由是，四方執藝之精者皆在籍
中。〔註12〕

　　宋初宮廷教坊沿襲了唐代的制度，設有教坊四部之樂，即雅樂、宴樂、
清樂和散樂。雖然其後統治者也對其進行擴充，不斷將荊南、西川、太原、
藩邦等地樂人併入教坊，但從其演奏樂曲和所用宮調看，宋初的教坊演出已
難完全呈現唐俗樂二十八調的完整結構。《宋史‧樂志十七》載有宋初教坊演
奏的「四十大曲」和各曲所用宮調，現據原文所述列表整理如下，以窺當時
俗樂宮調脫落情況之一斑（表3－3）。

表3－3：宋初教坊四十大曲曲名及所用宮調一覽表〔註13〕

序　號	宮調名稱	樂曲名稱	樂曲數量
1	正宮調	《梁州》、《瀛府》、《齊天樂》	3
2	中呂宮	《萬年歡》、《劍器》	2
3	道調宮	《梁州》、《薄媚》、《大聖樂》	3
4	南呂宮	《瀛府》、《薄媚》	2
5	仙呂宮	《梁州》、《保金枝》、《延壽樂》	3
6	黃鍾宮	《梁州》、《中和樂》、《劍器》	3
7	越　調	《伊州》、《石州》	2
8	大石調	《清平樂》、《大明樂》	2
9	雙　調	《降聖樂》、《新水調》、《採蓮》	3
10	小石調	《胡渭州》、《嘉慶樂》	2
11	歇指調	《伊州》、《君臣相遇樂》、《慶雲樂》	3
12	林鍾商	《賀皇恩》、《泛清波》、《胡渭州》	3
13	中呂調	《綠腰》、《道人歡》	2
14	南呂調	《綠腰》《罷金鉦》	2

〔註12〕《宋史‧樂志十七》卷一百四十二，北京：中華書局，1977 年，第 3347～3348
　　　　頁。
〔註13〕本表據《宋史‧樂志十七》卷一百四十二整理，北京：中華書局，1977 年，
　　　　第 3349 頁。

序　號	宮調名稱	樂曲名稱	樂曲數量
15	仙呂調	《綠腰》、《探雲歸》	2
16	黃鍾羽	《千春樂》	1
17	般涉調	《長壽仙》、《滿宮春》	2
18	正平調	————	無大曲 小曲無定數

　　從上表所列可知，俗樂二十八調中的四個高宮均調名以及七均中的閏角調名，共計十種調名（高大石角調重複），在宋初教坊大曲的演奏中已不再使用。此恰如《宋史·樂志》所論：「不用者有十調：一曰高宮，二曰高大石，三曰高般涉，四曰越角，五曰大石角，六曰高大石角，七曰雙角，八曰小石角，九曰歇指角，十曰林鍾角。」宋初教坊「法曲部，其曲二，一曰道調宮《望瀛》，二曰小石調《獻仙音》……龜茲部，其曲二，皆雙調，一曰《宇宙清》，二曰《感皇恩》」，〔註14〕所用宮調為道調宮、小石調、雙調，同樣不見四個「高調」和七個「角調」的身影。

　　不僅宋代教坊大曲未用全完整的二十八調，在「雲韶部」和「鈞容直」的樂曲演奏中，所用宮調也未涉及七角調和四高調。宋初的雲韶部用樂即黃門之樂，樂人在教坊中學習演奏；鈞容直為軍樂，北宋中期嘉祐年間（1056～1063年）與教坊樂合奏但「聲不諧」，於是廢除了鈞容直原來的十六調，取用教坊十七調為宮調標準，與教坊頗為相同。《宋史·樂志十七》卷一百四十二曰：

　　　　（雲韶部）奏大曲十三：一曰中呂宮《萬年歡》；二曰黃鍾宮《中和樂》；三曰南呂宮《普天獻壽》，此曲亦太宗所製；四曰正宮《梁州》；五曰林鍾商《泛清波》；六曰雙調《大定樂》；七曰小石調《喜新春》；八曰越調《胡渭州》；九曰大石調《清平樂》；十曰般涉調《長壽仙》；十一曰高平調《罷金鉦》；十二曰中呂調《綠腰》；十三曰仙呂調《採雲歸》。樂用琵琶、箏、笙、觱栗、笛、方響、杖鼓、羯鼓、大鼓、拍板。雜劇用傀儡，後不復補。

　　　　（鈞容直）其樂舊奏十六調，凡三十六大曲，鼓笛二十一曲，並他曲甚眾。嘉祐二年，監領內侍言，鈞容直與教坊樂並奏，聲不

〔註14〕《宋史·樂志十七》卷一百四十二，北京：中華書局，1977年，第3349頁。

諧。詔罷鈞容舊十六調，取教坊十七調肄習之，雖間有損益，然其

大曲、曲破並急、慢諸曲，與教坊頗同矣。〔註15〕

　　傳統的二十八調之高調、角調不見諸宮廷用樂的情況，至北宋末年依然未有改觀。尤其角調，其失傳已呈必然之勢。正因如此，一些以雅樂爲正統觀念的文人，爲維護五聲音階中宮、商、角、徵、羽每音各立一調的「古訓」，甚至做起了人爲創制徵調、角調樂曲的事情，以彌補宋代宮調散亂不堪的現實。北宋末大觀二年（1108年）皇帝下詔說：「自唐以來，正聲全失，無徵、角之音，五聲不備，豈足以道和而化俗哉？劉詵所上徵聲，可令大晟府同教坊依譜按習，仍增徵、角二譜，候習熟來上。」〔註16〕至北宋政和三年（1113年），伴隨著大晟府改革樂制的步伐，新創作的徵調、角調樂曲得以上演，二調樂譜也頒行於世。《宋史・樂志四》卷一百二十九曰：

　　　　（政和三年）五月，……令尚書省立法，新徵、角二調曲譜已

　　經按試者，並令大晟府刊行，後續有譜，依此。其宮、商、羽調曲

　　譜自從舊，新樂器五聲、八音方全。……八月，大晟府奏，以雅樂

　　中聲播於宴樂，舊闕徵、角二調，及無土、石、匏三音，今樂並已

　　增入。詔頒降天下。〔註17〕

《宋史・樂志十七》卷一百四十二亦曰：

　　　　政和間，詔以大晟雅樂施於燕饗，御殿按試，補徵、角二調，

　　播之教坊，頒之天下。〔註18〕

　　國家以法令爲保障，將徵、角二調樂譜和大晟府的樂論、樂律、樂譜、樂曲、樂器、樂舞等推行全國，是俗樂宮調理論在兩宋變遷的重要事件。然而，這種爲迎合雅樂理論特製的徵調、角調樂曲，並不能眞正補二十八調宮調結構之闕。實際情況是，音樂實踐中新創作的這兩調樂曲並未廣泛流行，徵調、角調在實踐中也未確立起與其它諸調相等同的地位。南宋大儒朱熹（1130～1200年），就曾在論著中談及當時徵調、角調的存續情況，其文曰：

　　　　又問：「向見一樂書，溫公言本朝無徵音。竊謂五音如四時代謝，

〔註15〕　《宋史・樂志十七》卷一百四十二，北京：中華書局，1977年，第3359～3361頁。

〔註16〕　《宋史・樂志四》卷一百二十九，北京：中華書局，1977年，第3002頁。

〔註17〕　《宋史・樂志四》卷一百二十九，北京：中華書局，1977年，第3018頁。

〔註18〕　《宋史・樂志十七》卷一百四十二，北京：中華書局，1977年，第3345頁。

不可缺一。若無徵音，則本朝之樂，大段不成說話。」

曰：「不特本朝，從來無那徵；不特徵無，角亦無之。……這個也只是無徵調、角調，不是無徵音、角音。如今人曲子所謂『黃鍾宮，大呂羽』，這便是調。謂如頭一聲是宮聲，尾後一聲亦是宮聲，這便是宮調。若是其中按拍處，那五音依舊都用，不只是全用宮。如說無徵，便只是頭聲與尾聲不是徵。這卻不知是如何，其中有個甚麼欠缺處，所以做那徵不成。徽宗嘗令人硬去做，然後來做得成，卻只是頭一聲是徵，尾後一聲依舊不是，依舊走了，不知是如何。平日也不曾去理會，這須是樂家辨得聲音底，方理會得。但是這個別是一項，未消得理會。」〔註19〕

《朱子語類》又曰：

問：「溫公論本朝樂無徵音，如何？」曰：「其中不能無徵音，只是無徵調。如首以徵音起，而末復以徵音合殺者，是徵調也。徵調失其傳久矣。徽宗令人作之，作不成，只能以徵音起，而不能以徵音終。如今俗樂，亦只有宮、商、羽三調而已。」〔註20〕

俗樂中無徵聲，蓋沒安排處；及無黃鍾等四濁聲。〔註21〕

朱熹認為，「無徵、角」只是沒有徵調、角調，並不意味著音樂中不用徵音、角音。「無徵只是頭聲與尾聲不是徵」，即樂曲煞聲不落徵音。他還提到政和年間（1111～1118年）宋徽宗下令創作徵調曲一事，其結果「卻只是頭一聲是徵，尾後一聲依舊不是，依舊走了」。朱子以上所言，確為知音達樂之論，形象反映出南宋時代徵調、角調在音樂實踐中被樂人棄之不用的現實。

事實上，角調和高調等俗樂宮調系統所失落的調名，早在北宋初年已得到太宗皇帝（976～997年在位）的關注。他「前後親製大小曲及因舊曲創新聲者，總三百九十」，其中不乏對高宮、高大石調、小石角、雙角、高角、大石角、歇指角、林鍾角、越角各調的運用，俗樂二十八調體系中的每種調名，幾乎都作有大曲、曲破、小曲等樂曲，總計三百餘首。然而，這些不同宮調的樂曲終因理論不合時宜，絕大部份未在實踐中推行。《宋史·樂志十七》卷一百四十二曰：

〔註19〕〔宋〕黎靖德編：《朱子語類》，北京：中華書局，1986年，第2339頁。

〔註20〕〔宋〕黎靖德編：《朱子語類》，北京：中華書局，1986年，第2345頁。

〔註21〕〔宋〕黎靖德編：《朱子語類》，北京：中華書局，1986年，第2348頁。

太宗所製曲，乾興以來通用之，凡新奏十七調，總四十八曲：

黃鍾、道調、仙呂、中呂、南呂、正宮、小石、歇指、高平、般涉、

大石、中呂、仙呂、雙〔調、〕越調、黃鍾羽。其急慢諸曲几千數。

又法曲、龜茲、鼓笛三部，凡二十有四曲。〔註22〕

　　北宋中期以來，宋太宗所作樂曲只有十七調傳諸後世，諸高調和角調樂曲並未得到運用。

　　入宋以來俗樂宮調中的「高調」隱而不用，原因在於高調指法繁難，能夠掌握者寥寥無幾，以致其近乎失傳。這與當時樂工演奏技藝普遍不高直接相關。《宋史・樂志六》卷一百三十一載姜夔《大樂議》曰：

況樂工苟焉占籍，擊鍾磬者不知聲，吹飽竹者不知穴，操琴瑟者不知弦。同奏則動手不均，迭奏則發聲不屬。比年人事不和，天時多忒，由大樂未有以格神人、召和氣也。〔註23〕

　　宋代教坊之中，擊磬者不知音位，吹奏者不諳指法，彈琴者不熟弦法。這種情況下，樂工只能因陋就簡，更多採用較為容易演奏的幾個常用調高，七均中最為繁難的高宮均各調自然在首先淘汰之列。宋教坊樂工演奏技藝不高的現實情況，是諸多俗樂宮調被棄之不用的主要原因之一。《宋史・樂志一》卷一百二十六載：「五代以來，樂工未具，是歲（按，指宋乾德元年）秋，行郊享之禮，詔選開封府樂工八百三十人，權隸太常習鼓吹。」同卷又載：「景祐元年八月，判太常寺燕肅等上言：『大樂製器歲久，金石不調，願以周王樸所造律準考按修治，並閱樂工，罷其不能者。』」〔註24〕可見，宋代這種樂工技藝水平急遽下降的情況，早在唐末五代已經顯露端倪。

　　需要強調的是，高宮均各調由於管色指法繁難為實踐所棄，並不意味著高宮均代表的比正宮均高一律（半音）的調高就此消失。從前文所述王麻奴和尉遲青鬥樂事例可知，比正宮高半音的高宮均，正是銀字中管的「正宮

〔註22〕《宋史・樂志十七》卷一百四十二，北京：中華書局，1977年，第3356頁。筆者按，此處明確說明宋太宗所製新曲，乾興以來通用者為17調，但下文所列調名僅16種（原文「雙越調」係「雙調、越調」之誤）。清凌廷堪《燕樂考原》卷六認為：「《宋史》誤脫商調。」又說：「燕樂二十八調，不用七角及宮、商、羽三高調，七羽中又闕一正平調，故止十七調也。」參閱《宋史》該卷校勘記，第3363頁。

〔註23〕《宋史・樂志六》卷一百三十一，北京：中華書局，1977年，第3051頁。

〔註24〕《宋史・樂志一》卷一百二十六，北京：中華書局，1977年，第2940、2948頁。

位」，可用正宮調指法在中管上輕鬆演奏。宋代音樂實踐中多種筒音和基礎音列的管色樂器，很大程度是為適應不同調高尤其是指法較難宮調的靈活呈現而設計的。通過改換不同樂器實現調高的轉換，也是本著第二章所述「陰陽旋宮」理念的具體實踐。這一點是我們在認識唐宋俗樂宮調變遷時需特別注意的。

至於俗樂二十八調七種角調的失傳，可能與這種音列承載的特定風格音樂的流傳有關。從現存典籍記載看，即便在俗樂宮調盛行的唐代，角調的使用範圍遠不如宮、商、羽等其它各調廣泛。從本著第一章所列「《唐會要》『天寶十四調』結構表」（表1-3）可知，當時使用最多的是俗樂二十八調中的商調，計五種：雙調、越調、小食調，大食調、水調；其次為三種羽調：黃鍾調、平調、般涉調；三種宮調：黃鍾宮、道宮、沙陀調。所用角調僅兩種，即林鍾角調和太簇角。各調樂曲數量亦懸殊頗大，其中林鍾角7首、太簇角6首，角調樂曲共計13首，遠不及宮調、商調、羽調樂曲數量。現據《唐會要》卷三十三「諸樂」條記載，將天寶年間所用樂調、樂曲及數量統計如下（表3-4）：

表3-4：《唐會要》所載俗樂宮調、樂曲一覽表 〔註25〕

調類	調名	時號	樂 曲 名 稱	數量
宮調	太簇宮	沙陀調	《龜茲佛曲》改為《金華洞真》，《因度玉》改為《歸聖曲》，《承天》，《順天》，《景雲》，《君臣相遇》，《九真》，《九仙》，《天冊》，《永昌樂》，《永代樂》，《慶雲樂》，《多樂》，《長壽樂》，《紫極萬國歡》，《封禪曜日光》，《舍佛兒胡歌》改為《欽明引》，《河東婆》改為《燕山騎》，《俱倫僕》改為《寶倫》，《光色俱騰》改為《紫雲騰》，《摩醯首羅》改為《歸真》，《火羅鶴鴒鹽》改為《白蛤鹽》，《羅剎末羅》改為《合浦明珠》，《勿薑賤》改為《無疆壽》，《蘇莫剌耶》改為《玉京春》，《阿箇盤陀》改為《元昭慶》，《急龜茲佛曲》改為《急金華洞真》，《蘇莫遮》改為《萬宇清》，《舞仙鶴乞裟婆》改為《仙雲昇》	29
	林鍾宮	道 調	《道曲》，《垂拱樂》，《萬國歡》，《九仙步虛》，《飛仙》，《景雲》，《欽明引》，《玉京寶輪光》，《曜日光》，《紫雲騰》，《山剛》改為《神仙》，《急火鳳》改為《舞鶴鹽》	12
	黃鍾宮	—	《封山樂》	1

〔註25〕 本表據中華書局點校本《唐會要》整理，各調曲名與數量統計均從該本句讀。參見〔宋〕王溥《唐會要》卷三十三「諸樂」條，北京：中華書局，1955年，第615～618頁。

調類	調名	時號	樂　曲　名　稱	數量
商調	太簇商	大食調	《破陳樂》，《大定樂》，《英雄樂》，《歡心樂》，《山香樂》，《年年樂》，《武成昇平樂》，《興明樂》，《黃驄▉》，《人天雲卷》，《白雲遼》，《帝釋婆野娑》改爲《九野歡》，《憂婆師》改爲《泛金波》，《半射渠沮》改爲《高唐雲》，《半射沒》改爲《慶惟新》，《耶婆色雞》改爲《司晨寶雞》，《野鵲鹽》改爲《神鵲鹽》，《捺利梵》改爲《布陽春》，《蘇禪師胡歌》改爲《懷思引》，《萬歲樂》	20
	林鍾商	小食調	《天地大寶》，《迎天歡心樂》，《太平樂》，《破陳樂》，《五更轉》，《聖明樂》，《卷白雲》，《凌波神》，《九成樂》，《汎龍舟》，《月殿蟬曲》，《英雄樂》，《山香會》，《羅仙迎祥》，《翊聖》，《司晨寶雞》，《九野歡》，《訖陵伽胡歌》改《來賓引》，《胡殘》改《儀鳳》，《蘇羅密》改《昇朝陽》，《須婆栗特》改《芳苑墟》，《撥洛背陵》改爲《北戎還淳》，《金波借席》改爲《金風》，《厥磨賊》改爲《慶淳風》，《慶惟新》	25
	黃鍾商	越　調	《破陳樂》，《天授樂》，《無爲》，《傾盃樂》，《文武九華》，《急九華》，《大疊瑞蟬曲》，《北雒歸淳》，《慶淳風》，《杜蘭烏多回》改爲《蘭山吹》，《老壽》改爲《天長寶壽》，《春鶯囀吹》，《急蘭山》，《高麗》改爲《來賓引》，《耶婆地胡歌》改爲《靜邊引》，《婆羅門》改爲《霓裳羽衣》，《思歸達牟雞胡歌》改爲《金方引》，《昇朝陽》，《三部羅》改爲《三輔安》	19
	中呂商	雙　調	《破陳樂》，《太平樂》，《傾盃樂》，《大餔樂》，《迎天樂》，《蟬曲》，《山香月殿》，《大百歲老壽》改爲《天長寶壽》，《五更轉》，《同昌還城樂》，《慶惟新》，《金風》，《泛金波》，《司晨寶雞》，《金方引》，《俱摩尼佛》改《紫府洞眞》，《神雀鹽》，《北雒歸淳》	18
	南呂商	水　調	《破陳樂》，《九野歡》，《泛金波》，《凌波》，《神昇朝陽》，《蘇莫遮歡心樂》，《蟬曲》，《來賓引》，《天地大寶》，《五更轉》	10
羽調	太簇羽	般涉調	《太和萬壽樂》，《天統九勝樂》，《元妃》，《眞元妃樂》，《急元妃》，《太監女采樂》，《眞女采樂》，《山水白鶺》，《郎刺耶》改爲《芳桂林》，《移師都》改爲《大仙都》，《借渠沙魚》改爲《躍泉魚》，《俱倫朗》改爲《日重輪》，《蘇刺耶》改爲《未央年》，《吒鉢羅》改爲《芳林苑》，《達摩支》改爲《泛蘭叢》，《悉爾都》改爲《瓊臺花》，《春楊柳》，《天禽寶引》，《蘇刺耶胡歌》改爲《寶廷引》	19
	林鍾羽	平　調	《火鳳》，《眞火鳳》，《急火鳳舞》，《媚娘長命》，《西河》，《三臺監》，《行天》，《急行天》，《濮陽女神》，《白馬》，《春楊柳》，《無愁》改爲《長歡》，《因地利支胡歌》改爲《玉關引》，《大仙都》，《春臺東》，《袛羅》改爲《祥雲飛》，《文明新造》，《勝蠻奴》改爲《塞塵清》	18
	黃鍾羽	黃鍾調	《火鳳》，《急火鳳》，《春楊柳》，《飛仙》，《大仙都》，《天統》，《思歸達菩提兒》改爲《洞靈章》，《明鳳樂》，《眞明鳳》，《阿濫堆百舌鳥》改爲《濮陽女》	10

調類	調名	時號	樂　曲　名　稱	數量
角調	太簇角	—	《大同樂》，《六合來庭》，《安平樂》，《戎服來賓》，《安公子》，《紅藍花》	6
	林鍾角調	—	《紅藍花》，《綠沉杯》，《赤白桃李花》，《大白紵》，《堂堂》，《十二時》，《天下兵》改爲《荷來蘇》	7
—	—	金風調	《蘇莫遮》改爲《感皇恩》，《婆伽兒》改爲《流水芳菲》	2
—	—	—	《上雲曲》，《自然眞仙曲》，《明明曲》，《難思曲》，《平珠曲》，《無爲曲》，《有道曲》，《調元曲》，《立政曲》，《獻壽曲》，《高明曲》，《開天曲》，《儀鳳曲》，《同和曲》，《閑雅曲》，《多稼曲》，《金鏡曲》（自注：諸樂並不言音調數目）	17

　　南宋姜夔在《大樂議》中，亦曾追溯唐代俗樂宮調的應用情況，與《唐會要》所載略有出入，其文曰：

　　　　若鄭譯之八十四調，出於蘇祗婆之琵琶。大食、小食、般涉者，胡語；《伊州》、《石州》、《甘州》、《婆羅門》者，胡曲；《綠腰》、《誕黃龍》、《新水調》者，華聲而用胡樂之節奏。惟《瀛府》、《獻仙音》謂之法曲，即唐之法部也。凡有催袞者，皆胡曲耳，法曲無是也。且其名八十四調者，其實則有黃鍾、太簇、夾鍾、仲呂、林鍾、夷則、無射七律之宮、商、羽而已，於其中又闕太簇之商、羽焉。〔註26〕

　　姜白石認爲，隋唐時代雖有八十四調理論，但實際所用宮調僅爲黃鍾、太簇、夾鍾、仲呂、林鍾、夷則、無射各均的宮、商、羽三調，其中又闕太簇之商和太簇之羽，共計 19 種調名。姜夔所列「黃鍾、太簇、夾鍾、仲呂、林鍾、夷則、無射」七律，實際是以夷則爲宮的正聲音階，將其與張炎八十四調表之二十八調結構相對照，可知張炎時代的黃鍾相當於姜夔所述唐代之林鍾；所缺的「太簇之商」和「太簇之羽」，應爲二十八調中的「歇指調」和「高平調」。從《唐會要》記載的少量角調樂曲，以及《大樂議》所述唐樂十九調無角調的史實可知，角調在盛唐音樂中的使用並不普遍。至於敦煌琵琶譜中保存的少量角調樂曲，在五代音樂中已屬鳳毛麟角；入宋之後傳統角調不見於教坊之樂，也勢屬俗樂宮調變遷的必然趨勢了。

〔註26〕《宋史・樂志六》卷一百三十一，北京：中華書局，1977 年，第 3052 頁。

第二節　兩宋俗樂宮調的音高變遷與音階並用

　　一般說來，某種宮調理論的構成，大致包含如下三方面內容：調名體系、標準音高和音階形式。考察特定時代宮調理論的變遷情況，同樣可從以上三方面予以關照。兩宋間的俗樂二十八調系統，除調名逐漸脫落致使結構發生變化外，決定俗樂宮調系統絕對音高的黃鍾標準，以及俗樂各調在音樂實踐中表現出的音階形式，同樣發生著不同以往的轉化與變遷。下面就對兩宋時代俗樂宮調的「音高標準變遷」與「音階並用」問題做簡要梳理。

一、音高標準變遷及其對俗樂宮調結構的影響

　　《禮記・樂記》曰：「王者功成作樂，治定制禮。」〔註27〕對前朝禮樂制度予以揚棄，並制定出符合本朝治國理念的新規定，是新王朝建立後進行的頭等大事。另一方面，源自先秦的律、度、量、衡相統一的文化傳統，又使得確定黃鍾音高標準，成爲禮樂文化建設的重中之重。宋代立國之初，沿用後周王樸所定律高。之後北宋的一百多年裏，統治者不斷更改黃鍾的音高標準和樂器、樂曲規範，先後出現了和峴樂、李照樂、阮逸樂、「楊傑、劉幾樂」、范鎮樂、魏漢津樂等音律標準。這種頻繁的標準音高和樂制變動，《宋史・樂志》在開篇有精鍊概說，其文曰：

　　　　有宋之樂，自建隆訖崇寧，凡六改作。

　　　　始，太祖以雅樂聲高，不合中和，乃詔和峴以王樸律準較洛陽銅望臬石尺爲新度，以定律呂，故建隆以來有和峴樂。

　　　　仁宗留意音律，判太常燕肅言器久不諧，復以樸準考正。時李照以知音聞，謂樸準高五律，與古制殊，請依神瞽法鑄編鍾。既成，遂請改定雅樂，乃下三律，煉白石爲磬，範中金爲鍾，圖三辰、五靈爲器之飾，故景祐中有李照樂。

　　　　未幾，諫官、御史交論其非，竟復舊制。其後詔侍從、禮官參定聲律，阮逸、胡瑗實預其事，更造鍾磬，止下一律，樂名《大安》。乃試考擊，鍾聲弇鬱震掉，不和滋甚，遂獨用之常祀、朝會焉，故皇祐中有阮逸樂。

　　　　神宗御曆，嗣守成憲，未遑製作，間從言者緒正一二。知禮

〔註27〕〔清〕孫希旦：《禮記集解》（下冊），北京：中華書局，1989 年，第 991 頁。

院楊傑條上舊樂之失，召范鎮、劉幾與傑參議。幾、傑請遵祖訓，一切下王樸樂二律，用仁宗時所製編鍾，追考成周分樂之序，辨正二舞容節；而鎮欲求一秤二米眞黍，以律生尺，改修鍾量，廢四清聲。詔悉從幾、傑議。樂成，奏之郊廟，故元豐中有楊傑、劉幾樂。

范鎮言其聲雜鄭、衛，請太府銅製律造樂。哲宗嗣位，以樂來上，按試於庭，比李照樂下一律，故元祐中有范鎮樂。

楊傑復議其失，謂出於鎮一家之學，卒置不用。徽宗銳意製作，以文太平，於是蔡京主魏漢津之説，破先儒累黍之非，用夏禹以身爲度之文，以帝指爲律度，鑄帝鼏、景鍾。樂成，賜名《大晟》，謂之雅樂，頒之天下，播之教坊，故崇寧以來有魏漢津樂。〔註28〕

北宋一百多年時間裏，樂律標準六次改易，平均不足二十年便改動一次，這種情況在歷代宮廷禮樂建設中亦極爲少見。不僅國家禮樂政令變動導致黃鍾音高改易，那些沒有話語權但卻對樂制改變有切身感受的樂工，也盡一切方式力求樂改（包括黃鍾音高改變）朝著有利自己唱奏實踐的方面發展。歐陽修《歸田錄》卷一就記載了太常歌工私賂鑄匠，以求調高編鍾利於歌唱的故事：

國朝雅樂，即用王樸所製周樂。太祖時，和峴以爲聲高，遂下其一律。然至今言樂者，猶以爲高，云今黃鍾乃古夾鍾也。景祐中，李照作新樂，又下其聲。太常歌工以其太濁，歌不成聲，當鑄鍾時，乃私賂鑄匠，使減其銅齊，而聲稍清，歌乃叶而成聲，而照竟不知。以此知審音作樂之難也。〔註29〕

據楊蔭瀏先生研究，宋人確定音高標準的方法無外乎四種，即：以累黍爲標准定律、以古代尺度爲標准定律、以人聲音高定律、以皇帝手指長度定律。黃鍾標準不斷改易且「法無定法」，給北宋時代的音樂實踐帶來混亂，以致《宋史》作者脱脱發出「考諸家之説，累黍既各執異論，而身爲度之説尤爲荒唐，方古製作，欲垂萬世，難哉」〔註30〕的感歎。經楊蔭瀏先生整理，北宋時代的六次黃鍾音高變遷，情況如下表所示（表3－5）：

〔註28〕《宋史・樂志一》卷一百二十六，北京：中華書局，1976年，第2937～2938頁。

〔註29〕〔宋〕歐陽修：《歸田錄》卷一，北京：中華書局，1981年，第14～15頁。

〔註30〕《宋史・樂志一》卷一百二十六，北京：中華書局，1976年，第2938頁。

表3－5：北宋黃鍾律高變遷一覽表〔註31〕

定律年代	定律者	頻率（V.D.）	音高	相互音高比較
宋初（960）	用後周王樸律	379.5	#f¹+	――
乾德四年（966）	和峴	365.2	#f¹−	下於樸所定管一律
景祐二年（1035）	李照	286.8	d¹−	下太常製四律
皇祐二年（1050）	阮逸、胡瑗	359.3	#f¹−	舊樂高，新樂下，相去一律
元豐三年（1080）	楊傑、劉幾	341.9	f¹−	下樸二律
元祐三年（1088）	范鎮	272.2	#c¹−	比李照樂下一律
崇寧三年（1104）	魏漢津（劉昺）	298.7	d¹+	――

　　第六次改革樂制中，魏漢津根據宋徽宗手指長度確定的黃鍾標準音，得到了徽宗的肯定，於崇寧四年（1105 年）頒佈詔書，將據此標準所作之樂稱爲「大晟樂」，並設立「大晟府」掌管宮廷音樂事務，宋代宮廷中的禮、樂二事自此得以區分。這就是《宋史・職官志四》所說的：「國朝禮、樂掌於奉常。崇寧初，置局議大樂；樂成，置府建官以司之，禮、樂始分爲二。」〔註32〕政和三年（1113 年），大晟樂頒行教坊，並以國家法令制度爲保障，將大晟府的樂論、樂律、樂譜、樂曲、樂器、樂舞等標準推行全國。《宋史・樂志四》卷一百二十九曰：

　　　　（政和三年）五月，帝御崇政殿，親按宴樂，召侍從以上侍立。
　　詔曰：「《大晟》之樂已薦之郊廟，而未施於宴饗。比詔有司，以《大晟》樂播之教坊，試於殿庭，五聲既具，無淟懤焦急之聲，嘉與天下共之，可以所進樂頒之天下，其舊樂悉禁。」……九月，詔：「《大晟樂》頒於太學、辟廱，諸生習學，所服冠以弁，袍以素紗、皂緣，紳帶，佩玉。」從劉昺制也。〔註33〕

　　經過此次改制，黃鍾爲 d¹ 的音高標準得以確立，南宋時代的教坊之樂一直沿用這一標準，並經朱熹、蔡元定等學者論證傳播，在民間音樂實踐中逐漸推行，對後世俗樂的演變發展產生了深遠影響。此恰如《宋史・樂志一》

〔註31〕楊蔭瀏：《中國古代音樂史稿》（上冊），北京：人民音樂出版社，1981 年，第 386 頁。
〔註32〕《宋史・職官志四》卷一百六十四，北京：中華書局，1977 年，第 3886 頁。
〔註33〕《宋史・樂志四》卷一百二十九，北京：中華書局，1977 年，第 3017～3018 頁。

卷一百二十六所言：

> 南渡之後，大抵皆用先朝之舊，未嘗有所改作。其後諸儒朱
> 熹、蔡元定輩出，乃相與講明古今製作之本原，以究其歸極，著爲
> 成書，理明義析，具有條制，粲然使人知禮樂之不難行也。〔註34〕

南宋大儒朱熹也談到北宋魏漢津創制的雅樂與樂律，認爲其所作並非古樂，而是純粹出於杜撰。《朱子語類》曰：「徽宗時，一黥卒魏漢津造雅樂一部，皆杜撰也。今太學上丁用者是此樂。」〔註35〕應該看到，儘管北宋黃鍾樂律的六次變遷主要是針對宮廷雅樂而言，但標準音高變化不定以及由此帶來的樂器、樂曲等不同規範，也客觀上對教坊樂的演出產生某些影響，使原本應用不全的俗樂宮調體系中的各調高、調性內涵發生轉化，爲俗樂宮調應用形成統一化、理論化模式帶來一定干擾。直至北宋大晟樂將黃鍾音高定爲 d^1，雅樂與教坊的標準音高得以確立，俗樂宮調名實關係才漸趨清晰，各調相互關係及整體宮調結構亦重歸於定型。

北宋時代的宮廷教坊樂調高，較隋唐五代已有改變，但二者黃鍾標準音之間到底呈何種音程關係，《宋史・樂志》記載並不明確。北宋科學家沈括（1031～1095 年）所作《夢溪筆談》之《補筆談》中，記載了當時燕樂整體音高與唐雅樂律之間的關係，爲我們考證唐宋俗樂宮調的標準音高變遷，提供了難得的材料。《補筆談》卷一「樂律」535 條曰：

> 本朝燕部樂，經五代離亂，聲律差舛。傳聞國初比唐樂高五律。
> 近世樂聲漸下，尚高兩律。予嘗以問教坊老樂工，云：「樂聲歲久，
> 勢當漸下。」一事驗之可見：教坊管色，歲月浸深，則聲漸差，輒
> 復一易。祖父所用管色，今多不可用。〔註36〕

《夢溪筆談》卷六「樂律」112 條又曰：

> 今教坊燕樂，比律高二均弱。「合」字比太簇微下，卻以「凡」
> 字當宮聲，比宮之清聲微高。外方樂尤無法，大體又高教坊樂一均
> 以來，唯北狄樂聲比教坊樂下二均。大凡北人衣冠文物，多用唐俗，
> 此樂疑亦唐之遺聲也。〔註37〕

〔註34〕《宋史・樂志一》卷一百二十六，北京：中華書局，1976 年，第 2939 頁。
〔註35〕〔宋〕黎靖德編：《朱子語類》，北京：中華書局，1986 年，第 2345 頁。
〔註36〕中央民族學院藝術系文藝理論組：《〈夢溪筆談〉音樂部份注釋》，北京：人民音樂出版社，1979 年，第 63 頁。
〔註37〕中央民族學院藝術系文藝理論組：《〈夢溪筆談〉音樂部份注釋》，北京：人民

以上記載說明，唐代俗樂歷經五代戰亂，聲律已紊亂不堪。據說宋立國之初，黃鍾標準音比唐雅樂律高出五個半音，直到沈括生活的北宋末年，宋教坊燕樂律依然比唐律「高二均弱」，即高出唐律近兩個半音（大二度弱），約合 150 音分強。由於宋教坊的「合」字比古律太簇稍低，因此「高凡」字便處於古律清黃鍾和清大呂之間，比古律清黃鍾（即沈括所謂宮之清聲，指高八度的黃鍾宮音〔註38〕）略高。沈括還注意到北狄之樂的律高，比宋教坊律低兩個半音。結合北方人民「衣冠文物，多用唐俗」的現狀，沈括推斷北狄之樂很可能保留了唐代燕樂律的遺風，承載著唐代俗樂宮調的某些特徵。

關於北宋末年俗樂各調工尺譜字、調高與唐雅樂律的對應關係，《夢溪筆談》卷六「樂律」114 條亦有記載：

> 十二律並清宮，當有十六聲。今之燕樂，止有十五聲。蓋今樂高於古樂二律以下，故無正黃鍾聲〔註39〕，只以「合」字當大呂〔註40〕，猶差高，當在大呂、太簇之間。「下四」字近太簇，「高四」字近夾鍾，「下一」字近姑洗，「高一」字近中呂，「上」字近蕤賓，「勾」字近林鍾，「尺」字近夷則，「工」字近南呂，「高工」字近無射，（六）〔下凡〕〔註41〕字近應鍾，（下凡）〔高凡〕字爲黃鍾清，（高凡）〔六〕字爲大呂清，「下五」字爲太簇清，「高五」字爲夾鍾清。〔註42〕

據沈括所言，當時的宮廷燕樂只有十五聲，這是與古樂律相對比而言。由於今律黃鍾高出古律黃鍾 150 音分強，勉強可與古律大呂相對應，因此說「今樂高於古樂二律以下，故無正黃鍾聲」。此處正黃鍾聲，指的就是古樂律（唐雅樂律）的黃鍾。也就是說，當今樂律沒有可以與古律黃鍾大致對應的音高。

音樂出版社，1979 年，第 61～62 頁。

〔註38〕《〈夢溪筆談〉音樂部份注釋》一書，將「宮之清聲」解釋爲「比宮聲高半音」，誤。見該書第 62 頁，北京：人民音樂出版社，1979 年。

〔註39〕筆者按：此指古樂律黃鍾。

〔註40〕筆者按：指古樂律大呂，下同。

〔註41〕筆者按：應爲「下凡」，疑與下兩處係錯簡所致。（　）內爲《夢溪筆談》原文，〔　〕內爲筆者校改，下同。

〔註42〕中央民族學院藝術系文藝理論組：《〈夢溪筆談〉音樂部份注釋》，北京：人民音樂出版社，1979 年，第 66 頁。

　　沈括在《夢溪筆談》中曾多次言及，當今教坊燕樂律比古律「尚高兩律」、「高於古樂二律以下」、「比律高二均弱」，所提均爲「二律」。因此，可將北宋末黃鍾律和唐雅樂太簇律約略對應，總結出唐宋俗樂宮調體系中音高標準和調名系統的變遷情況，如下圖所示（圖3−1）：

圖3−1：唐宋俗樂宮調體系音高標準變遷示意圖

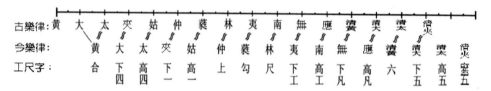

　　沈括《補筆談》卷一樂律 532 條，還記載了北宋末年十二律呂與俗字譜各級固定音高之間的對應關係，明確反映出當時俗樂宮調所用律呂、譜字及其比唐代樂律高兩律（大二度）的事實：

> 十二律並清宮，當有十六聲。今之燕樂，止有十五聲，蓋今樂高於古樂二律以下，故無正黃鍾聲〔註43〕。今燕樂只以「合」字配黃鍾〔註44〕，下四字配大呂，高四字配太簇，下一字配夾鍾，高一字配姑洗，上字配中呂，勾字配蕤賓，尺字配林鍾，下工字配夷則，高工字配南呂，下凡字配無射，高凡字配應鍾，六字配黃鍾清，下五字配大呂清，高五字配太簇清，緊五字配夾鍾清。〔註45〕

　　綜合以上有關唐宋俗樂音高體系變遷情況，可知宋代俗樂宮調的固定音高，整體上比唐時已移高近乎大二度音程。這樣，原本隸屬唐律太簇均的沙陀調、大食調、般涉調、大食角，在北宋末年已改屬正黃鍾宮均；原本爲唐律黃鍾均的黃鍾宮、越調、黃鍾調、越角，此時則位於無射均之列，其餘各均依此類推。黃鍾音高標準的變遷，儘管沒有在基礎結構方面對二十八調理論產生本質影響，但卻改變了俗樂調名系統與十二律呂和俗字譜固定音位的對應關係，對宋代以來的宮調理論建構以及詞樂曲牌的宮調關係，都具有極爲深遠的影響。〔註46〕今綜合《夢溪筆談》記載並參以《唐會要》律調，將

〔註43〕筆者按：指唐燕樂律之黃鍾。
〔註44〕筆者注：指今燕樂律之黃鍾，下同。
〔註45〕中央民族學院藝術系文藝理論組：《〈夢溪筆談〉音樂部份注釋》，北京：人民音樂出版社，1979 年，第 64 頁。
〔註46〕關於唐宋黃鍾律高變遷及其與二十八調結構的關係，李玫《燕樂二十八調調

古、今樂律的對應關係和各俗樂調在其中的位置列表如下（表3－6）：

表3－6：《夢溪筆談》與《唐會要》所載古今樂律樂調對照表

參考音高	C	#C	D	#D	E	F	#F	G	#G	A	#A	B
唐古樂律	黃	大	太	夾	姑	仲	蕤	林	夷	南	無	應
沈括時律	無	應	黃	大	太	夾	姑	仲	蕤	林	夷	南
宋工尺字	下凡		合	下四		下一		上		尺		下工
七　宮		黃鍾宮 黃鍾宮	太簇宮 沙陀調 正宮	高宮		中呂宮		林鍾宮 道調 道調宮		南呂宮	仙呂宮	
七　商		黃鍾商 越調 越調	太簇商 大食調 大石調	高大石調		中呂商 雙調 雙調		林鍾商 小食調 小石調		南呂商 水調 歇指調	林鍾商	
七　羽		黃鍾羽 黃鍾調 黃鍾羽	太簇羽 般涉調 般涉調	高般涉調		中呂調		林鍾羽 平調 正平調		南呂調	仙呂調	
七　角		越角	太簇角 大石角	高大石角		雙角		林鍾角調 小石角		歇指角	林鍾角	

表中帶底色的調名，見於《唐會要》卷三十三「諸樂」條所錄「天寶十四調」（歸屬不明的金風調除外），是唐天寶年間（742～756年）俗樂宮調情況的真實反應；〔註47〕其餘調名為《夢溪筆談》所載「燕樂二十八調」調名〔註48〕。沈括曾言：「唯北狄樂聲比教坊樂下二均。大凡北人衣冠文物，多用唐俗，此樂疑亦唐之遺聲也。」如果這種推測不差，那麼沈括時代的俗樂宮調音高，就應該比唐律高大二度。《唐會要》所錄是天寶年間唐代俗樂所用律調的集中代表，以《唐會要》律調對應沈括《夢溪筆談》所謂「古樂律」，應是合乎歷史邏輯的判斷。

名與律呂名錯位的原因》一文有較集中闡述，可供參考。載於李玫音樂學文集《傳統音樂軌範探求》，北京：北京時代華文書局，2015年，第275～294頁。

〔註47〕〔宋〕王溥：《唐會要》卷三十三「諸樂」條，北京：中華書局，1955年，第615～618頁。

〔註48〕〔宋〕沈括：《夢溪筆談‧補筆談》卷一「樂律」531條。參見中央民族學院藝術系文藝理論組編《〈夢溪筆談〉音樂部份注釋》，北京：人民音樂出版社，1984年，第67頁。

上表不僅反映出唐宋兩代俗樂宮調絕對音高的變遷情況，對納入《夢溪筆談》、《詞源》等宋人論著中的各俗樂調名的來源，也使我們擁有了清晰直觀的認知。例如，位於北宋末無射均的調名，爲何稱「黃鍾宮」、「黃鍾羽」？位於宋林鍾均的宮調，爲何稱「南呂宮」？位於宋夾鍾均的各調，爲何稱「中呂宮」、「中呂調」？對比調名與古今樂律關係不難發現，這些看似與宋代樂律不合的調名，實際都與唐代的十二律音高標準吻合。宋代黃鍾標準與十二律呂向上大二度移位，爲此時期的宮調理論變遷提供了新的依據。《夢溪筆談》成書於11世紀末，此時正值元祐年間「范鎭樂」與崇寧年間「大晟樂」制訂推行時期。《筆談》所載俗樂宮調情況，也是當時及其後受大晟樂影響的南宋教坊音律標準的直接反映。

二、兩宋俗樂宮調的音階變遷與並用

關於唐以來俗樂宮調的音階形式問題，本文第一章第二節已就「敦煌樂譜」和其它唐樂古譜譯解反映出的相關情況，從理論體系建構和音樂實踐應用兩方面做了初步探討，指出：二十八調的音階形式在理論構成和實際應用兩層面並不一致。俗樂宮調體系建構時，理論家選作理論闡釋基礎的是正聲音階，即以「宮、商、角、變徵、徵、羽、變宮」音列（角調加應聲）作爲論述各俗樂調音階的基礎，二十八調之「四調」由此呈現出正聲音階模式的「宮調」、「商調」、「羽調」和「角調」。然而，在宮調的實際應用中，現實音樂的音階表現形態是多樣化的，不僅同一音列由於宮音位置不同可呈現出不同音階，甚至會引入原音列之外的音形成不同於正聲音階的新形式。前文對敦煌樂譜樂曲宮調形態的分析表明，基於二十八調理論的音階模式只爲音樂實踐提供了音列用音基礎，並不決定樂曲最終的調式和調性。由於宮音的移動和對變聲的取捨，基礎音列可表現出正聲、下徵、清商三種音階形態，有五聲、六聲、七聲、八聲的不同，甚至有調式變音存在。〔註49〕然而據典籍記載看，隋唐時代的這些宮調音階運用情況，在宋代又有了新的變化。

1、角調八聲音階消亡

兩宋時代俗樂宮調的音階變遷，首先表現爲角調的消失。角調在俗樂宮調體系中是一種結構較爲特殊的音列，沈括《夢溪筆談‧補筆談》卷一「樂

〔註49〕詳細論證，參閱本文第一章第二節之「敦煌樂譜中的『角調』音階及其應用」和「唐宋俗樂二十八調的音階形式」部份。

律」531 條，載有二十八調七均用音情況，記載了宮、商、羽、角四調的音列，現摘取其中正宮均音列如下：

> 正宮、大石調、般涉調皆用九聲：高五、六、高凡、高工、尺、
>
> 勾、高一、高四、合；大石角同此，加下五，共十聲。〔註50〕

正宮均音列是以管色筒音「合」作宮音的正聲音階，其排列爲：合、四、一、勾、尺、工、凡、六、五，共計七個不同音級（六、五爲合、四高八度音），該音列爲宮調、商調、羽調共同使用。角調（大石角）所用之音，在基礎上又增加「下四」音級，即以「合」爲始發律按五度相生原則得到的第八個音。由於該音級比宮音高半音，文獻中又稱之爲「應聲」，整個角調音列採用的即「八音之樂」形式。這種增加應聲的八音之樂，其淵源可追溯到隋代。《隋書・音樂志》卷十四云：

> （鄭譯）又以編懸有八，因作八音之樂，七音之外，更立一聲，
>
> 謂之應聲。譯因作書二十餘篇，以明其指。〔註51〕

隋大業元年（605 年）宮廷所修雅樂 104 首樂曲，就使用了八聲音階爲基礎的八種調式，其文曰：

> 時有曹士立、裴文通、唐羅漢、常寶金等，雖知操弄，雅正莫
>
> 分，然總付太常，詳令刪定。議修一百四曲，其五曲在宮調，黃鍾
>
> 也；一曲應調，大呂也；二十五曲商調，太簇也；一十四曲角調，
>
> 姑洗也；一十三曲變徵調，蕤賓也；八曲徵調，林鍾也；二十五曲
>
> 羽調，南呂也；一十三曲變宮調，應鍾也。其曲大抵以詩爲本，參
>
> 以古調，漸欲播之絃歌，被之金石。〔註52〕

雖然隋初禮樂建設中的這些樂曲並未得到廣泛刊行，但以五度鏈關繫連接起來的八個音級，卻成爲隋唐音樂實踐中的一種獨特音列得到保留，進而爲唐俗樂宮調體系吸納，成爲七種角調的基礎音列。《唐會要》所載天寶十四調樂曲中，角調樂曲共 13 首（林鍾角調 7 首、太簇角 6 首），儘管其數量遠不及宮調、商調、羽調，但角調在當時俗樂實踐中獲得應用，應是不爭的事實。五代時期「敦煌樂譜」中的角調樂曲，同樣是這一情況的反映。

〔註50〕　〔宋〕沈括：《夢溪筆談・補筆談》卷一「樂律」531 條，載中央民族學院藝
　　　　　術系文藝理論組編《〈夢溪筆談〉音樂部份注釋》，北京：人民音樂出版社，
　　　　　1984 年，第 67 頁。
〔註51〕　《隋書・音樂志》卷十四，北京：中華書局，1973 年，第 346 頁。
〔註52〕　《隋書・音樂志》卷十四，北京：中華書局，1973 年，第 373 頁。

入宋以來，二十八調系統中的「七角調」不見於教坊之樂，在俗樂宮調體系中逐漸脫落；至南宋時代，隋唐流行的八音之樂在實踐中已完全被七聲音階取代。南宋大儒朱熹論當時音樂用音時說：「律呂有十二，用時只使七個。自黃鍾下生至七，若更插一聲，便拗了。」〔註53〕可見，自黃鍾生律八次得到的應聲大呂，若用於音階之中構成八聲之樂，已經和當時人們的音樂審美不相吻合。一般說來，某種音階形態往往與某一時代、地域、族群的音樂風格和審美特徵相聯繫。兩宋時代八音之樂音階形式的角調失傳，很大程度上和該音階代表的特定風格音樂的消亡相關。

2、正聲音階與下徵音階並用

關於唐宋諸俗樂宮調的調式與音階問題，夏野先生曾指出：「二十八調的名稱很不統一，說明它們是根據不同地區不同民族的俗稱而來的。如大食調、般涉調當係龜茲調名，越調可能來自南方，道調則是源於樂種的名稱道曲而來。這些來自各民族民間的樂調和古代傳統調混在一起，形成了《唐書·禮樂志》所謂『自周陳而上，雅正淆雜而無別』的複雜情況。顯然這許多樂調在調式結構、樂曲風格上是不一樣的，但表面結構又可能大同小異。因此，理論家們為了系統化，便以它們表面結構的相似為根據，統統納入古宮調的系列。」〔註54〕

事實上，俗樂二十八調中的宮、商、羽、角四調，從形式而言僅代表四種不同煞聲的調式音列，即正聲音階的宮調式、商調式、羽調式以及上方五度的八音角調式。這些調式在具體樂曲的運用中，往往會因宮音位置的移動，造成新的調式音階產生。例如，以二十八調之大石調譜寫的樂曲，可能是正聲音階商調式（宮音在黃鍾），亦有可能以下徵音階徵調式（宮音在林鍾）表現出來。俗樂二十八調的各調僅為樂曲展開提供了所需的基本音列素材，至於這些音級在旋律發展中如何使用，音級間的相互關係如何構建，在音樂實踐中的表現則各有千秋。《宋史·樂志》的作者脫脫雖然站在雅樂立場，以正聲音階為準敘述當時用樂情況，但某些記載已透露出正聲音階與下徵音階並用的事實。例如，《宋史·樂志四》卷一百二十九曰：

> 宣和元年四月，（蔡）攸上書：「奉詔製造太、少二音登歌宮架，

〔註53〕〔宋〕黎靖德編：《朱子語類》，北京：中華書局，1986年，第2339頁。
〔註54〕夏野：《中國古代音階、調式的發展和演變》，載《音樂學叢刊》（第1輯），
　　　　北京：文化藝術出版社，1981年，第38頁。

用於明堂，漸見就緒，乞報大晟府者凡八條：……其六，舊制有巢
笙、竽笙、和笙。巢笙自黃鍾而下十九管，非古制度。其竽笙、和
笙並以正律林鍾爲宮，三笙合奏，曲用兩調，和笙奏黃鍾曲，則巢
笙奏林鍾曲以應之，宮、徵相雜。器本宴樂，今依鍾磬法，裁十二
管以應十二律，爲太、正、少三等，其舊笙更不用。……」詔悉從
之。〔註55〕

　　這段文獻記載了北宋年間教坊笙樂的情況。巢笙自黃鍾起調，竽笙、和
笙從林鍾起調，以林鍾爲宮，整個笙樂演奏呈現出三笙合奏、宮徵相雜、曲
用兩調的情況，即平行五度和聲的織體形態。既然竽笙、和笙以正律林鍾爲
宮，便不排除《隋書‧音樂志》所言「以林鍾爲調首，以小呂爲變徵」的情
況，即採用包含仲呂清角和蕤賓變宮的下徵音階。

　　《宋史‧樂志四》卷一百二十九又載蔡絛（蔡攸之弟）之言曰：

　　　　宴樂本雜用唐聲調，樂器多夷部，亦唐律。徵、角二調，其均
　　自隋、唐間已亡。政和初，命大晟府改用大晟律，其聲下唐樂已兩
　　律。然劉昺止用所謂中聲八寸七分琯爲之，又作匏、笙、塤、箎，
　　皆入夷部。至於《徵招》、《角招》，終不得其本均，大率皆假之以見
　　徵音。然其曲譜頗和美，故一時盛行於天下，然教坊樂工嫉之如仇。
　　其後，蔡攸復與教坊用事樂工附會，又上唐譜徵、角二聲，遂再命
　　教坊製曲譜，既成，亦不克行而止。然政和《徵招》、《角招》遂傳
　　於世矣。〔註56〕

　　此段記載論述北宋教坊樂中徵調、角調情況。文中所言「《徵招》、《角
招》，終不得其本均」，指徵、角二調樂曲不合於正聲音階本均；「大率皆假之
以見徵音」，即徵、角兩調的實際調高爲本均上方五度，也就是將正聲音階本
均的「商」用作下徵音階的「徵」，或將正聲音階本均的「閏」（變宮）用作
下徵音階的「角」，進而得到高於本均純五度、在下徵音階呈現的徵調和角
調。這種音階調式「曲譜頗和美，故一時盛行於天下」，政和之後又傳諸後
世，正說明下徵音階在當時宮調音樂實踐中的重要地位。相比之下，那種死
守正聲音階，以正聲音階爲基礎附會唐譜新創的徵調、角調樂曲，因缺乏現

〔註55〕《宋史‧樂志四》卷一百二十九，北京：中華書局，1977年，第3023～3025
　　　　頁。

〔註56〕《宋史‧樂志四》卷一百二十九，北京：中華書局，1977年，第3026頁。

實音樂的實踐基礎，不符合人們的聽覺審美習慣，終究未能在社會音樂生活中流行開來。

事實上，關於我國音樂發展史中正聲音階（又稱舊音階）、下徵音階（新音階）的出現年代、使用情況和相互關係等問題，學界前輩早有關注，並結合典籍記載和傳統音樂實際給出了公允的論說。從典籍記載情況看，囿於傳統禮樂觀念、陰陽五行學說等對音階的附會，傳統三分損益生律法得到的音階只能有唯一正統的結果，即以宮音為首、以五度鏈關繫連接起來的七聲音階，其表現形式為含有變徵和變宮的正聲音階。然而，考古發掘的遠古與先秦時代的音響資料早已證實，含有清角和變宮的下徵音階（甚至包含清角和清羽的俗樂音階），早在賈湖骨笛時代即已存在。正聲音階和下徵音階的出現難分先後，各自定型後甚至在歷史上並行不悖。這就使音樂實踐中豐富的音階運用與典籍記載中的正統觀念產生矛盾。楊蔭瀏先生曾指出：

> 在事實上，吾國之應用新音階為時甚早，新音階流行之時舊音階繼續存在，樂律家與技術家，時或主張不同，作是非之辯白；時或依循風尚，遷音位而不知。於是乎兩種音階，互爭勝負，依時代之變遷，用樂之流派，形成並存或消長之局面；遂使樂律之探討，益臻紛亂之境界；樂器之音位，顯生分歧之迹象。而於轉譯古今譜調之際，遂有半音位置應在何處之實際問題發生。〔註57〕

楊蔭瀏先生接下來援引《隋書‧音樂志》所載開皇八年（588年）杜國沛公鄭譯與蘇夔之言──「案今樂府黃鍾，乃以林鍾為調首，失君臣之義；清樂黃鍾宮，以小呂為變徵，乖相生之道。今請雅樂黃鍾宮，以黃鍾為調首；清樂去小呂，還用蕤賓為變徵」，認為文中所言樂府黃鍾以林鍾為調首和黃鍾宮以小呂（仲呂）為變徵，表明當時下徵音階（即宮音轉移到徵的正聲音階音列）已在樂府得到廣泛應用。楊先生還以《夢溪筆談‧補筆談》和《白石道人歌曲》所載工尺譜字為據，指出：「若以合音為主音，將勾音除外，並視『下四』、『下一』等之『下』字為當時之降半音符號，而更將凡以『下』字為形容詞之諸音亦除外，則所餘諸音為『合四一上尺工凡六五』，半音在『一上』與『尺六』〔註58〕之間，此以合音為主調音之新音階也。」〔註59〕

〔註57〕 楊蔭瀏：《國樂概論》，載《楊蔭瀏全集》（第一冊），南京：江蘇文藝出版社，2009年，第435頁。

〔註58〕 筆者按，原文似有誤，應為「凡六」。

　　楊先生還進一步結合古琴和笛、簫等樂器的演奏，論證宋以來音樂實踐中下徵音階對正聲音階的影響及二者並用問題。以古琴正調調弦法為例，楊蔭瀏先生指出：

　　　　古者黃鍾均之七音，不及仲呂，然古琴曲調自宋以來相沿成習，以一弦為黃鍾，不以一弦為宮之調為正調，而獨以三弦仲呂為宮之調為正調。北宋方庶謂「太常樂黃鍾適當仲呂」。明宋潛跂《太古遺音》，謂南宋楊守齋以仲呂為宮。明朱載堉《律呂精義》，清胡彥升《樂律表微》，沈珆《琴學正聲》，王坦《琴旨》，凌廷堪《燕樂考原》，均以「上」配宮音，即此可以推知古琴曾一度受新調之影響，燕樂以合為黃鍾，上為仲呂，在新調盛行之後琴家追尋舊調，事實上既不能推翻新調既成之勢，則不得不遷就新調，改以新調之四度為宮，改黃鍾主均為仲呂主均。是則新調雖未能影響古琴之音階，實已影響古琴主調之位。古琴主調易位之際，工尺譜之半音位置未變，仍在「凡六」與「一上」之間，此新舊音階相互影響之事實一也。〔註60〕

　　從以上楊蔭瀏先生有關下徵音階與正聲音階關係的論述可知，宋代以來下徵音階在音樂實踐中廣為應用，已是不爭的事實。

　　黃翔鵬先生對於傳統音樂的音階形式問題，曾提出著名的「同均三宮」理論。即五度相生關係的七音列中，蘊含著三種不同宮音位置的七聲音階。以黃鍾均為例，黃鍾為宮可構成加變宮、變徵的正聲音階，林鍾為宮可構成加變宮、清角的下徵音階，太簇為宮可構成加清羽和清角的清商音階，如下表所示（表3-7）：

表3-7：黃鍾均「三宮」結構表

律　呂	黃鍾	太簇	姑洗	蕤賓	林鍾	南呂	應鍾	黃鍾
正聲音階	宮	商	角	變徵	徵	羽	變宮	宮
下徵音階	清角	徵	羽	變宮	宮	商	角	清角
清商音階	清羽	宮	商	角	清角	徵	羽	清羽

〔註59〕楊蔭瀏：《國樂概論》，載《楊蔭瀏全集》（第一冊），南京：江蘇文藝出版社，2009年，第435～436頁。

〔註60〕楊蔭瀏：《國樂概論》，載《楊蔭瀏全集》（第一冊），南京：江蘇文藝出版社，2009年，第436頁。

　　一均有三種宮音位置，每個宮位代表一種七聲音階形態，這就是「同均三宮」理論的基本框架。黃翔鵬先生指出，一均三宮的調式結構模型，是在傳統音樂演化中存在的歷史事實。〔註61〕從唐宋俗樂二十八調的歷史構成看，五代時期「敦煌樂譜」第一組樂曲的第1、3、4、5首樂曲，音階為七聲或八聲的清商音階羽調式，明確體現出清商音階在俗樂宮調結構中的具體應用。〔註62〕另一方面，縱觀有宋一代典籍記載，其中並未見到關於清商音階的明確說明。即便王光祈先生據《宋史・樂志》所載蔡元定《燕樂書》「變宮以七聲所不及，取閏餘之義，故謂之閏」而認定的「閏」即清商音階之「清羽」音級，近年來經陳應時先生等諸多學者辨析，王氏論說之非亦逐漸為學界所棄。〔註63〕僅就文獻記載而言，兩宋俗樂宮調中的正聲音階、下徵音階有跡可循，至於清商音階乃至同均三宮理論模式似難得到完整切實體現。

　　然而，歷史的情況是複雜的，音樂歷史的真實更不能僅就文獻表象便下定論。俗樂二十八調理論僅是對當時音樂實踐的理論抽象，具體音樂實踐中涉及的音樂風格、音階調式結構可能極為豐富多彩，而這些都蘊含在唐宋俗樂宮調的理論框架之中。無論是「二階並用」還是「三階並存」，甚至多種音階形態綜合運用，都可能成為俗樂宮調理論的具體呈現方式之一。正如黃翔鵬先生的「同均三宮」理論需要歷史與傳統音樂的不斷檢驗一樣，音樂宮調形態的歷史變遷及其承載的文化內涵，同樣需要我們以更多不同性質與來源的史料完善歷史細節，不斷獲得對唐宋以來宮調理論的內在邏輯關係與音樂形態風格演變更為真切的認知。

第三節　俗樂宮調在「白石道人歌曲」等宋代詞樂　　　　　編創中的應用

　　詞調音樂是繼唐詩之後興起的又一音樂品類，在宋代音樂生活中佔有重

〔註61〕參見黃翔鵬《民間器樂曲實例分析與宮調定性》，原載《中國音樂學》1995年第3期，後收入《黃翔鵬文存》（下冊），濟南：山東文藝出版社，2007年，第1046頁。

〔註62〕參見本著第一章第二節論述。

〔註63〕關於此點，陳應時先生《「變」和「閏」是「清角」和「清羽」嗎？》一文，從古代音樂理論中的「變」和「閏」以及蔡元定的燕樂調理論等方面已有考證，原載《中央音樂學院學報》1982年第2期，後收入陳應時音樂學文集《中國樂律學探微》，上海：上海音樂學院出版社，2004年。

要地位。詞樂的創作方式一般有兩種，即「依樂填詞」和「自度曲」。前者是根據某首舊有詞牌的音調配寫新詞，後者又稱「自製曲」，就是先寫好歌詞，然後再為之譜寫新曲。

　　兩宋詞人中既能「填詞」又能「度曲」的人物並不鮮見。例如北宋詞人柳永（約 984～約 1053 年），字耆卿，一輩子與樂工歌妓為伍，以畢生精力從事詞的創作，至今存有詞 204 首，涉及詞調 153 曲，大多是他自己的新創造。他廣採民間「新聲」入詞，所創詞調《竹馬兒》、《送征衣》等，與市井俗樂新聲有密切關係。他還應教坊需要大量創作慢詞，或加工提煉市井新聲，如《十二時》、《傳花枝》；或增衍小令、引、近，如《木蘭花慢》、《臨江仙引》、《訴衷情近》等，並自製新腔創作曲調，如《秋蕊香引》就是他的「自度曲」。在柳永的詞作中，文學與音樂實現了完美結合，以致被世人讚為「凡有井水飲處，即能歌柳詞」〔註64〕，深受廣大民眾喜愛。

　　北宋仁宗時的宰相晏殊（991～1055 年），詞調諧婉工巧，名句「無可奈何花落去，似曾相識燕歸來」被廣為傳唱，葉夢得《避暑錄話》評價他「未嘗一日不燕飲，……每有嘉客必留，但人設一空案一杯，既命酒，果實、蔬茹漸至，亦必以歌樂相佐」〔註65〕。北宋詞人周邦彥（1057～1121 年）亦精通音律，不僅用社會上流行的燕樂「新聲」作詞，也能自己編創樂曲。他曾任禮樂領導機構「大晟府」的樂官，主持收集、審定前代及當時流行的各種曲牌腔調創作「大晟新聲」，因而他的詞作能集前人大成，與音樂的結合更臻完美成熟。周邦彥的詞樂，多用犯，三犯、四犯甚至六犯，注意曲調的規範，使之能播諸絃管。南宋偏安一隅，統治者沉溺聲色，「畫樓絲竹，新翻歌舞」，使唱詞之風依然盛行。著名詞人辛棄疾（1140～1207 年）「每燕（宴）必命侍妓歌其所作」，「置酒召數客，使妓迭歌，益自擊節」〔註66〕。吳文英（約 1200～1260 年）作歌詞，則要「命樂工以箏、笙、琵琶、方響迭奏」〔註67〕來加以檢驗。兩宋文壇中的其它詞人，如蘇軾、秦觀、李清照、陸游、姜夔等，也都不同程度地為宋詞音樂的發展作出了貢獻。

〔註64〕　〔宋〕葉夢得：《避暑錄話》卷下，宣統己酉季冬葉氏觀古堂刊本。
〔註65〕　〔宋〕葉夢得：《避暑錄話》卷上，宣統己酉季冬葉氏觀古堂刊本。
〔註66〕　〔宋〕岳珂：《桯史》卷三「稼軒論詞」條，北京：中華書局，1981 年，第38 頁。
〔註67〕　〔宋〕吳文英：《還京樂・小序》，見吳文英《夢窗詞》，上海：上海古籍出版社，1988 年，第 47 頁。

　　由於音樂記錄、傳播等原因，宋代詞樂的樂譜至明代大抵失傳，後人只能按音調格律填詞，使詞逐漸與音樂脫離，成爲單純的文學形式。流傳至今的宋詞樂譜寥若晨星，以南宋詞人姜夔編創的「白石道人歌曲」最具代表性。透過《白石道人歌曲》等典籍中記載的宋俗字樂譜，我們可對當時俗樂宮調在音樂作品的實際應用，以及宋代詞樂的風格特徵有一個大致瞭解，更爲深入地認知俗樂宮調理論在兩宋時代的承繼與變遷。

一、姜白石詞樂創作概況

　　姜夔（約 1155～1221 年），字堯章，江西鄱陽人，因曾在浙江苕溪白石洞天附近居住，故號白石道人，世稱姜白石。他不但工於詩詞，而且善於吹簫、彈琴、作曲，在音樂理論上有很深的造詣，「音節文采，並冠絕一時」〔註68〕，是南宋詞壇上格律派詞人和音樂家的代表人物。姜白石出身官宦家庭，十四、五歲時父親去世，隨嫁往漢川縣的姐姐生活。他「少小知名翰墨

圖3－2：白石道人小像〔註69〕

〔註68〕　〔清〕永瑢等：《四庫全書總目提要》卷一九八之「白石道人歌曲提要」，北京：中華書局，1965 年，第 1818 頁。

〔註69〕　筆者附按，此畫像原爲清嘉慶二十一年（1816 年）烏程人管以金在郡城觀風巷口所購絹本古人畫像，並有殘存題詞「風賦情芳草」。有學者認爲，殘存題詞乃出自姜夔爲好友范成大所作的《自題畫像詩》：「鶴氅如煙羽扇風，寄（賦）情芳草綠陰中；黑頭辦了人間事，來看淩霜數點紅。」因此，該畫像人物並非姜白石，而是南宋詞人范成大。（見朱紫《這是誰的畫像？》，載《羊城晚報》1962 年 7 月 16 日。）詳細情況，有待進一步考證。

場，十年心事只淒涼」（姜夔《除夜自石湖歸苕溪》之九），很早便在文壇嶄露頭角，然而卻一直懷才不遇。三十多歲時，姜白石結識蕭德藻、楊萬里、范成大、辛棄疾、張鑒等詞人和世家貴冑，從此往來於湖州、杭州、蘇州、無錫、揚州、金陵等地，尋求生活出路，進行詩詞創作。雖然他也懷有經世安邦之志，但終究未得到宋統治階層任用。寧宗慶元三年（1197 年），他向朝廷進獻《大樂議》、《琴瑟考古圖》，建議系統整理國樂，但未受重視。兩年後，他又上《聖宋鐃歌鼓吹》，也被朝廷束之高閣。姜白石終身布衣，晚年定居在臨安（今杭州），因失去朋友接濟，生活十分困苦。病逝後竟不能殯殮，在友人吳潛等的幫助下，才得以埋葬在杭州錢塘門外的司馬塍。

　　姜白石在四處漂泊中抒寫了大量詩篇，表達了對社會時局和個人命運的憂患慨歎之情。其文學作品流傳至今者，有《白石道人詩集》和《白石道人歌曲》等，存詩 180 餘首，詞 80 多篇。他的《白石道人歌曲》四卷、別集一卷，收有詞曲 17 首，旁注宋俗字譜，包含自度曲 14 首，古曲《霓裳中序第一》、《醉吟商小品》2 首，為范成大曲填詞一首；有祀神曲《越九歌》10 首，旁綴律呂字譜；琴歌《古怨》1 首，為宋代古琴減字譜。其中旁注俗字譜的 17 首詞樂歌曲，是保存至今的南宋詞樂的重要史料。

圖 3－3：《白石道人歌曲》中的自度曲

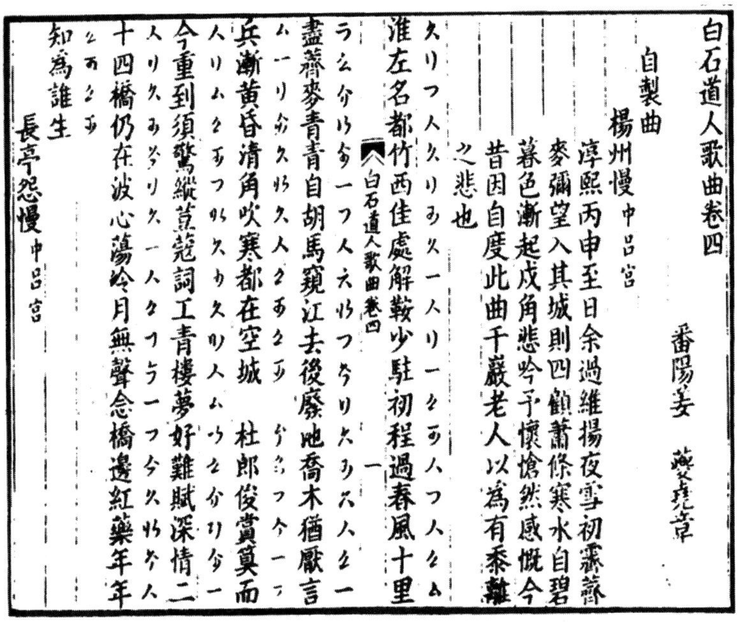

在南宋詞壇上，姜夔的自度曲以聲韻優美、格調清新著稱，詩人楊萬里稱讚其作品「有裁雲縫霧之妙思，敲金戛玉之奇聲」〔註70〕，在音樂形象塑造及詞曲結合方面，達到很高的意境，與辛棄疾、吳文英鼎足而三。《宋史·樂志五》卷一百三十載國子丞王普之言曰：「自歷代至於本朝，雅樂皆先制樂章而後成譜。崇寧以後，乃先製譜，後命辭，於是詞律不相諧協，且與俗樂無異。」〔註71〕從王普所言與俗樂無異的「先製譜，後命辭」情況看，曲牌化思維的「依譜填詞」已成為南宋以來詞樂創作的主要方式。姜白石的自度曲，突破了當時傳統的「依聲填詞」方法。在《長亭怨慢》小序中，姜夔總結自己的創作說：「予頗喜自製曲，初率意為長短句，然後協以律，故前後闋多不同。」〔註72〕可見，他的某些創作是因循抒情言志的需要，先寫出歌詞，然後才配以音律與文字相協調的。這種自度曲的創作方式，使姜夔的詞作大都舒卷自如、清新可人，少有詞為音樂所牽制的痕跡，文學與音樂在他的自度曲創作中，達到了高度的和諧統一。

對姜白石歌曲的研究，始於清代方成培的《香居詞塵》。之後淩廷堪的《燕樂考源》、戴長庚的《律話》、陳澧的《聲律通考》、唐蘭的《白石道人歌曲旁譜考》、夏承燾的《白石歌曲旁譜辨》等著作，對姜白石自度曲的俗字譜內涵均有論及。20世紀50年代，楊蔭瀏先生在研究古代樂律和前人成果的基礎上，以「山西八大套」和「西安鼓樂」遺存的宋人譜式互為印證，對白石道人歌曲進行了深入系統的解讀，其卓越研究為我們認識白石道人歌曲和南宋詞樂創作提供了可靠的音響資料。近年來，一些學者陸續參與白石歌曲討論，取得了許多值得重視的成果。〔註73〕就當前研究情況看，雖然學界在姜白石樂譜某些符號的解讀方面仍存在一定分歧，但在譜字含義、宮調系統和音階、唱名法等方面的探討，基本是在楊蔭瀏為代表的前人成果基

〔註70〕 〔宋〕陳振孫《直齋書錄解題》卷二十「詩集類下」引，上海：上海古籍出版社，1987年，第606頁。

〔註71〕 《宋史·樂志五》卷一百三十，北京：中華書局，1977年，第3030頁。

〔註72〕 〔宋〕姜夔：《白石詩詞集》歌曲卷四，夏承燾校輯，北京：人民文學出版社，1959年，第125頁。

〔註73〕 相關成果，如陳應時《論姜白石詞調歌曲譜的「ㄅ」號》（《南京藝術學院學報·音樂與表演版》1982年第2期）、《宋代俗字譜研究》（《南京藝術學院學報·音樂與表演版》1983年第3期），趙玉卿《姜白石俗字譜歌曲研究》（上海音樂學院博士學位論文，2010年），楊善武《姜白石詞調歌曲的解譯問題》（《音樂研究》2012年第6期）等。

礎上的進一步豐富與完善。恰如黃翔鵬先生所言：「自從楊蔭瀏發表譯譜以來，許多有關知識，久已不再能稱爲秘密，近起諸家雖有不同議論，或在板眼處理問題，或在現代記譜法如何表達音階與調式結構問題，除了個別樂曲、少數譜字的校勘或有不同看法而外，實在都已無關乎南宋樂調的實質。」〔註74〕今據楊蔭瀏先生等前輩學者研究，對姜白石自度曲的字譜、宮調、音階等問題略作辨析，進一步考察俗樂宮調理論在南宋音樂作品中的實際應用情況。

二、「白石道人歌曲」的字譜、宮調與音階應用

1、「白石道人歌曲」的字譜與管色實踐

白石道人歌曲中的 14 首自度曲、2 首古曲和 1 首填詞歌曲，歌詞旁邊所注均爲宋代俗字譜，其音高符號由「厶、マ、一、幺、乚、人、フ、リ、久、屮、丐」等組成，每種符號在特定宮調環境中均與確定的律呂音位相對應。對比本文第一章第一節所論「唐宋俗樂二十八調的管色實踐基礎」可知，《白石道人歌曲》的字譜符號，與唐宋俗樂二十八調所用譜字完全一致，整體音域範圍亦合於北宋沈括所說的律呂十六譜字音域〔註75〕，即從「厶」（黃鍾 d¹）至緊五「丐」（夾鍾清 f²）的小十度音程。今據夏承燾先生《姜白石詞譜的讀譯和校理》一文之「白石歌曲旁譜用字表」，將姜白石歌曲及《越九歌》所用宮調、譜字、音階，列表對照如下（表3－8）。〔註76〕表中「俗樂調名」一行中帶「*」者，爲《越九歌》所用律呂調俗名。另，原文表格中的仲呂羽正平調一列漏《淡黃柳》一曲，特補記之。

〔註74〕黃翔鵬：《兩宋胡夷里巷遺音初探》，原載《中國文化》1991 年第 4 期，收入黃翔鵬《中國人的音樂和音樂學》（音樂文集），濟南：山東文藝出版社，1997 年，第 38 頁。

〔註75〕參見沈括《夢溪筆談》之《補筆談》卷一「樂律」532 條，中央民族學院藝術系文藝理論組《〈夢溪筆談〉音樂部份注釋》，北京：人民音樂出版社，1979 年，第 64 頁。

〔註76〕參見夏承燾《姜白石詞譜的讀譯和校理》，載於《白石詩詞集》，夏承燾校輯，北京：人民文學出版社，1959 年，第 205～206 頁。表中帶「*」者爲《越九歌》所用律呂調俗名。

表3－8：姜白石歌曲所用宮調、譜字、音階對照表

律調名[之調]	黃鐘宮	黃鐘商	黃鐘角	黃鐘徵	大呂羽	大簇	夾鐘宮	夾鐘商	夾鐘羽	姑洗	仲呂羽	蕤賓	林鐘羽	夷則宮	夷則商	夷則羽	夷則羽	南呂商	無射宮	無射商	應鐘
俗樂調名	正宮（*楚調）	大石調（*側商調）	正黃鐘宮角	黃鐘下徵調	高般涉調（*中管般贍調）		中呂宮（*吳調）	雙調	中呂調		正平調		高平調	仙呂宮	商調	仙呂調	*濁側調	*中管商調	*古平調（黃鐘宮）	越調	
起調畢曲[越九歌起調不拘]	黃[清]	大			無		夾	仲	黃[清]		大		姑	夷	無	仲	夷	應	無	無	
詞名	越九歌·帝舜	越九歌·越相			越九歌·蔡孝子		長亭怨慢、揚州慢、越九歌·王禹	醉吟商小品、翠樓吟、越九歌·譜之神	杏花天影		淡黃柳		玉梅令、越九歌·龐將軍	暗香、疏影	霓裳中序第一	凄涼犯[犯雙調]	越九歌·曹娥	越九歌·龐忠	惜紅衣、越九歌·項王	越九歌·越王	
黃／合／ㄙ	宮	商	角	徵			羽	閏	變徵		角		商	角	變徵				商	角	
大／下四／リ					羽			宮	徵						徵	商	商	變徵			
太／四／ㄏ	商	角	變徵	羽			閏				變徵		角	變徵				徵	角	變徵	
夾／下一／ㄧ			徵		閏		宮	商	羽		徵			徵	羽	角	角			徵	
姑／一／ㄧ	角	變徵		閏	宮								變徵					羽	變徵		
仲／上／ㄠ		徵	羽	宮			商	角	閏		羽		徵	羽	閏	變徵	變徵		徵	羽	
蕤／勾／ㄣ	變徵				商				宮						宮	徵	徵	閏			
林／尺／ㄨ	徵	羽	閏	商			角	變徵			閏		羽	閏				宮	羽	閏	
夷／下工／ㄇ			宮		角			徵	商		宮			宮	商	羽	羽			宮	
南／工／ㄇ	羽	閏		角			變徵						閏					商	閏		
無／下凡／ㄌ		宮	商		變徵		徵	羽	角		商		宮	商	角	閏	閏		宮	商	
應／凡／ㄌ	閏			變徵	徵											宮	宮	角			
清黃／六／ㄆ	宮	商	角	徵			羽	閏	變徵		角		商	角	變徵				商	角	
清大／下五／リ					羽			宮	徵						徵	商	商	變徵			
清太／五／リ	商	角	變徵	羽			閏				變徵		角	變徵				徵	角	變徵	
清夾／高五／ㄌ			徵		閏		宮	商	羽		徵			徵	羽	角	角			徵	

將上表中的白石自度曲俗樂調名與《越九歌》所用調名相對照，可知姜白石詞樂所用俗樂宮調的確切律呂位置、各調名指示的調高、音列、煞聲等信息，與張炎《詞源》中的八十四調表完全一致。由此可見，俗樂二十八調調名系統在南宋詞樂創作中依然流行，是當時人音樂創作遵循的基本宮調規範。

姜白石《過垂虹》詩言「自作新詞韻最嬌，小紅低唱我吹簫；曲終過盡松凌路，回首煙波十四橋」，《角招·小序》云「予每自度曲，吹洞簫，商卿輒歌而和之，極有山林縹緲之思」，《淒涼犯·小序》亦云「予歸行都，以此曲示國工田正德，使以啞篳篥吹之，其韻極美」，〔註 77〕可知這 17 首詞樂的基本演出形式，應爲管色樂器（洞簫、篳篥）伴奏下的淺吟低唱。以管色樂器伴奏詞樂演唱，是南宋時代文人中極爲流行的演出方式。朱熹時代的儒者教習詩樂時，亦以管色樂器伴奏。《朱子語類》載朱熹之言曰：「詹卿家令樂家以俗樂譜吹《風》、《雅》篇章。」〔註 78〕據俗樂譜吹《詩經》篇章，就是這種演出形式的反映。姜白石 17 首以俗字譜記錄的詞樂，其譜字與宮調均可與當時的管色演奏實踐相契合。

2、「白石道人歌曲」的均主分佈與應用

經楊蔭瀏等前輩學者考證，白石道人歌曲的調名內涵已清晰可辨。現將 17 首詞樂所用音列、宮調及各均的使用次數和作品名稱，依各均主之五度相生關系列表如下（表 3－9），以窺見白石詞樂中宮調使用情況之一斑。需要說明的是，白石 17 首詞樂中的《玉梅令》爲范成大作曲，《霓裳中序第一》爲姜白石轉譯的古譜。考察姜白石創作中的調高使用時，可暫不列入，其實際創作的樂調只有 15 首。

據《宋史·樂志》記載，北宋初年的教坊大曲、法曲和鈞容直等樂部，並未用全完整的二十八調調名。除去四種高調和七種角調，所用者只有十八種宮調。四種高調隱而不用，係演奏指法繁難以致幾乎失傳所致；七種角調的流散，則與音樂風格變遷相關。及至南宋末年，這種情況並未得到改觀。張炎《詞源》記載了當時詞曲創作的宮調使用情況，所用凡 19 種，即所謂的「七宮十二調」。其中七宮指：黃鍾宮、仙呂宮、正宮、高宮、南呂宮、中呂

〔註77〕〔宋〕姜白石：《白石詩詞集》，夏承燾校輯，北京：人民文學出版社，1959年，第 46、130、133 頁。

〔註78〕〔宋〕黎靖德編：《朱子語類》，北京：中華書局，1986 年，第 2347 頁。

表3-9：白石道歌曲宮調分佈一覽表

音列	夷則均			夾鍾均			無射均		仲呂均	黃鍾均		林鍾均
均主	♭B／5〔註79〕			F／6			C／3		G／1	D／2		A／1
調名	仙呂調	商調	仙呂宮	中呂調	雙調	中呂宮	越調	黃鍾宮	正平調	黃鍾角	黃鍾下徵調	高平調
作品	高溪梅令　淒涼犯〔犯雙調〕	霓裳中序第一	暗香　疏影	杏花天影	淒涼犯〔犯雙調〕　翠樓吟　醉吟商小品	長亭怨慢	揚州慢　秋宵吟	石湖仙	惜紅衣　淡黃柳	角招	徵招	玉梅令

宮、道宮；十二調爲：大石調、小石調、般涉調、歇指調、越調、仙呂調、中呂調、正平調、高平調、雙調、黃鍾羽、商調。〔註80〕相比北宋初年，歷經兩宋三百多年發展，俗樂宮調的使用情況幾乎沒有太大變化。雖然張炎所論多出「高宮」一調，但可以想見，眞正爲音樂實踐所用的俗樂調，只能比《宋史·樂志》和《詞源》所載更少。

姜白石的詞樂創作用調，就是在上述背景下展開的。若除去兩首非姜白石作曲的《霓裳中序第一》和《玉梅令》，以及兩首擬古之作《角招》和《徵招》，所餘 13 首作品中共使用俗樂調名八種。這八種調名分佈於互成五度相生關係的四均之上，即：♭B均、F均、C均、G均。若將 17 首樂曲宮調統一考察，則《白石道人歌曲》詞樂共涉及六均十二調。多出的 D 均和 A 均，可與原四均形成連續的五度關係。

從姜白石自度曲「小序」可知，這些樂曲的主要伴奏樂器爲篳篥和洞簫。例如，《揚州慢·小序》提及「戍角悲吟」、《淒涼犯·小序》云樂師田正德「以啞篳篥吹之，其韻極美」，應是樂曲用篳篥演奏的說明。《角招·小序》云「吹洞簫，商卿輒歌而和之」，可知此曲係以洞簫爲伴奏樂器。爲何會出現不同管色樂器伴奏的情況呢？這一方面與樂器音色對應的詞樂意境有關，另從宮調應用方面看，與各樂器最常使用的調高亦密切相聯。有宋一代

〔註79〕此處數字爲各均在白石詞樂中的出現次數。
〔註80〕蔡楨：《詞源疏證》，北京：中國書店，據金陵大學中國文化研究所排印本影印，1985 年，第 52 頁。

的篳篥和洞簫，分別對應不同的黃鍾律高標準。楊蔭瀏先生指出：「將管與簫相比，可以說，簫代表著『雅樂』的標準音高，管則代表著教坊樂的標準音高，前者的最低音『合』爲 d^1，後者的最低音『合』，依宋熙寧（1068～1077年）至元祐（1086～1094 年）一段期間的教坊律來看，則是由高於 f^1 以至於高於 e^1，平均音高在 f^1 左右，與現在智化寺所用諸孔全按所得大哨正調『合』音的高度相同。」〔註81〕

　　據筆者對北京智化寺京音樂國家級非物質文化遺產傳承人胡慶學先生的採訪，歷史上智化寺京音樂的黃鍾律高標準曾發生變遷。20 世紀中葉（楊蔭瀏、查阜西等音樂家系統採錄智化寺京音樂時）之前，其管子的筒音音高爲 f^1，笙、管、笛諸樂器的調高均爲 F。但是，當時智化寺保存的舊有樂器雲鑼，其調高標準卻是 e^1（即六＝E），比笙管等樂器幾乎低一個半音。1953 年成立京音樂研究會並爲智化寺音樂錄音時，考慮到保持智化寺音樂原貌，特以舊有 E 調雲鑼爲標準，換用 E 調的笙、管、笛演奏（有音響資料爲證）。另據胡慶學先生介紹，1953 年研究者將北京十幾個廟藝僧組織在一起成立京音樂研究會時，也並沒發現 F 調雲鑼。這一情況說明，智化寺京音樂的調高（包括管子筒音合字音高），歷史上很可能曾長期保持了「合＝E」的傳統。現在河北冀中樂社幾乎90%以上，所用調高都是 E 或 ^{b}E（屈家營樂社爲 F 調），這種情況與智化寺保存的雲鑼調高是一致的。〔註82〕 20 世紀五十年代錄音之後，智化寺音樂即恢復了 E 調的演奏傳統，即管子筒音降低半音改爲「合＝E」，一直保持到現在。智化寺京音樂的「四調」調高亦變更爲：正調（大哨）「1＝E」、背調「1＝A」、皆調「1＝D」、月調「1＝B」。由此推測，楊蔭瀏、查阜西等先生當年採訪智化寺時其調高「合＝F」，有可能並非京音樂歷史上的一貫傳統，將其認作是北宋熙寧教坊律的沿襲，尚有待進一步論證。儘管如此，智化寺京音樂常用四調的邏輯關係並未改變，其與姜白石歌曲宮調結構的一致性依然清晰可辨。

　　不同音律標準的管色樂器，爲白石道人歌曲六均的調高呈現帶來了極大方便。對於筒音爲教坊律 F 的篳篥而言，^{b}B 均、F 均、C 均是其容易演奏的調高，筒音分別作徵、宮、清角即可實現；對於筒音爲大晟律 D 的洞簫而言，

〔註81〕楊蔭瀏、陰法魯：《宋姜白石創作歌曲研究》，北京：人民音樂出版社，1957年，第 56 頁。

〔註82〕筆者對智化寺京音樂國家級非物質文化遺產傳承人胡慶學先生的採訪。時間：2015 年 6 月 2 日下午，地點：北京智化寺（東城區祿米倉胡同 5 號）。

G均、D均、A均繫常用調高，筒音同樣分別用作徵、宮、清角。每種樂器演奏的三種調高，都是該樂器的基礎調高及其上下五度關係調，篳篥與洞簫的音位指法關係基本一致。這種二器並用的宮調分佈，與姜譜小序所言《揚州慢》、《淒涼犯》（F均）用篳篥吹奏，《角招》（D均）用洞簫吹奏的事實完全吻合。

據此，我們或可據伴奏樂器不同，將白石道人歌曲分作兩組，即使用篳篥伴奏的 ♭B均、F均、C均樂曲，和使用洞簫伴奏的 G均、D均、A均歌曲（當然，其中亦不排除琵琶、古琴等絃索樂器的使用）。兩種樂器分工合作，共同實現白石歌曲的調性呈現，是俗樂宮調應用中「二器並用」現象的反映，也是自先秦以來傳統宮調理論中淵源有自的「陰陽旋宮」理論的鮮明體現。從白石譜 17 首歌曲的調高分佈可以看出，使用筒音爲 F 的篳篥演奏者爲 13 曲，使用筒音爲 D 的洞簫演奏者爲 4 曲，這也說明「姜白石所實際據以寫作詞調的背景，是燕樂的背景，是以管爲主要樂器，在絕對音高方面，是與教坊律相符合的。」〔註83〕對於傳統樂器而言，一般說來每件樂器最易演奏的調高，大致限定在四種以內。白石道人歌曲向我們生動展示出傳統音樂中的「重四宮」現象，同時也進一步說明所謂「四宮」問題只是唐宋音樂調高呈現的一種簡便有效方式，其與俗樂二十八調的宮調邏輯結構無涉，楊蔭瀏先生對自己先前提出的二十八調係「四宮七調」假說的否定，是擁有歷史和現實音樂基礎的正確論斷。〔註84〕

3、「白石道人歌曲」的音階形態

黃翔鵬先生曾立足「同均三宮」理論，分析楊蔭瀏先生譯譜的白石歌曲的音階形態。黃先生指出：「如果我們把姜白石的那些歌曲拿來，把同樣七個律的曲子放在一起看，就會發現，原來其中既有第一種音階，也有第二種音階，還有第三種音階。這三種音階，它的燕樂調名，是統一的七個音。」

〔註83〕楊蔭瀏、陰法魯：《宋姜白石創作歌曲研究》，北京：人民音樂出版社，1957 年，第 57 頁。

〔註84〕楊蔭瀏先生在《中國古代音樂史稿》上冊第 263 頁，曾據傳統樂種普遍存在的「重宮」現象，對二十八調結構爲「七宮四調」還是「四宮七調」提出反思。但在同書第 437～440 頁，楊先生在系統分析宋人有關宮調的論述後，又明確肯定了俗樂二十八調的「七宮四調」結構，其文曰：「從唐代直到宋末，《燕樂》二十八調中任一相同的調名，都代表著相同的宮調的內容，並沒有因時代的改變而改變。」參見楊蔭瀏《中國古代音樂史稿》（上冊），北京：人民音樂出版社，1981 年。

〔註85〕至於姜白石歌曲創作爲何會採用「同均三宮」的音階模式，黃先生進一步解說道：「因爲那個時代，『宮音』是不得了的事，宮音是皇帝。你統一的七個音中，出來三個皇帝，那還得了啊！你要造反啊！？他不能那麼講！這是自古以來就存在的事實，姜白石就是這麼用的。只不過在那個時代，在封建社會裏，人家沒辦法那麼講。其實事情非常簡單。所以這並不是哪一個人去造了這麼一個理論，是古代的藝術實踐。但是我們現代人如果不講清楚的話，那就要出現許多無法理解的問題。」〔註86〕筆者下面即從這一角度，對白石道人歌曲的音階應用情況作一簡要梳理。〔註87〕

縱觀姜白石的歌曲創作，其作品採用的音階形式，總體以正聲音階爲主，即旋律的均主與宮音爲同一音。除去《白石道人歌曲》中范成大作曲的《玉梅令》和古譜《霓裳中序第一》之外，姜白石創作的 15 首歌曲中，有 13 首採用了含變徵和變宮的正聲音階形式，即：

《鬲溪梅令》（仙呂調，^{b}B 均 ^{b}B 宮 G 羽調）；

《杏花天影》（中呂調，F 均 F 宮 D 羽調）；

《醉吟商小品》（雙調，F 均 F 宮 G 商調）；

《揚州慢》（中呂宮，F 均 F 宮 F 宮調）；

《長亭怨慢》（中呂宮，F 均 F 宮 F 宮調）；

《淡黃柳》（正平調，G 均 G 宮 E 羽調）；

《暗香》（仙呂宮，^{b}B 均 ^{b}B 宮 ^{b}B 宮調）；

《疏影》（仙呂宮，^{b}B 均 ^{b}B 宮 ^{b}B 宮調）；

《惜紅衣》（黃鍾宮，C 均 C 宮 C 宮調）；

《角招》（正黃鍾宮角，D 均 D 宮 $^{\#}$F 角調）；

《徵招》（正黃鍾宮正徵，D 均 D 宮 A 徵調）；

《淒涼犯》（仙呂調犯雙調，^{b}B 均 ^{b}B 宮 G 羽調犯 F 均 F 宮 G 商調）；

《翠樓吟》（雙調，F 均 F 宮 G 商調）。

〔註85〕 參見黃翔鵬：《民間器樂曲實例分析與宮調定性》，原載《中國音樂學》1995年第 3 期，後收入《黃翔鵬文存》（下冊），濟南：山東文藝出版社，2007 年，第 1046 頁。

〔註86〕 參見黃翔鵬《民間器樂曲實例分析與宮調定性》，原載《中國音樂學》1995年第 3 期，後收入《黃翔鵬文存》（下冊），濟南：山東文藝出版社，2007 年，第 1046 頁。

〔註87〕 以下分析所涉姜白石歌曲譜例，參見楊蔭瀏、陰法魯《宋姜白石創作歌曲研究》，北京：人民音樂出版社，1957 年，第 39～54 頁。

　　姜白石為角調、徵調特別創作的《角招》、《徵招》二曲，同樣是正聲音階觀念下的寫作，未顯現出宮音向正聲音階徵音移動的情況，否則「便自成林鍾宮矣」（引文詳下）。二者宮調均屬「D 均 D 宮正聲音階」，《角招》即以該均正角音起調畢曲、《徵招》以該均正徵音為煞聲。全曲用音限定於正宮黃鍾均音列範圍內，在保持 D 宮核心地位且慎用變宮（#C）、變徵（#G）音的基礎上，強調了「正角」音和「徵音」的煞聲地位。姜白石在《徵招·小序》中，對於宋代徵調的歷史情況和有關《徵招》的創作思考，有較為詳盡的表述，其文曰：

> 徵招、角招者，政和間，大晟府嘗製數十曲，音節駁矣。予嘗考唐田畸《聲律要訣》云：「徵與二變之調，咸非流美，故自古少徵調曲也。」徵為去母調，如黃鍾之徵，以黃鍾為母，不用黃鍾乃諧。故隋唐舊譜，不用母聲，琴家無媒調、商調之類，皆徵也，亦皆具母弦而不用。其説詳於予所作琴書。然黃鍾以林鍾為徵，住聲於林鍾。若不用黃鍾聲，便自成林鍾宮矣。故大晟府徵調兼母聲，一句似黃鍾均，一句似林鍾均，所以當時有落韻之語。予嘗使人吹而聽之，寄君聲於臣、民、事、物之中，清者高而亢，濁者下而遺，萬寶常所謂宮離而不附者是已。因再三推尋唐譜並琴弦法，而得其意。黃鍾徵雖不用母聲，亦不可多用變徵蕤賓、變宮應鍾聲。若不用黃鍾而用蕤賓、應鍾，即是林鍾宮矣。餘十一均徵調仿此。其法可謂善矣。〔註88〕

　　前文探討已表明，入宋以來俗樂二十八調系統中，最先脫落的調名之一就是七個位於變宮閏位的角調。以此對照姜白石《角招》創作，該曲建構在 D 均系統的正角音位（#F）而並非閏位（#C），音列中亦未出現角調的特性音「應聲」（#D），這無論是姜白石有意為之，還是他對歷史上的角調含義已渾然不知，都反映出唐代俗樂角調至南宋已泯滅不彰的現實。誠如南宋朱熹所言，若作曲時在慣用的七聲音階中「更插一聲，便拗了」〔註89〕。以八聲之樂為基礎煞於變宮閏位的角調，其風格已和當時人的聽賞習慣大異其趣。可以推知，姜白石的《角招》（包括《徵招》）歌曲，不過是他個人編創的擬古之作，

〔註88〕〔宋〕姜白石：《白石詩詞集》，夏承燾校輯，北京：人民文學出版社，1959年，第131頁。

〔註89〕〔宋〕黎靖德編：《朱子語類》，北京：中華書局，1986年，第2339頁。

與歷史上同調名的音樂間並無必然聯繫。有趣的是，這種取用舊有角調的擬古創作，在姜白石後約一個世紀的熊朋來（1246～1323 年）《瑟譜》中再次得到實踐。熊氏不僅未詳考二十八調閏角之實，而且將所作角調樂曲均冠以二十八調「俗呼」調名，其所謂的「歇指角」並非唐俗樂調之「歇指角」。這就比姜白石的《角招》在「擬古」方面走得更遠了。〔註90〕

　　姜白石以正聲音階為基礎創作的這些作品，旋律風格與明清以來南北曲樂風迥然不同，最大特點就是突出強調音階變音（變宮、變徵）甚至宮均變音（即超出同均七聲之外的音）在音樂形象塑造中的作用，造成以五正聲為核心的調性關係遊移不定。例如，第 2 首《杏花天影》開始處「絲」字配變徵音「工」字「フ」，使旋律形成大六度跳進；第 3 首《醉吟商小品》第一句中的「春」字和第二句的結束字「縷」，第 7 首《長亭怨慢》的「絮」、「人」、「情」、「山」、「一」等字，都採用了中呂宮均的變徵音「工」字「フ」（b^1），使旋律獲得了非同尋常的發展。宮均變音的使用方面，例如《杏花天影》中的「時」、「人」和《醉吟商小品》中的「點」字，配以中呂宮均之外的清商音「勾」字「ㄥ」（$^\#g^1$）；第 6 首《揚州慢》和第 7 首《長亭怨慢》中，重用變化音清宮「一」（$^\#F$），使音樂新聲迭出，別有一番韻味。

　　值得注意的是，姜白石歌曲強調使用音階變音與宮均變音，不僅具有旋律裝飾的作用，更是一種重要的音樂結構要素，影響著樂曲整體曲式的發展。可以看到，在姜氏諸多詞樂歌曲中，尤其下闋開始部份，姜白石往往慣用變音，在樂曲在中部稍後位置造成強烈的調性動盪，音樂隨之獲得自然的動力性展開。《杏花天影》、《揚州慢》、《惜紅衣》等歌曲的下闋開始，就是採用這種手法使旋律獲得了進一步拓展。傳統七聲音階旋法中對變音的著重應用，使姜白石的詞樂作品擁有濃鬱的「胡夷里巷」之音，折射出唐宋來自西域與絲路的胡樂對中原五聲性音樂風格的強烈影響。〔註91〕

　　不僅如此，姜白石創作大量使用變音，也讓其歌曲擁有一種近乎惆悵、清怨、憂傷的品格，這與他一生度過的飄泊羈旅、岑寂清苦的淒涼歲月是相吻合的。相比之下，范成大作曲的《玉梅令》旋律清新，充滿朝氣，除極少

〔註90〕　相關論述，參見本著第四章第一節「熊朋來《瑟譜‧詩新譜》的宮調應用特點」。
〔註91〕　黃翔鵬：《兩宋胡夷里巷遺音初探》，原載《中國文化》1991 年第 4 期，收入黃翔鵬《中國人的音樂和音樂學》（音樂文集），濟南：山東文藝出版社，1997年，第 40～41 頁。

數經過音性質的偏音外，全曲通篇幾乎採用五正聲譜就，呈現出與白石歌曲迥然有別的審美追求。反觀姜白石創作，其歌曲中與此相類的作品，只有他在范成大處客居時創作的《暗香》一首，其「音節諧婉」令「石湖把玩不已」〔註92〕。這大概是姜白石心靈獲得短暫撫慰後的眞情流露吧。

　　姜白石歌曲創作中，同樣可見下徵音階的使用。例如，第 12 首《惜紅衣》一曲，姜白石小序曰「自度此曲，以無射宮歌之」，按張炎《詞源》八十四調表可知，無射宮即俗樂調之黃鍾宮，其音列用音中的「一」字爲變徵。姜白石旁譜除了「試」字旁的「一」字（$^{\#}f^{1}$）外，還在「日」、「陌」、「沙」、「陂」旁配了緊五字「㇇」（f^{2}），即使用了黃鍾宮音列的清角音，使旋律呈現出 F 宮正聲音階和 F 宮下徵音階混合使用的情況。

　　再如，第 8 首《淡黃柳》一曲爲正平調仲呂羽，音列中的凡字「リ」本爲高凡（$^{\#}c^{2}$），但因「『又寒』二字間，『色燕』二字間，與『間春』二字間的音調，均成增四度關係；其『寒』旁、『燕』旁、『春』旁的『リ』音聯繫了簫上習慣的吹奏技術來看，將它們改寫成低半音較好」，「這是因爲這音是在簫的第六孔上發出，若依一般習慣，用『又口』按法，它的高度也適當上下半音之間。簡單說來，由於簫的特殊開孔方法，在簫上任何兩孔之間，無論如何，是產生不出準確的增四度音程來的。因爲如此，我們有理由推測，姜白石根據了他吹簫的經驗而寫出的增四度的曲調進行，實際不一定眞是增四度的進行」〔註93〕。由此可見，《淡黃柳》中「高凡」與「低凡」的交替使用，也可能形成了正聲音階與下徵音階的混合使用。

　　不僅如此，姜夔在《大樂議》中還提到：「樂曲知以七律爲一調，而未知度曲之義；知以一律配一字，而未知永言之旨。黃鍾奏而聲或林鍾，林鍾奏而聲或太簇。七音之協四聲，各有自然之理。」〔註94〕這段表述中提到的「黃鍾奏而聲或林鍾，林鍾奏而聲或太簇」，可能隱含著宮音從正聲音階均主向徵音轉移的情況，透露出正聲音階與下徵音階同用一均的事實。姜白石自度曲中就有以下徵音階統帥全曲的情況。例如，同屬越調無射商的第 9 首《石湖仙》和第 15 首《秋宵吟》，音列係 C 均商調式音階，但全曲中強調的宮音，

〔註92〕〔宋〕姜白石：《白石詩詞集》，夏承燾校輯，北京：人民文學出版社，1959年，第 127 頁。
〔註93〕楊蔭瀏、陰法魯：《宋姜白石創作歌曲研究》，北京：人民音樂出版社，1957年，第 30、56 頁。
〔註94〕《宋史·樂志六》卷一百三十一，北京：中華書局，1977 年，第 3050 頁。

卻在均主 C 下方的徵音 G。二曲宮調結構均爲較典型的「C 均 G 宮下徵音階 D 徵調式」。

　　清商音階的應用方面，筆者認爲最典型的作品，就是姜白石譯寫的《霓裳中序第一》。該曲屬 ♭B 均商調夷則商，其中的「況紈扇漸疏，羅衣初索，流光過隙，歎杏梁雙燕如客」和「一簾淡月，彷彿照顏色」、「墜花無消息，漫暗水涓涓溜碧」、「醉臥酒爐側」等句，體現出「下凡」「リ」字（C）爲宮的強烈傾向，總體音階係以 ♭B 均商音 C 爲宮的清商音階宮調式，即 ♭B 均 C 宮清商音階 C 宮調式。旋律中清羽音「下工」和清角音「下一」的運用，與白石道人創作歌曲的慣用手法不同。大概正是《霓裳》曲清商音階形成的獨特風格，才使得姜白石發出「音節閒雅，不類今曲」〔註 95〕的感歎。此曲被姜白石配上珠聯璧合、哀怨幽抑的唱詞，一定程度上反映出白石詞樂創作對唐宋樂風的繼承和發展。

4、「白石道人歌曲」的犯調手法

　　從前文分析可知，姜白石詞樂歌曲創作所用宮調，均是在唐宋俗樂二十八調結構內的選擇應用。他不僅注意到不同調高、結音的宮調，在配樂演奏與音樂形象塑造中的作用，也極爲重視不同調性之間的搭配對比（即犯調手法），使宮調技術理論更好地爲情感表現服務。在白石道人 15 首自度曲中，成功應用「犯調」技術的作品首推《淒涼犯》一曲。姜白石在《淒涼犯·小序》中，首先介紹了犯調的技術手段和他對唐人犯調的批判，其文曰：

> 　　凡曲言犯者，謂以宮犯商、商犯宮之類。如道調宮「上」字住，雙調亦「上」字住，所住字同，故道調曲中犯雙調，或於雙調曲中犯道調，其它準此。唐人《樂書》云：「犯有正、旁、偏、側。宮犯宮爲正，宮犯商爲旁，宮犯角爲偏，宮犯羽爲側。」此說非也。十二宮所住字各不同，不容相犯。十二宮特可犯商、角、羽耳。〔註 96〕

　　姜白石這段話包含兩層意思。首先，犯調手法並非宋代出現，早在唐人《樂書》中就出現了對犯調的理論歸納總結，有正犯、旁犯、偏犯、側犯等

〔註 95〕　〔宋〕姜白石：《白石詩詞集》，夏承燾校輯，北京：人民文學出版社，1959年，第 107 頁。

〔註 96〕　〔宋〕姜白石：《白石詩詞集》，夏承燾校輯，北京：人民文學出版社，1959年，第 133 頁。

不同類別。入宋以來，唐代流行的犯調技法得到進一步拓展，張炎《詞源》記載宮廷燕樂情況時說：「迄於崇寧，立大晟府，命周美成諸人討論古音，審定古調。淪落之後，少得存者。由此八十四調之聲稍傳。而美成諸人，又復增演慢曲、引、近，或移宮換羽，爲三犯、四犯之曲。」〔註97〕移宮換羽的「三犯」、「四犯」之曲，無疑是對唐代犯調技法的豐富。在這種宮調理論應用的傳統下，南宋時代的姜白石乃至其它詞人的音樂創作，使用犯調手法也便順理成章。唐代以來的犯調實踐充分說明，關注二十八調各調的不同色彩，以及該體系中調名間勾連貫通的樂學邏輯關係，是唐宋時代極爲重要的作曲技術理論內容。

《淒涼犯·小序》的第二層含義，即闡明當時詞樂創作中犯調技術的具體原則。姜白石指出：「道調宮『上』字住，雙調亦『上』字住，所住字同，故道調曲中犯雙調，或於雙調曲中犯道調。」也就是說，兩調若欲構成犯調關係，首先煞聲必須相同，爲同一俗樂譜字；其次，兩調結音的五聲階名必須不同，進而形成宮犯商、商犯宮、宮犯羽、羽犯角之類的連接。正因如此，姜白石反對唐人樂論「宮犯宮」爲「正犯」之說，明確指出「十二宮所住字各不同，不容相犯。十二宮特可犯商、角、羽耳」。用現代樂理的概念表述，姜白石的犯調理論約略對應於：在正聲音階基礎音列框架下，兩調的同主音調式轉換。正是如此，這種犯調理論在應用中，當音樂犯入某一新調時，必然產生（或出現、或隱而未現）原調七聲音列之外的新樂音，即新調的調性特徵音。

以《淒涼犯》一曲的「仙呂調犯雙調」爲例，從楊蔭瀏先生譯譜可知，該曲調性爲「ᵇB 均 ᵇB 宮正聲音階 G 羽調式」與「F 均 F 宮正聲音階 G 商調式」的交替變換。相對原仙呂調而言，新出現的雙調特徵音爲「工」音「フ」，其作用就是將仙呂調作「變宮爲角」處理，使音樂轉向原調的上方純五度關係調。《淒涼犯》全曲總體調性結構，呈現出「ᵇB 宮－F 宮－ᵇB 宮－F 宮－ᵇB 宮」的邏輯關係。至於爲何會出現這樣的調性佈局安排？楊蔭瀏先生解釋道：

> 因前疊「更衰草」起至末尾之一段音調，在後疊「等新雁」起
> 至末尾之一段音調中，完全再現；所以，無論如何轉調，這兩段必
> 須在同一調中；這是不會有疑問的。因此，問題便在這兩段之轉

〔註97〕〔宋〕張炎：《詞源·序》卷上，上海：商務印書館，1937年，第1頁。

調與否。但因起處必用仙呂調；又因「秋風起」旁「人フム」之音型，後來在「更衰草」、「西湖上」及「等新雁」上重覆三次，重覆的要求，使上述兩段不宜轉調；所以，可轉調者，在前迭為「一片」至「正惡」間五句之音調；五句中可升高半音者，僅「离」旁、「處」旁與「正」旁之三下工音；在後疊為「晚花」至「紅落」三句之音調，三句中可升高半音者，僅「行」旁、「游」旁與「凋」旁三下工音而已。〔註98〕

　　經楊先生譯解的《淒涼犯》，仙呂調與雙調相互交替滲透，極大拓展了原仙呂調七音列的表現力。加上宮廷樂師田正德的啞篳篥吹奏，終使其成為姜白石詞樂歌曲中的上乘之作。依照姜白石主張並實踐的犯調原則——煞聲之音高相同但五聲階名不同，俗樂二十八調各調間可能的犯調關係，可依照各調間的「同主音」原則列表如下（表3－10）：

表3－10：俗樂二十八調犯調結構表

律名	大	夷	夾	無	仲	黃	林	太	南	姑	應	蕤
音名	♭E	♭B	F	C	G	D	A	E	B	#F	#C	#G
譜字煞聲	下四下五	工	下一緊五	下凡	上	合六	尺	高四高五	高工	高一	高凡	勾
七宮	高宮 ♭E/♭e	仙呂宮 ♭B/♭b	中呂宮 F/f	黃鍾宮 C/c	道宮 G/g	正宮 D/d	南呂宮 A/a					
七商		高大石調 ♭E/f	商調 ♭B/c	雙調 F/g	越調 C/d	小石調 G/a	大石調 D/e	歇指調 A/b				
七羽			高般涉調 ♭E/c	仙呂調 ♭B/g	中呂調 F/d	黃鍾羽 C/a	正平調 G/e	般涉調 D/b	高平調 A/#f			
七角						高大石角 ♭E/d	商角 ♭B/a	雙角 F/e	越角 C/b	小石角 G/#f	大石角 D/#c	歇指角 A/#g

〔註98〕楊陰瀏、陰法魯：《宋姜白石創作歌曲研究》，北京：人民音樂出版社，1957年，第33頁。

　　表中底色格內調名，爲《白石道人歌曲》中除《徵招》、《角招》外，樂曲採用的俗樂宮調。各調名下方的大／小寫音名，依陳應時先生所創標注體例〔註99〕，左邊大寫表示該調均主音，右邊小寫表示該調煞聲。處在同一縱列內的各調，因煞聲相同，可以相互犯調。其中加黑字體的仙呂調、雙調，就是白石歌曲《淒涼犯》選用的調名。從表中可以看出，俗樂二十八調框架內，各調可犯之調的數量並不相同。其中，高宮、仙呂宮、大食角、歇指角四調，沒有可與之形成犯調關係的調；正宮和南呂宮等調，因處於五度鏈中間位置，擁有四個可與之構成犯調關係的調。

　　姜白石主張的「同主音異音列」犯調理論，擁有深厚的傳統音樂基礎，並被其後的音樂表演實踐基本遵循。北宋沈括《夢溪筆談》談及犯調時曾言「外則爲犯」，黃翔鵬先生解釋說：「七律爲一均，出了這七律，就是犯調。『調』在古文獻中常作『均』講，其實『犯調』即『犯均』。……『轉調』的概念也一樣，『轉調』即『轉均』。」〔註100〕可見沈括的「外則爲犯」與姜白石的犯調理論如出一轍。生活於兩宋之際的王灼（1105？～1175？年）〔註101〕，在《碧雞漫志》中記載有《蘭陵王》和《西河長命女》二曲的犯調情況。其卷四「蘭陵王」條曰：

> 今越調《蘭陵王》，凡三段二十四拍，或曰遺聲也。此曲聲犯正宮，管色用大凡字、大一字字、勾字，故亦名大犯。又有大石調《蘭陵王慢》，殊非舊曲。

卷五「西河長命女「條曰：

> 近世有《長命女令》，前七拍，後九拍，屬仙呂調，宮調、句讀並非舊曲。又別出大石調《西河》，慢聲，犯正平，極奇古。蓋《西河長命女》本林鍾羽，而近世所分二曲，在仙呂、正平兩調，亦羽調也。〔註102〕

〔註99〕 參見陳應時《唐宋燕樂角調考釋》之「表4」，《廣州音樂學院學報》1983年第1期。收入陳應時《中國樂律學探微》（音樂文集），上海：上海音樂學院出版社，2004年，第147頁。

〔註100〕黃翔鵬：《中國古代音樂史的分期研究及有關新材料、新問題》，載黃翔鵬《樂問》（音樂文集），北京：中央音樂學院學報社，2000年，第216頁。

〔註101〕據岳珍《王灼行年考》，見岳珍《碧雞漫志校正》，成都：巴蜀書社，2000年，第177～195頁。

〔註102〕以上引文，參見〔宋〕王灼《碧雞漫志》，岳珍校正，成都：巴蜀書社，2000年，第89、129頁。

　　對照前文「俗樂二十八調犯調結構表」可知，越調《蘭陵王》犯正宮，大石調《西河長命女》犯正平調，均為「同主音異音列」的兩調相犯，與姜白石的犯調理論也是一致的。

　　比姜夔晚近一個世紀的張炎，對當時音樂表演實踐中的犯調情況，也予以警示性說明。其著《詞源》上卷「結聲正訛」條曰：

　　　　商調是（リ）〔ひ〕〔註103〕字結聲，用折而下。若聲直而高，不折，則成夂字，即犯越調。

　　　　仙呂宮是ㄱ字結聲，用平直而微高。若微折而下，則成ひ字，即犯黃鍾宮。

　　　　正平調是マ字結聲，用平直而去。若微折而下，則成ㄣ字，即犯仙呂調。

　　　　道宮是ㄣ字結聲，要平下。若太下而折，則帶（人、一）〔マ、一〕〔註104〕雙聲，即犯中呂宮。

　　　　高宮是（ㄢ）〔ㄢ〕〔註105〕字結聲，要清高。若平下，則成マ字，犯大石。微高則成夂字，犯正宮。

　　　　南呂宮是人字結聲，用平而去。若折而下，則成一字，即犯高平調。

　　張炎在這裡列舉的六種結聲訛誤情況，都是唱奏時音準控制不好，導致原調音列音級改變，進而轉向結聲並不相同的其它調的情況。這些在當時的

〔註103〕按，商調應為下凡字ひ煞，據張炎《詞源》八十四調表校改。

〔註104〕蔡楨《詞源疏證》注云：「《事林廣記》作「マ、一雙聲。」按中呂宮為下一字一煞，與《事林廣記》所言「マ、一雙聲」相符，據此校改。

〔註105〕高宮應為下四字ㄢ煞，據張炎《詞源》八十四調表校改。按，白石道人歌曲譜中五字為ㄗ、高五為ㄢ，與《詞源》譜字形式略有不同。張炎《詞源》「四宮清聲」條自注曰：「今雅俗樂管色，並用寄四宮清聲煞，與古不同。」並列出四宮清聲譜字如下：

夂，六字黃鍾清聲；

ㄢ，下五字大呂清聲；

ㄗ，五字太簇清聲；

ㄢ，高五字夾鍾清聲。

蔡楨《詞源疏證》云：「按宋俗字譜，低音加○，高音加一。右譜字下五為大呂清，當加墨圈；五字為太簇清，不當加墨圈，而舊本互僞。高五即一五，管色當加一識之，以別於五，而舊本反加○。茲均據《斠律》改正。」參見《詞源疏證》，北京：中國書店，據金陵大學中國文化研究所排印本影印，1985年，第32頁。

音樂實踐中都是不允許出現的。張炎之論，以反例的形式表達了「同主音相犯」的犯調基本要求，是對姜白石犯調理論的進一步強調。當然，包括張炎《詞源》、陳元靚《事林廣記》等在內的宋元之際文獻，不憚辭繁地列舉唱奏中的結聲弊病，且以單獨篇幅強調如何確保結聲，很可能是現實中多種犯調方式彼此混雜，難以統一到同主音犯調原則上來的間接反映。〔註106〕這種情況如若屬實，是否預示了有元以來包括犯調技法、俗樂宮調應用等在內的整體音樂風尚，向世俗化風格更為濃鬱的劇曲時代轉折的史實？

另需指出的是，張炎《詞源》中的仙呂宮與正平調條，認為⑦「微折而下，則成⑦字，犯黃鍾宮」，マ字「微折而下，則成ㄣ字，犯仙呂調」，似較費解。蔡楨《詞源疏證》卷上云：「工字微折而下，何以變成凡字？蓋成凡字，聲應較工字高，何反云折而下乎？……四字微折而下，何以反成上字？不比一字更高乎？則折而下之說不可通矣。」〔註107〕蔡楨之質疑，可備一說。但張炎《詞源》中所言「微折而下」，其指代的「煞聲音高」或「整體宮調音列」的變化，歷史情況到底如何，與南宋乃至入元之後的犯調實踐和宮調應用有何內在聯繫，尚待進一步研討。

三、《樂府混成集》殘譜的宮調問題

保存至今的宋代俗樂曲譜除《白石道人歌曲》外，還有一份《樂府混成集》中的詞樂殘譜。據明王驥德《曲律》卷四記載，他本人曾在友人處見到《樂府混成集》一書，認為所錄均為宋、元時詞譜。在《曲律》一書中，王驥德對該詞樂譜集中的樂曲情況有簡要介紹，並轉錄了一份帶有俗字旁譜的詞樂旋律片段。由於保存至今的宋代樂譜寥寥無幾，這份《樂府混成集》殘譜，便成為我們探索當時宮調運用情況的重要資料。現摘錄王驥德《曲律》卷四原文如下，並試作進一步探討：

〔註106〕對於張炎有關「結聲正訛」的記述，也有學者提出不同理解，認為「張炎對於犯調的解釋是不那麼清楚周到的。他在《詞源》中所列舉的七種犯聲，顯然並非全屬轉調性質。如果伴以旋法上的特點改變，或有可能產生同宮音調式變化的效果，否則有些「犯聲」還不如像沈括那樣稱之（順為）〔為偏〕殺、側殺、寄殺更為妥當一些。」（參見夏野《古代犯調理論及其實踐》，《音樂藝術》1982年第3期，第20頁。括號內原文有誤，據《夢溪筆談》卷六「樂律」114條校改。）

〔註107〕以上引文，參見蔡楨《詞源疏證》，北京：中國書店，據金陵大學中國文化研究所排印本影印，1985年，第56～58頁。

予在都門日，一友人攜文淵閣所藏刻本《樂府大全》（又名《樂府混成集》）一本見示，蓋宋、元時詞譜。止林鍾商一調，中所戴詞至二百餘闋，皆生平所未見。以樂律推之，其書尚多，當得數十本。所列凡目，亦世所不傳。所畫譜，絕與今樂家不同。有《卜算子》、《浪淘沙》、《鵲橋仙》、《摸魚兒》、《西江月》等，皆長調，又與詩餘不同。有《嬌木笪》，則元人曲所謂《喬木查》，蓋沿其名而誤其字者也。……以是知詞曲之書，原自浩瀚。即今曲，當亦有詳備之譜，一經散逸，遂並其法不傳，殊爲可惜！今列其目並譜於後，以存典刑一斑。

林鍾商目——隋呼歇指調。

娟聲　品（有大品小品）　歌曲子　唱歌　中腔　踏歌　引　三臺　傾杯樂　慢曲子　促拍　令　序　破子　急曲子　木笪　丁聲長行　大曲　曲破〔註108〕

王驥德《曲律》卷四轉錄的這份詞樂俗字譜如下（圖3－4）：

圖3－4：王驥德《曲律》所載詞樂俗字譜〔註109〕

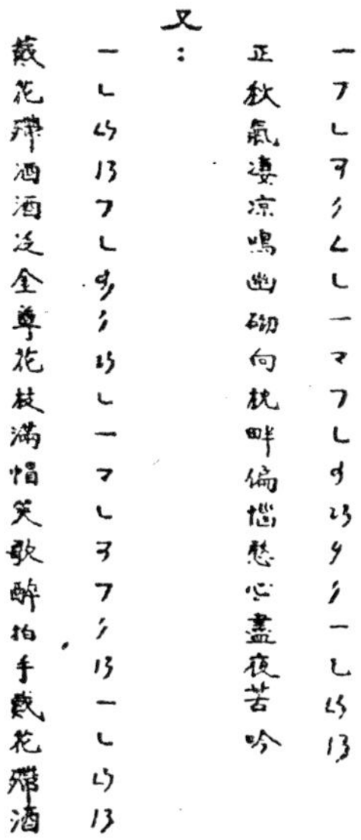

〔註108〕〔明〕王驥德：《曲律‧雜論第三十九下》卷四，載中國戲曲研究院編《中國古典戲曲論著集成》（四），北京：中國戲劇出版社，1959年，第157頁。

〔註109〕〔明〕王驥德：《曲律‧雜論第三十九下》卷四，載中國戲曲研究院編《中國古典戲曲論著集成》（四），北京：中國戲劇出版社，1959年，第158頁。

　　楊蔭瀏先生在《宋姜白石創作歌曲研究》中，將此譜納入宋代俗字譜之列，認為「《樂府混成集》似乎是宋代詞譜的一部大集子。《齊東野語》曾說它『巨帙百餘，今歌詞之譜，靡不具備；只大曲一類，凡數百解，他可知矣。』王驥德《曲律》所提到的《樂府大全》，明明就是此書」〔註110〕。楊先生進一步指出，《曲律》所載《樂府混成集》俗字譜記寫形式與白石歌曲俗字譜屬同一系統，除去譜字中表示「折」的「𝟑」符號（表示音調中的「豁」和「落」或樂音後面外加的裝飾音），全曲用音及其與十二律呂的對應關係如下（表3－11）：

表3－11：《樂府混成集》俗字譜音位對照表〔註111〕

十二律名	黃鍾	大呂	太簇	夾鍾	姑洗	仲呂	蕤賓	林鍾	夷則	南呂	無射	應鍾	黃清	大清	太清	夾清
參考音高	d^1	$^\#d^1$	e^1	f^1	$^\#f^1$	g^1	$^\#g^1$	a^1	$^\#a^1$	b^1	c^2	$^\#c^2$	d^2	$^\#d^2$	e^2	f^2
宋俗字譜	合	下四	四	下一	一	上	勾	尺	下工	工	下凡	凡	六	五	高五	緊五
林均音列		下四變徵	四徵		一羽		勾變宮	尺宮		工商		凡角		下五變徵	高五徵	
七調〔四調〕		南呂正徵		高平調		歇指角		南呂宮		歇指調		南呂角		南呂變徵	南呂正徵	
王譜用音		マ	一		乙		㇈		㇈		㇓				㇈㇉	
宮調結構		宮		商		角		徵		羽					宮	

〔註110〕楊蔭瀏、陰法魯：《宋姜白石創作歌曲研究》，北京：人民音樂出版社，1957年，第6頁。筆者按，宋周密《齊東野語》卷十「混成集」條曰：「《混成集》，修內司所刊本，巨帙百餘。古今歌詞之譜，靡不具備。只大曲一類凡數百解，他可知矣，然有譜無詞者居半。」（北京：中華書局，1983年，第187頁），所論與楊蔭瀏先生引文略有出入。茲錄於此，以備進一步詳考。

〔註111〕本表據楊蔭瀏「宋人字譜之高低音字表」補充整理，參見楊蔭瀏、陰法魯《宋姜白石創作歌曲研究》，北京：人民音樂出版社，1957年，第7頁。

　　上表中的「林均音列」一行，爲林鍾均（南呂宮均）七聲音列；「七調[四調]」一行，爲林鍾均七調名稱，其中加黑字體調名爲林鍾均二十八調中的四調名稱；「王譜用音」一行，爲王驥德《曲律》所載《樂府混成集》的兩行俗樂譜字；「宮調結構」一行，爲《樂府混成集》俗樂譜字代表的五聲音階，加黑字爲該五聲音階煞聲。

　　據王驥德所言，詞譜宮調爲「林鍾商目——隋呼歇指調」。比照張炎《詞源》所列八十四調宮調結構表，可知「林鍾商歇指調」是大晟律林鍾（a¹）均中以「ㄱ」（工）爲煞聲的正聲音階商調式，《樂府混成集》俗字譜各譜字實際音高應爲：高四、高一、勾、高工、高凡、高五。這六個譜字用音，可構成以「ㄟ」（四）爲「宮」的五聲徵（ㄱ）調式音階，該樂譜的宮調內涵可從「均、宮、調」三個層次完整表述爲：「林鍾均（南呂宮均，A 均）太簇（ㄟ，E）宮 B 徵五聲調式徵（ㄱ）煞」。由於該林鍾均音列中的「下四」字爲變宮、「尺」字爲清角，此二音在 B 徵五聲調式音階中，便棄而不用了。

　　楊蔭瀏先生認爲，該俗字譜的宮調應理解爲「一般的林鍾商，……共五個音，是缺少宮音與變徵音的林鍾均；因爲缺少兩個音，所以調性並不十分固定；若把它看做太簇徵，則成爲不用二變的五音調，反可以更爲適合。現在不稱爲太簇徵，想是因爲常用的燕樂中缺少徵調的緣故。」〔註112〕楊先生將《樂府混成集》俗字譜判定爲「太簇徵」，是「不用二變的五聲音階」，正確揭示出該詞調音樂的音階屬性。然而，楊蔭瀏先生並未進一步區分樂譜蘊含的均、宮、調內涵，以致有「調性並不十分固定」之論。黃翔鵬先生曾指出：「楊先生早就說了『均、宮、調』，但是他一直沒有來得及把這個問題講清楚。在楊先生一半以上的著作中，是把『均』等於『宮』來運用的，所以，把大家弄糊塗了。我跟著楊先生，再進一步追溯，就把『均』與『宮』這兩個概念區別開來。我做的僅是這麼一個工作，並不是我發明的！」〔註113〕如本文以上所論，從黃翔鵬先生「同均三宮」理論入手，從均、宮、調三層次理解，則這份《樂府混成集》俗字譜的宮調屬性清晰可辨。

〔註112〕楊蔭瀏、陰法魯：《宋姜白石創作歌曲研究》，北京：人民音樂出版社，1957年，第 8 頁。

〔註113〕參見黃翔鵬《民間器樂曲實例分析與宮調定性》，原載《中國音樂學》1995年第 3 期，後收入《黃翔鵬文存》（下冊），濟南：山東文藝出版社，2007 年，第 1046 頁。

　　《曲律》所載《樂府混成集》俗字譜，是宋代俗字譜流傳至今的珍貴材料，其五聲徵調式的音階結構，向我們明確展示出當時俗樂宮調體系的應用特點。誠如本文先前對「敦煌樂譜」和其它古譜的分析所言，俗樂二十八調乃至八十四調理論，是唐宋時代人們對宮調理論的抽象概括。這一宮調體系中的每種調名，代表著一種音列的絕對音高和煞聲位置。但是在音樂實踐中，各調名所指代的音階卻並非僅僅正聲音階一種。由於宮音位置在正聲音階宮、徵、商位置的變換，現實音樂將隨之呈現出正聲、下徵、清商等不同形態音階，一種調名可承載不同的調高（宮音位置）和音階形態。這是廣大樂工在音樂實踐中摸索總結出的一套行之有效的宮調融通方式。

　　以《樂府混成集》俗字譜爲例，如果不採用以歇指調記錄徵調式音階的形式，而強行以ㄣ爲宮記寫該譜，則勢必將樂曲宮調確定爲「中管高宮均」。對於以管色轉七調爲基礎的二十八調體系而言，「中管高宮均」在音樂實踐中是難於演奏的。善於靈活變通的樂工正是看到這一點，由此採用了「借調記譜」的方法，即以南呂宮均（林鍾均）歇指調（正聲音階商調式）的形式，記錄了以ㄣ爲宮的「中管高宮均」的「中管高宮正徵」五聲音階。借調記譜的運用，使得一均之內兩種甚至三種宮音位和音階形式的轉換成爲可能。對於風格多樣音調繁複的唐宋俗樂而言，同均三宮理論指導下的各俗樂調之間的相互融通，爲唐宋宮調理論的豐富實踐開闢出廣闊天地。由此觀之，所謂唐宋二十八調無徵調、二變不可爲煞聲、正聲音階爲唯一音階形式等論斷，也就不攻自破了。

　　現將王驥德《曲律》所載《樂府混成集》中兩行俗字譜的宮調與音高關係解譯如下，以備參考（譜3—1）。

　　始自隋唐的俗樂二十八調理論，在唐末段安節《樂府雜錄》中，已呈現出完整的宮調體系。本章以唐宋音樂轉型爲背景，重點考察了這一宮調系統在宋代的存在情況，並結合詞樂作品梳理了其在當時音樂創作與表演實踐中的應用。通過對相關史料的梳理可以看出，在唐末已形成完表述的二十八調系統，其理論框架在兩宋時代得到進一步完善。無論是宋太宗創制二十八調新聲、宋仁宗作《景祐樂髓新經》，還是沈括的二十八調理論總結，乃至南宋末張炎的「八十四調宮調結構表」，都反映出俗樂宮調理論在兩宋不斷完善發展的歷程。這一方面是宮調理論體系自身發展的內在要求，同時也與宋代崇文重教的文化風尚密切相關。

譜 3－1：王驥德《曲律》所載《樂府混成集》之詞樂殘譜

「媢聲譜」與「小品譜」

宋·無名氏 詞
《樂府混成集》傳譜
李宏鋒 譯解

史學家張廣達先生指出，唐末藩鎮割據導致中央政令失控，五代時期戰事頻仍，傳統文化遭受極大摧殘。在這一時代背景下，有宋一代要結束長期以來的藩鎮割據和武裝叛亂，必然以長治久安、防患於未然，作爲政令的基本指導思想。兩宋國子監重刻「九經」，宋太祖刊刻《開寶藏》（最早的漢文藏經），太宗下詔編纂《太平御覽》、《太平廣記》，眞宗組織編纂《冊府元龜》、《文苑英華》，乃至趙匡胤宰相趙普的「半部論語治天下」，張載、周敦頤、程頤、程顥的「爲往聖繼絕學」，四大書院（應天書院、嶽麓書院、嵩陽書院、白鹿洞書院）〔註 114〕的興起等，都是當時社會重視文化建設的集中體現。〔註 115〕正是在這種崇文重教的社會風氣影響下，傳統文化得到系統整理保存。作爲禮樂建設重要內容之一的俗樂宮調理論，在此時獲得系統的整理與完善，也便是情理之中的事情。

〔註114〕值得注意的是，以應天書院爲代表的宋代四大書院的興盛，幾乎與有著西方第一所大學美譽的意大利博羅尼亞大學（1088 年創建）的活動處於同一時期。
〔註115〕據張廣達先生在臺灣政治大學（National Chengchi University）的專題講座「唐宋變革期的中華文化思想」整理。

　　另一方面，從音樂實踐情況看，俗樂二十八調在演奏、創作中的應用，卻並非理論建構那樣完美。不僅二十八個調名未得到完整使用，諸如「高宮均」和「閏角調」之類宮調甚至泯滅不彰。這其中既有因唐宋音樂文化轉型造成的特定風格調名的脫落，也有因黃鍾音高標準變遷和多種音階並用產生的調名含義轉化，還有音樂表演技術對宮調理論實踐的制約。一般說來，理論源於對實踐的總結，其變化往往晚於實踐的發展。理論體系給出的，是相關問題應用於實踐的諸種可能性和可行性，但具體理論規定卻未必也不必全部在實踐中得到一一對應的體現。從這一角度看，俗樂二十八調理論在兩宋時代「理論逐漸精緻完善，但現實應用卻殘缺不全」的現象，或可獲得一種更為寬容的「歷史同情」。

　　儘管，唐宋時代俗樂二十八調的理論架構與實踐應用不完全吻合，「七均輪轉」的理論模型與「重四宮」的實踐操作亦有差別，但這些並不是判定唐宋間宮調理論存在斷層、存在由「四宮七調」向「七宮四調」轉化的可靠證據。無論是源自先秦音樂的悠久宮調傳統（如十二律旋宮、陰陽旋宮），還是唐宋時代音樂作品中宮調的具體使用（如《敦煌樂譜》、《白石道人歌曲》等），都明確無誤地展現出唐宋俗樂宮調理論間一以貫之的內在聯繫。也就是說，指導兩宋音樂實踐的基本宮調思維和邏輯框架，與唐代音樂理論之間並無本質差異。那種認為唐代音樂被後晉石敬瑭得到後，將全部樂工、樂譜、太常用具獻給遼，遼代「大樂」直接繼承唐代，進而《遼史》「四旦二十八調」就是唐俗樂「四宮七調」等理論推測，是值得進一步反思的。